中国名村志文化工程
Culture Project of Local Records of China's Famous Villages
中 国 名 村 志 丛 书

中国名村志丛书
精品汇编 | 概述

中国地方志工作办公室 编

方志出版社
Publishing House of Local Records

图书在版编目（CIP）数据

中国名村志丛书精品汇编． 概述 / 中国地方志工作办公室编．— 北京 ：方志出版社，2024．7． — ISBN 978-7-5144-5490-1

Ⅰ．K29

中国国家版本馆CIP数据核字第2024CL6229号

责任编辑：丛珺
责任校对：张玉霞
责任印制：梅中英
出 版 者：方志出版社
地　　址：北京市朝阳区潘家园东里9号（国家方志馆4层）
邮　　编：100021
网　　址：http://www.zgfzcb.cn
发　　行：方志出版社图书营销中心（010-67110500）
印　　刷：北京中科印刷有限公司
开　　本：787毫米×1092毫米　1/16
印　　张：16.5
字　　数：332千字
版　　次：2024年7月第1版
印　　次：2024年7月第1次印刷
定　　价：133.00元

主　编： 陈文学

副主编： 邱新立　杨军仕　谭扬芳

编　辑： 王丹林　刘淑颖　范永恒　帅禹熙
张　凯　李　江　丛　珺　李晓晓
朴　莹

编辑说明

中国名村志文化工程自2016年实施以来，与地方发展诉求和读者阅读需求紧密结合，围绕“名”“特”进行挖掘创新，打造了一批精品佳志，已经成为全国地方志系统的重要文化品牌，赢得社会各界的广泛好评。

为进一步推进中国名村志文化工程，指导各地名村志编纂者更好地开展村志编修工作，我们从已经出版的中国名村志丛书中挑选部分代表志书，选取编写质量较好的概述汇编成册，方便广大编者参考学习。

《中国名村志丛书精品汇编·概述》汇编了59部中国名村志的概述，按照中国历史文化名村、经济强村与新农村建设试点示范村、其他特色村三个类别进行设置，从不同的分类范围和视角，展现村落历史风貌和建设成就，充分反映中国名村丰富多彩的历史文化、波澜壮阔的发展历程、独特鲜明的精神特质。相信读者能从这些概述的写法中受到启发，吸取优点，结合本地实际灵活运用，助力各地进一步编纂出高质量名村志，为服务乡村振兴战略提供历史智慧和现实借鉴。

本汇编的编辑出版，得到中国名村志丛书各编纂单位的大力支持，在此表示衷心感谢！

中国地方志工作办公室

2024年5月

目 录

中国历史文化名村 //1

经济强村与新农村建设试点示范村 //65

其他特色村 //83

中国历史文化名村

明清流韵李家疃①

中国历史文化名村、中国传统村落李家疃村，位于山东省中部，隶属于淄博市周村区王村镇，西与济南章丘市台头村接壤，距济南 64 千米，距章丘 14 千米；东距淄博市政府驻地张店 28 千米，距周村区政府驻地周村 18 千米；北与滨州市邹平县临池镇接壤；南与淄博市淄川区巩家坞村接壤。地理坐标北纬 36° 39′ 42″、东经 117° 41′ 36″，海拔 185 米。村域总面积 2 平方千米，村庄占地总面积 13.53 公顷，耕地面积 56.67 公顷。李家疃村三山拱秀，溪水环绕。有“远三山”“近三山”“内三山”之说。远三山即北有白云山，西有胡山，南有四季山。近三山即青龙山、凤凰山、豹（宝）山。内三山即村内 3 个花园中的人造假山。溪水即青阳河水与豹山溪水。李家疃村位于青龙山之东，豹山之西，青阳河水自村南而来绕向村西、村北，与来自村东的豹山溪水对李家疃形成溪水环绕之势。山水村路与人文自然和谐，构成了“淄博西大门”的秀丽景观。

全村地势南高北低，东高西低。309 国道从村域中部东西横穿，李家疃村村部建于村域中部、309 国道南侧，村域北部为青龙山和农田，村域西部为青阳河、林地、农田，村域南部为生建八三厂五分厂和鲁中强制隔离戒毒所，村域东部为宝山及农田。气候属暖温带大陆性季风气候，受大陆低气压和蒙古高气压的交替影响，干湿季节明显，春季多风干燥，夏季炎热多雨，秋季较适宜，冬季寒冷少雪。全年平均气温 13.1℃，年平均降水量 646 毫米，年平均日照数 2548 小时，全年主导风向为西南风。

李家疃村历史悠久，从村西西岗子出土的红陶鬶足、鬶把、纺轮等器物残片可知，距今约 4000 年前在龙山文化时期即有人在此居住。唐氏始祖唐克明自元大德元年间（1297—1308）自河北枣强迁入李家疃。曹氏于明洪武二年（1369）自河北枣强迁入李

① 选自山东省淄博市周村区王村镇李家疃村志编纂委员会编:《中国名村志丛书·李家疃村志》，2017 年出版。

家疃。王氏始祖王三老于明洪武三年（1370）自河北枣强县迁入淄西青龙山东李家疃。后又有张、赵、孙、朱、史、邓、刘、郑、卢、高、姜、尹等姓相继迁入，安家落户，繁衍生息。清代，李家疃以庙子沟（今中心大街西）为界，分为东、西两部分。西部全部为王姓家族居住，东部为张、赵、孙、朱、史、曹、邓、刘、郑、卢、高、姜、尹姓家族居住。李家疃村民不同时期迁居村内，民风淳朴，族亲邻睦，团结互助。到 2016 年年底，李家疃村居民共 298 户、913 人。

李家疃村民自明清时期就有经商传统，盈利多用于置地建房。至清嘉庆，王氏等姓村民到南方做绸缎、布匹、茶叶等生意，规模可观，开始用其所赚银两在村内购买土地，大兴土木，建设庄园。经几代人不断修建，形成了外有圩墙、内有青砖楼房、门楼高大的建筑群。此后，虽历经后世动乱，但不少建筑保留了下来，成为山东省内保存较为完整的明清古建筑群落。整个古建筑群落占地 4 公顷，古建筑 400 间，以东西大街、南北大街为轴线，构成“品”字形三大宅区，集古圩墙、古树、古楼、古井、古石桥、古屋、古巷、古券门、古墓碑、古拴马桩、古石磨、古石碾、古庙宇于一体。其主体为“四府一寺”“九门一庄”“八门一府一园”，其建筑宽敞高大，造型美观。园内有假山池沼、亭石轩榭。村内建有土地庙 1 座、关帝庙 2 座，孝节牌坊 2 座。筑有长 2452.7 米、高 8 米、上宽 4 米的圩墙。圩墙建有 4 个城门：南门直冲清阳诃，名“青阳门”；北门映白云山，为“白云门”；东门直对豹山，叫“豹文门”；西门朝凤凰山，称“迎凤门”。四门呈拱形，皆用大块方砖砌成，4 个门上各安装大土炮一门，威力最大的叫劈山炮，安装在豹文门上。圩墙上面设有 6 个炮台，两门之间各架有若干台枪。整个古建筑群落布局之工，结构之巧，装饰之美，内涵之深，为江北古民居建筑所罕见，集中反映了明清时期中国北方民居的建筑风格和工艺水平，具有很高的历史价值。1997 年，武亚元古建筑群被淄博市人民政府公布为市级重点文物保护单位。2006 年，明清建筑群被淄博市人民政府公布为市级重点文物保护单位。2008 年 9 月，明清建筑群被淄博市人民政府公布为淄博市古建筑近代优秀建筑和纪念性建筑。2010 年 7 月 22 日，李家疃村被住房城乡建设部、国家文物局授予“中国历史文化名村”称号。2012 年 12 月 19 日，被住房城乡建设部、文化部、财政部评为第一批“中国传统村落”。2013 年 10 月，明清建筑群被山东省人民政府公布为省级重点文物保护单位。

李家疃村先民以农为主。在漫长的封建社会，受封建土地所有制的束缚，水利设施差，农业生产落后。中华人民共和国成立后，李家疃村在中国共产党的领导下，解放和发展农村生产力，兴修水利，改良土壤，扩大肥源，推广良种，防治病虫害，改进耕作技术、农作机具和讲究科学种田，努力发展各项建设事业。1955 年 7 月，成立初级农业合作社。李家疃村实行政社合一，贯彻中共中央“土肥水种密保管工”的八字方针，搬石填土、整山治水改良土壤；积攒人畜粪尿并沤制绿肥，促进粮食增产。在王村乡政府领导下，于李家疃村北青阳河修建大型水库一座。在村东、村南分别修水建塘坝、蓄水池、水渠，打大口水井，建成众多的水利工程和水利设施，引渠水绕村过道，灌溉农田。与此同时，响应“植树造林，绿化祖国”的号召，在青龙山、豹山山坡种植松柏等树种。

1958 年“大跃进”时期，集中人力物力“大炼钢铁”，粮油作物丰产不丰收。次年又是荒年，粮食歉收，造成村民生活极大困难，许多人因营养不良患水肿病。政府采取各种措施救助度荒，逐步使村民脱离困境。后来落实“调整、巩固、充实、提高”的八字方针，国民经济开始好转。二十世纪六七十年代，李家疃村每年利用农闲时节组织全村劳动力，进行大规模的农田水利建设，整山治水，削高填洼，改造农田。

1978 年 12 月中共十一届三中全会召开后，李家疃村党支部、村委会坚持以经济建设为中心，决定以工业兴村，利用李家疃村域内丰富的焦宝石、煤等资源，加大投入力度，形成采矿、煅烧、加工耐火材料产业链。进入 21 世纪后，走农业振兴、工业腾飞、商贸并重之路，继续巩固以家庭联产承包为主要形式的生产责任制，调整、优化经济结构，以发展工业，开采、煅烧、销售焦宝石为突破口，建立粮食、养殖、耐火材料等商品基地，农林牧副渔、工农商运建多种经济全面发展，农业生产由自给半自给经济向商品经济转化，出现了农业工业俱兴、商品生产大发展的局面，使村域经济及各项社会事业步入了快车道。

随着改革开放的深入，国家鼓励和支持发展个体私营经济。部分村民抓住机遇，取得合法的采矿许可后，开始打井采矿，投资从事煅烧石灰石、耐火黏土、烧焦宝石产业。1981 年，村民个体建 2 座石灰窑，年产量 8760 吨，年产值 6 万元。1983 年，村民个体建烧焦宝石窑 18 座，年产量 39420 吨，年产值 120 万元。1986 年，村民个体建焦宝石窑 30 座，年产量 65700 吨，年产值 197 万元。2008 年，村民共建煅烧焦宝石窑 216 座，年产量 473040 吨，年产值 11400 万元。2009 年 1 月，216 座煅烧焦宝石窑全部关停。2016 年，村民个人共建有涉及耐火材料的私营企业 13 个，年总产值 11800 万元，向国家缴纳税金 738 万元。

文教卫生发展。中华人民共和国成立前，村民文化水平十分薄弱，除少数富家子弟读书外，绝大多数村民尤其是女性没有能力接受教育。中华人民共和国成立后，党和政府重视基础教育，先后在村内建立托儿所、幼儿园、初小、高小、初中。村民的文化水平不断提高。1990 年扫除青壮年文盲。1992 年普及九年制义务教育。李家疃村文化氛围浓厚，村民王焕奎是国家级非物质文化遗产五音戏创始人之一。文化活动不断发展，村内设有文化大院、业余剧团、广播站、图书阅览室、书法协会。村内设有卫生室1处，医疗卫生条件不断提高，晚婚率、一孩领证率均为100%，人口自然增长率保持在6‰以下，是市、区、镇计划生育先进村。

村庄基础设施有序建设。村庄旧街道全部拓宽、硬化，分别在村南、村中、村西北、村东建起了公园，村内街道均安装路灯。村里制订了建设规划，“山、水、林、田、路”综合治理，实现了通车、通电、通邮、通广播、通电话、通有线电视。幼儿园、学校、商店、文化、供电、供水等公共设施齐全。

村民的生活水平由温饱型、小康型向富裕型迈进。人均收入不断提高。居住条件、交通、房内设施、服饰穿戴等向较高档次发展。饮食标准日益提高，不但吃细吃好，而且讲究科学性、营养性、保健性。

村民居住条件显著改善。20世纪60年代以前，村内除明清古建筑群是瓦屋外，其余都是麦秸草屋。60年代末，水泥瓦开始用于普通民房。70年代后期，凡新建房屋几乎全用耐火瓦。新建房屋都建有前檐出厦，在院子里建有平顶房。1995年，开始在村东部旧村改造，拆迁20户旧宅，建成6座两户一体的别墅楼，改善了12户村民的住房条件。2006年，在村东北新建2栋4层居民楼。2010年，在村东北新建3栋4层居民楼，解决了120户村民的住房问题，形成以东部新村为居住中心的村居格局。全村用上自来水、天然气灶、电磁炉、电冰箱、洗衣机、互联网，村民的生活水平正逐步城市化。由于物质生活与精神生活的改善，医疗卫生条件的发展，村民健康状况大为改观，身体素质明显增强，寿命普遍提高，高年长寿老人越来越多。

李家疃具有光荣的革命传统，在反抗剥削压迫、改变旧的社会制度中，涌现出许多可歌可泣的英雄人物和英雄事迹，1931年九一八事变后，域内掀起抵制日货、抗日救国的热潮。进步青年宣传抗日救国，唤醒民众，抵制日货，受到全村村民欢迎和响应。解放战争时期，在中国共产党领导下，青年参军参战，民兵配合主力部队打击敌人，广大支前民工抬担架、送军粮，踊跃支前。家庭妇女做军鞋、做熟食、护理伤病员、照顾烈军属。少年儿童站岗放哨，为人民军队传送情报等，村民为解放事业做出了贡献。1950年抗美援朝战争开始后，村民踊跃捐款用于购买飞机大炮，报名参加中国人民志愿军，战斗英雄王焕斗牺牲在朝鲜战场。1952年，李家疃被淄川区政府授予“第一模范村”“封山造林模范村”称号。

镬耳奇观　岭南名村①

上岳村位于广东省佛冈县龙山镇，是县境内西南部滘江下游的村庄，依山傍水，环境优美。上岳古村（又称上岳古围村、上岳古民居）位于上岳村北部，是上岳村最早建成的古村，又是古建筑最集中而且保存最完好的古村。自宋末元初朱氏先祖购置田庄算起，至 2016 年，古村有 700 多年历史。

2006 年 11 月，由广东省旅游局主办、《南方日报》等媒体承办的“寻找广东最美乡村”活动降下帷幕，在评定的“广东省人文历史美最美乡村旅游示范区（点）”名单中，上岳古村榜上有名。自此，这个古村引起社会各界的关注，它的神秘面纱也逐渐被揭开，其宏大的广府古民居建筑群及厚重的历史文化底蕴给人们带来强烈的震撼。这是一个古韵深远、布局奇特、人文荟萃的美丽乡村。古村建成后至清代鼎盛时，它以人丁兴旺、甲第连绵、族雄势大而名震一方，故社会上流传有“天上雷公凿，地下上下岳”的民谣，恶徒匪贼不敢轻易侵扰。虽然时移世易、社会变革，但至今古村的雄风犹存，只要用心观察体验，仍可领会到古村的八大特色。

得天独厚的区位环境　上岳村原属清远县滘江一乡，与下岳村并称为两岳，1958 年 7 月随龙山乡（今佛冈县龙山镇）划入佛冈县。据《清远县志》记载：“清远十九福地之上游，地号滘江，中有高峰拔地，古木参天，厥名岳山。在岳山上者称上岳，在岳山下者称下岳。”十九福地位于清远县北江西岸的飞来峡山（在今清城区飞来峡镇），至 2016 年，飞来峡山的飞来寺旁仍有十九福地的牌坊。上岳村地处北江与滘江交汇处的上游地带，距飞来峡只有 9 千米，按照古代玄理风水选址建成。该村居中，左有青龙（岳溪）环绕，右有白虎（岳山）卧伏，前有朱雀（龟头岭）蜿蜒，后有玄武（龙山）

① 选自广东省冈县龙山镇上岳村志编纂委员会编:《中国名村志丛书·上岳村志》，2017 年出版。

坚挺。按古时堪舆大师的说法，上岳村的区位环境得天独厚，尽得山川灵气，是丁财旺地、兴族福地。

规模宏大的古建奇观 上岳古村最引人驻足惊叹的，是它历经沧桑仍基本保存完好的古民居建筑群。它的十八里布局，是前无古人、后无来者的精心谋划之作。里是村民居住的基本单位，每个里是一个居住区。在谋划时先建成村心里，随着族人的繁衍增多，至清中期建成十八里，每个里建有门楼，门楼前均有一口水塘。同时，全村东、南、西、北 4 个方位均建有岳楼，岳楼之间建有围墙。全村民居布局，既有里相对独立单位，又有连成一体的公用设施，形成“村—里—居”的独特结构。古民居具有明显的广府建筑特色，数量众多的镬耳楼群形成令人惊叹的奇观。镬耳楼形似明清时期的官帽，其特殊形式为五龙过脊、五龙过阶，以及后来兴建的四美楼（俗称“银库”）。镬耳楼群与十八里布局交织成上岳广府古村的瑰丽图画，显示出上岳古村的尊贵、豪气和美丽。上岳古村十八里基本建成后，不管是以形寓意，还是以意寓形，世人都传说该村整体布局形如一把手枪，且每处岳楼、民居均设有枪眼，门楼均设有用于防护的趟栊门，显示着上岳古村强大的防御功能。上岳古村现存基本完好的有 6 个里，共有 37 栋 108 座古民居，古民居建筑群（含公用设施）总面积 11.8 万平方米，是广东省内规模宏大的古建筑群，各种特色建筑令人深感古村气势的强盛和文化底蕴的深厚。

传承不息的历史文化 上岳村朱氏族人是南宋著名思想家、理学家朱熹的后裔，朱氏族人尊崇祖训族规，传承历史文化。在上岳村，除古民居外，还有众多古学堂、古门楼、古祠堂、古墓等系列古建筑，并留有历代的古壁画、古楹联、古诗词、古墓志以及雕刻和题字，这是上岳村传统文化的见证。最能反映上岳村历史文化传承理念的，是上岳村与下岳村合编的《两岳朱家族谱》和《两岳朱家族谱（续一卷）》。其中《两岳朱家族谱》编成于 1925 年，由两岳族人主持合编，居于清远县城的清末榜眼朱汝珍作序。该族谱分为 12 卷，全面记述两岳村情、族人繁衍以及族中事务，交付广州十八甫中约东雅公司石版印刷，是内容丰富、印刷精良的族谱，在广东省内享有盛誉。《两岳朱家族谱（续一卷）》紧接原族谱，记录时限为 1926—2014 年，于 2014 年 12 月付印成书，其体例、内容既体现出两岳朱氏族人坚持传承以朱熹为代表的儒家理学精髓，又反映出两岳朱氏族人在继承中勇于革新、善于扬弃的与时俱进精神。前后两部族谱以其各自的风格特色，成为两岳族人发展史上的重要历史记录。

耕读互励的传统氛围 上岳村位于山水秀丽的滘江地域，自古以来族人就重耕助读，使耕读互励成为生产生活中的主旋律。该村以先祖制定的家训族规教育勉励族人及子孙后裔，其中乡规有“读书治田、营家济物”“各自进修、互助劝勉”的规条，规劝族人勤耕苦读，朱氏族人历代以此为勉。该村族人以耕为荣，以耕累资，以供日常生活及繁衍育人所需。同时，谨记先贤“自读并教子孙读，即身体而力行之”的教导，以读书明理、读书端行、读书报乡报国为己任，历代涌现出不少读书成才的人物。在明清时期，上岳村朱氏族人取得秀才、贡生以上功名的有 160 多人，其中进士、举人共 8 人，上岳始祖朱璧曾任明朝兵部主事、补工部主政，与其孙朱琳被朝廷颁授“祖孙乡贤”封号。上岳村在鼓励族人学文进取的同时，也鼓励族人练武健身，有 3 人被朝廷封为武略骑尉职衔，并赠有“武魁”牌匾。清末废科举、兴新学以来，上岳村内的私塾改学校，后又建造普美学校，继续把教书育人作为重要职责。中华民国和中华人民共和国时期，在党政军界、工商科技界、教育界、医药卫生界等各界别均涌现出众多人才。

农商结合的经济产业　上岳村自元末明初形成村落时起，逐步扩展地域范围，到清中期规模最大。当时上岳村在原村域基础上，购置白牛迳一带荒山野地，设立耕厂（耕地畜牧之处）垦荒开田。在此期间，上岳村农耕产业扩大到东至民安水的东岸（今民安圩）地带，南至与下岳村交界的旧民安（民安圩原圩场），西至清远县旧横石（今清城区飞来峡镇）东部地带，北至白牛迳（今清水迳村）南部地带。全村总面积 30 多平方千米，其中耕地（包括自耕地、出租地）6.67 平方千米。在民国期间，上岳村派出人员收税、收租的地点有船运点——滙江口（今清城区境内）及陆运点——旧横石（今清城区境内）。农耕的鼎盛时期，为上岳村的发展提供厚实的经济基础。在发展农耕的同时，上岳村还致力于发展工商业。商业以船运、商铺贸易为主，至清后期形成一定规模，并在村中设立一条以营商为主的商街（今称“百年商街”），以满足村民生产生活需求。以上农商结合的经济结构并存于一个村落，并盛行于当时“重农抑商”的社会环境中，实在是独树一帜的。中华人民共和国成立后，上岳村农工商结合的经济模式仍然存在。90 年代起发展的砂糖橘种植产业，成为村民致富的新产业。2013 年起，砂糖橘产业逐渐消退，上岳村民又致力于产业调整，改种其他优质果树，还有不少中青年到外地兴办企业或务工学艺，成为新型的农工商综合经营的村民，以开拓进取的精神创造强村富民的新生活。

情理交融的管理模式　上岳村建成后，逐步形成一套严密的村族管理习俗，一直采取全封闭式的管理模式。古代至民国期间，上岳村管理主体大致可分为官、族、房三类。其中官设的管理主体随着社会形态的变迁而调整，先后有里约、保甲长等设置；族设管理主体，主要有族老（含绅耆、各房长老）；房设管理主体，主要是房老，由所在分支房辈分高、年老的族人担任。族中管理经费主要来源于族、房的公尝，有时由绅耆（含堂口组织）捐助。在管理中采取情理交融的方式，即通过族规家训，以劝导、勉励、褒扬、惩戒等方式进行，以保护族人的人身权和基本权益，即使在封建制度下也极少发生摧残族人精神和肉体的暴力行为，这是上岳村治理的显著特点。通过情理交融的管理模式，激励族人奋发有为、舍生取义。在两岳村历史中发生的抗清护邑、退敌护村、抗日自卫等事件中，均突显出两岳子弟具有其始祖朱文焕率兵抗元的英雄气概和勇于报国报乡的宝贵精神，涌现出不少顾全大局、顽强抗争的仁人义士，其事迹世代相传，令人赞叹。中华人民共和国成立后，虽然管理主体及管理内容均发生变化，但情理交融的管理模式一直作为优风良俗延续下来。

丰富多彩的民间习俗 上岳村在长期的生产生活中，形成丰富多彩的民间习俗。其中集中举办的活动有舞狮、抢花炮、神功戏、祠堂祭祖、元宵上灯等；各房系举办或家庭自主进行的活动有年节祭祀、赈粥、祭井神、象棋赛等。其中上岳村特有的民俗活动神功戏、赈粥等，为全族人参加的活动，规模宏大，活动时间长，反映出上岳村的兴旺和活力。这些民俗活动，虽然初办宗旨不同，但大多体现和亲睦族、激励奋进、娱乐养生、寄托愿望等内容，而且往往是多种宗旨功用互相结合包容，丰富族人的精神生活。这些具有岭南特色风情的民俗活动，有的仍保留传承，继续发挥其团结族人、激发正能量的作用。

方兴未艾的开发利用 2007 年以来，佛冈县政府对上岳古村保护、整治、开发和利用工作紧锣密鼓地进行。佛冈县政府在开展社会主义新农村建设中，把上岳古村列入全县名村建设规划。并先后 3 次委托广东省城乡规划设计院等单位对上岳村的古建筑进行保护和维修规划，对村域环境进行整治。2013 年，县政府在开展广东省社会主义新农村试验区（佛冈）建设进程中，把上岳村作为佛冈县乡村风情长廊的南面节点予以美化建设。2015 年起，佛冈县政府对上岳村实施美丽乡村“特色村”工程建设。这一建设工程的实施，被村民称为“千年古村千年一遇”的民心工程，全村村民热情高涨，积极发挥主体作用，推进建设施工进程。同时，配合乡村整治建设，上岳村的产业发展步伐加快，在村中建成万兴（佛冈）玩具有限公司，并加大资源开发力度，利用村域的资源优势发展文化旅游产业。2013 年，由民营企业投资建立佛冈县上岳古村落文化旅游开发有限公司，至 2016 年，开发建成莲花池、接待站等多个旅游项目。同时，佛冈县政府将开发上岳村的旅游业纳入全县旅游总体规划加快实施，上岳村旅游企业也主动与县旅游局和周边旅游企业、旅游风景区联系挂钩，进行合作开发，以进一步扩大上岳村旅游业的影响，提高上岳村旅游业的品位和知名度。上岳村开发利用和产业发展方兴未艾、前景广阔。

进入 21 世纪，上岳古村以其特色古韵和鲜丽新貌展现在世人面前，先后被国家、省、市、县授予多种荣誉称号，2010 年由住房城乡建设部、国家文物局评定为中国历史文化名村。上岳古村的文化发展历程，是无数村庄文化发展的缩影。开展对上岳古村的研究、保护、开发、利用工作，不仅是当代人的神圣职责，也是造福后人的重要义务。通过各方联动配合，力促其成为社会主义新农村建设和美丽乡村建设的一个鲜明品牌，并发挥辐射和带动作用，推动全域新农村建设进程。

千年香火　八街一坡[①]

扬美之美，美在其“古”。

自古以来，这里就是海上丝绸之路——西江古道和陆上丝绸之路——茶马古道有机衔接的重要门户之一。饱经岁月风雨冲洗的古楼、古钟、古宅、古碑、古亭、古码头、古石板路，徐霞客流连过的江畔古石，侬智高、狄青各率大军呼啸而过的古河口，似乎都在默默诉说着薪火相传的古老传奇。古镇八景，美不胜收。坡岭俊秀，江水清幽，古树参天，青砖石墙，坡顶瓦房，木门石阶，越老越有味道。

走进扬美，明清古宅鳞次栉比，名胜古迹星罗棋布。村中现存古街 8 条、古码头 9 处，明清古建筑和民国建筑 260 处、390 幢，其中自治区级文物保护单位 2 处，未定级文物保护点 13 处。这是一座千年古村落，中原文化与岭南文化在这里交集，蕴含着厚重的历史人文积淀。这是一方旅游胜地，水光山色与亭台楼阁在这里展示，描绘着久远的江畔乡村情思。从宋代开始兴建的扬美村，因紧靠左江、临近三江口，具有便利的水运条件而逐渐开展了商品贸易活动，明清时期达到繁荣，民国初年更达到顶峰。后因左江水运的衰落，使得商贸活动不断萎缩，经历了一个起源、发展、兴盛、衰落的漫长历史过程。扬美村的先民们根据依山面水的自然地理条件，建造许多匠心独具的建筑，构成了一个完整的地理空间，至今犹存，传承着丰富的民俗风情、悠远的传统文化。

扬美之美，美在其“新”。

扬美村是南宁市江南区江西镇的一个行政村，位于南宁市城区的西部。三面环江，形如半岛，负阴抱阳，颇像一张太极图。风光秀丽，沿河有大湾、细湾、土湾、北风湾、南风湾、大鼓湾，是藏风聚气、纳财蓄宝之地。据 2016 年统计，扬美村辖八街一坡（振兴街、临江街、解放街、永安街、和平街、中山街、新民街、共和街，平凤坡）。

① 选自广西壮族自治区南宁市江南区江西镇扬美村志编纂委员会编:《中国名村志丛书·扬美村志》，2017 年出版。

全村民风朴实、人情味浓、生态环境良好，历史上八九十岁的“寿星”层出不穷，2016年在世的90岁以上老人有近50位。不管是过去还是现在，家家户户都保持着“日不关门，夜不闭户”的生活习惯。

扬美村是南宁旅游的热点之一，自1999年对外开放旅游以来，每年接待中外游客量均在20万人次以上，旅游综合收入每年超过3000万元。这里的节庆文化丰富多彩，从农历正月至十二月，均有丰富多彩的节庆文娱活动。扬美人勇于接受新事物，并将古老民俗加上符合现代审美心理的新包装，展示了古文化的新魅力：唱春牛、师公戏、升花、古乐、粤剧、抢花炮、伐龙船、龙舟上水节、做“香包”、乞巧节、明清婚礼展示等“穿越游览”文化活动，贯通古今，使人乐而忘返。

八街一坡，各有其美。新开的土特产商铺一间连着一间，全新制作、全新包装、全新收付手段（均可手机扫码支付），到扬美旅游的人们，不会空手而返。这里的土特产豆豉、梅菜、沙糕，被誉为“扬美三宝”，远销东南亚。这里的美食别具一格，烹调精巧，扬美梅菜扣肉、左江野生河鲜、阳桃叉烧、扬美豆腐、豆豉辣椒、黄皮辣酱、蒸粉糕色香味俱全，让人垂涎三尺。

扬美的自然风光、人文景观还吸引了大批文化工作者到该地采风创作。《邓小平在广西》《百色起义》《红七军》《太平天国》《石达开》《我的父亲》《耳光响亮》《国医》等电影、电视剧都曾以扬美作为拍摄外景地；由中央电视台马翔宇导演团队历时一年拍摄、中共南宁市委宣传部制作的6集专题纪录片《水问邕江》工作人员，曾在2014年4月深入扬美村进行历史文化专题摄制工作。该摄制组拍摄了魁星楼、五叠堂、清代一条街、金马码头等扬美具有代表性的景点以及扬美的民俗活动，充分展现了扬美村独特的古代建筑风格及当地风土民情和民俗文化，通过银幕、荧屏，把扬美之美传播得更广、更远。

经过多年的保护开发，扬美有了较高的知名度、美誉度，先后获得多项荣誉。2003年，“扬美古风”被评为南宁市“十大景观”之首。2004年，荣获南宁市“十佳旅游风景区”称号。2006年至2008年，扬美古镇旅游景区被南宁市人民政府授予“南宁市优秀旅游景区”称号。2010年，荣获住房城乡建设部、国家文物局颁发的“中国历史文化名村”称号。2012年，被住房城乡建设部、文化部、财政部列入首批中国传统村落名录。2016年，被广西壮族自治区政府命名为广西特色名镇名村；在第六届全国生态旅游文化产业发展高峰论坛上，入选2016年度“全国最美古村落”榜单。

难怪，这里被南宁市民昵称为“小南宁”；难怪，这里被游客赞为“北有阳朔，南有扬美”；难怪，这里被文化学者评价为“西江水道上活态的《清明上河图》”！

美哉，扬美！

魅力麻扎村①

一

古丝绸之路的辉煌已经湮没在历史的尘埃中，但火焰山南麓的吐峪沟大峡谷口，枝繁叶茂的桑树似乎依旧闪动着千年前的阳光，树荫下映射着斑斑驳驳的黄黏土房的影子。这就是千年土庄——新疆维吾尔自治区吐鲁番市鄯善县吐峪沟乡麻扎村。

在约2800年前，吐峪沟南谷口也就是现在的麻扎村，人丁兴旺，文明程度很高。汉武帝元封三年（前108），西汉为削弱北方劲敌匈奴在西域的势力，打开通往西方的通道，发兵击楼兰、破车师。汉神爵二年（前60），麻扎村随车师前部正式纳入中华版图。北魏太平真君三年（442），沮渠无讳攻占高昌，翌年建立高昌沮渠政权，麻扎村隶属之。此后，麻扎村一带先后归属阚氏、张氏、马氏、麴氏等4个高昌政权。唐贞观十四年（640），唐平定麴氏高昌国，翌年改置高昌为西州，麻扎村随属西州。唐贞元八年（792），西州为吐蕃所破。唐咸通七年（866），北庭一带的回鹘人在首领仆固俊的带领下攻克西州，建立高昌回鹘王国，麻扎村随属之。明洪武二十二年（1389），秃黑鲁·帖木儿之子黑的儿火者继位为东察合台汗国之汗，加紧了对吐鲁番地区的扩张，以武力攻占吐鲁番盆地，并强制当地居民信仰伊斯兰教。清雍正十年（1732），为躲避漠西蒙古准噶尔部的袭扰，麻扎村域居民跟随额敏和卓东迁瓜州。23年后，麻扎村的居民又随额敏和卓回迁。

① 选自新疆维吾尔自治区鄯善县吐峪沟乡麻扎村志编纂委员会编：《中国名村志丛书·麻扎村志》，2017年版。

二

麻扎村是一个古老的村落。村北的吐峪沟石窟寺在历史上曾具有重要的地位和影响。2006 年，吐峪沟石窟寺被列为全国重点文物保护单位。2007 年，吐峪沟石窟寺被列入丝绸之路申报世界文化遗产预备名录。2010 年，中国社会科学院考古研究所、北京大学考古文博学院、吐鲁番学研究院、龟兹石窟研究院组成联合考古队开始对吐峪沟石窟寺遗址群进行全面科学的考古调查和发掘，并取得了重大成果。吐峪沟石窟群和佛寺遗址被评为 2010 年度中国十大考古新发现。目前，对吐峪沟石窟寺的保护与发掘仍在继续。

麻扎古村落曾存在过一个喧闹的世界。古车师国时期，麻扎村商业很繁荣，各地来往的客商络绎不绝。现存的纯生土建造的古民居，是麻扎村先民智慧的结晶。据考证，在两晋南北朝之前，麻扎村先民们根据当地的自然环境和生存需要，就地取材，巧妙地利用黄黏土造房，采用掏、挖、砌、垒等多种形式建成了大小高低不同的民居。这些民居最古老的已经有 300 多年的历史了。只可惜，麻扎村内的生土建筑经受不住洪水和地震的侵袭，部分古民居已损毁。尤其是村北火焰山坡顶的王家寺院——丁谷寺也因地震坍塌，如今山顶只留下丁谷寺的残垣断壁。

三

千百年来，麻扎村的人们繁衍生息，随着历史变迁、文化交融，古老的麻扎村神秘的面纱逐渐被揭开。

麻扎村民十分钟爱桑树，房前屋后都会栽种桑树。流转于麻扎村内，纵横穿越的小渠在房前屋后伸展，桑树、葡萄、杏树等散发着淡淡的芬芳，尤其是百年的老桑树，枝蔓纠缠却依然苍翠挺拔。桑树下，年逾古稀的老人，捋着长长的白胡子喃喃自语；清渠边，身着艳丽服饰的妇女，浣洗着衣服上那一抹抹古香尘土；小道上，光着脚丫的顽童，嬉戏追逐着空中的飞絮……越往村里走，越能感受到远离尘嚣的静谧。麻扎村民总是透着发自内心的和善，从古老的木门里偶尔会探出一张友善的面孔，他们或和蔼慈祥，或真诚友好，或充满朝气，或天真无邪，遇到陌生人总是微笑点头示意，脸上始终洋溢着平静、自足、幸福的神情，给人以纯朴、悠闲、淡然的深刻印象，令人不知不觉中沉静下来。

与其他地区山清水秀或小桥流水的景致迥然不同，麻扎村是火焰山秃山秃岭中的一片绿洲。古村依山傍水，一条不宽的小渠穿村而过，纯生土建造的村落在绿树的衬托下，犹如一幅画。为此，新疆摄影家协会、新疆国画院先后把麻扎村列为写生、创作基地，有关麻扎村的艺术作品遍布大江南北。火焰山中的神秘山谷——吐峪沟大峡谷静静地躺在村北，最让人惊叹的是山体色彩随天气阴晴雨雾变幻出万千色调，两岸高山雄奇险峻，峰峦叠起，在强光照射下，色彩斑斓，熠熠生辉。从谷底向上仰视，怪石奇峰千姿百态，或壁立如屏，或刀削如砥，或突兀如柱，或气势如虹，时而像飞龙腾空，时而像野驼奔驰，时而如顽猴嬉戏……步入谷底，足下山道弯弯，流水潺潺，芳草如茵，树影婆娑，山涧小溪顺着山谷蜿蜒向南流去，不仅形成了美如画的独特风景，也流淌出了这片热土孕育的文明。

四

麻扎村民以孝为大，以孝为荣，只要父母没有去世，儿子通常与父母住在一起，方便时刻照顾，除非家中房屋不够住，父母同意后，先成家的儿子才能另立锅灶。因而，麻扎村四世同堂的现象很普遍，很多都是大家庭，几个孩子与父母、爷爷奶奶同住。而且，家中的大小事务一般听询长者决定。尽管家庭人口多，但成员之间却十分团结和睦。

麻扎村民单纯质朴，大多与外界交往不多。即便是一些经常在外的商人，也保持着麻扎村人特有的纯朴，致富后都以帮扶村民为己任。走入麻扎村，经常看到经营玉石或农副产品的摊位无人看守，找寻之后才发现主人到里屋休息或做其他事情了，问之不担心别人顺手拿走物品吗？答曰：不担心，如果有人真心想买，会主动找人询问。在麻扎村，不用担心有奸猾狡诈的行为，因为麻扎村民一直选择与纯朴善良为伍。麻扎村人追求简单质朴的生活，不仅体现在为人行事上，也体现在饮食上。麻扎村民家常做饭一般不用过多的调料，唯一常用的就是食盐，但即便没有复杂的佐料搭配，麻扎村民照样可以做出美食，让人在享受原汁原味的同时，更能品尝到质朴和幸福的味道。

麻扎村民认为庭院是家园最幸福的地方，因此珍爱庭院如同珍爱家庭一般。每天清晨妇女们要做的第一件事情就是手提水桶泼洒庭院，把自家庭院内外清扫干净。每户村民的庭院都会放置一两张大床，用于休闲聊天或劳作回家后休憩。同样地，麻扎村离异或夫妻感情不和的现象很少，总是一副其乐融融的景象。尽管多数人并不算富裕，可村民之间都相互扶持，邻里之间和谐融洽，谁家做了什么美食，总要先送给邻里品尝。哪个家庭要办婚丧事，周围邻居总是及时送去各种吃食。谁家有困难，大家也是尽力帮扶。

随着吐峪沟景区的开发，麻扎村民开门迎客，当你走入他家，坐上他的炕头，村民总是第一时间奉上热茶，拿出馕、馓子、葡萄干等食物招待客人。

麻扎村民热爱生活，崇尚休闲，加上淳朴的民风、质朴的生活状态、始终不变的热情，让人感受到世间的宁静与美好。

五

中华人民共和国成立前，麻扎村多数村民为贫苦出身的佃农，依靠租赁土地或出卖劳动力生存。中华人民共和国成立后，麻扎村民的生活发生了很大的变化，村民拥有了土地，不再受地主阶级的剥削。作为紧俏商品的葡萄和葡萄干的销售收入，维持着麻扎村民的衣食住行。土地承包到户后，村民的生产积极性高涨，但受技术管理水平的限制，葡萄产值不高。20 世纪 90 年代后，麻扎村周边村镇陆续大面积发展种植无核白葡萄，麻扎村的葡萄种植优势式微。加之麻扎村人均土地不足 0.5 亩，全村经济发展举步不前，麻扎村由此被列为新疆维吾尔自治区贫困村。此后，在区、市、县三级党和政府的领导和支持下，麻扎村民人均占有耕地不断增加。特别是进入 21 世纪后，县乡两级政府强力改造百年老葡萄园，引导支持村民实施科学管理，并积极开展靓丽庭院、文体竞演、美食评比等活动，促使村民转变观念，崇尚科学。在持续不懈的努力下，麻扎村民从最初不愿从旧居搬出、不愿到相对较远的地方耕种土地，到现在渴望搬迁新居、想多要土地、想方设法增收致富。吐峪沟景区开发后，当地党委、政府积极引导村民发展农家乐、农副产品销售，不断拓展麻扎村旅游资源，促使农村经济发展步入快车道。2016 年，麻扎村民人均收入达 9626.3 元，比 1996 年增长 10 倍以上，比 1990 年翻三番以上。村内拥有汽车的家庭有 40 户，摩托车、电动车户户具备。

中华人民共和国成立前，麻扎村通往外界的道路只有土路，村民饮用水单纯依赖从吐峪沟大峡谷流出的苏贝希河水。中华人民共和国成立后，当地党委、政府先后修通了麻扎村通往外界的公路。2015 年，又建成吐峪沟景区至吐鲁番高昌故城旅游专线，交通环境得到改善。20 世纪 90 年代中期，为了改善麻扎村人畜饮水环境，当地党委、政府在麻扎村南邻的英买里村建水塔，为麻扎村、英买里村、吐峪沟夏村 3 个村供应自来水。进入 21 世纪，又将麻扎村自来水管线整体并入山南自来水供应管网，并修建了抗震安居富民新区，建立了农村双语幼儿园和卫生院，极大地改善了村民的生活条件。同时，麻扎村也先后得到社会各界的大力扶持，尤其是进入 21 世纪，联系麻扎村的吐鲁番市中级人民法院、市水利局、新疆瓜果研究中心等机关企事业单位通过资金帮扶、思路帮扶、技能帮扶、就业帮扶等多种措施支持麻扎村脱贫致富，使村民受益。

麻扎村犹如一本厚重的史书，融历史、文化、风情和自然景观为一体。只有亲身梳理过吐峪沟石窟寺的历史脉络，亲自领略过吐峪沟大峡谷的自然奇观以及古老的村落文化和浓郁的民俗风情，才能读懂麻扎村的丰富内涵，才能真正领悟到麻扎村的独特魅力。

跨越 686 年风雨的党家村 ①

在陕西省韩城市，有一个跨越 686 年人间烟火的古村庄。它至今还完整地保存着 123 座元明清时期的古民居四合院，它们和散落在村里的文星阁、节孝碑、泌阳堡、看家楼以及祠堂、私塾、戏台、关帝庙等建筑错落有致地排列在一起，构成了一幅静谧的水墨画。远远望去，清一色的青砖灰瓦，古朴典雅，含蓄庄重，散发着浓郁的历史人文气息，彰显着深厚的文化底蕴。

这就是被日本学者青木正夫赞为“东方人类古代传统民居村寨的活化石”，被国务院公布为“全国重点文物保护单位”，被建设部评为“中国历史文化名村”的党家村。

党家村位于陕西省韩城市东北，西南距韩城市区 9 千米，西距 108 国道 2 千米，东距黄河 3.5 千米；坐落在黄河之滨，龙门之畔，与梁带村两周文化遗址为邻，与汉太史司马迁祠南北相望。

几绺青石板，一勾飞檐墙，无不写满党家村的古老和崭新。

观不尽的老村　写不完的历史

元至顺二年（1331），已经大旱了 7 年的关中地区，饥民们纷纷走上了逃难的道路。出逃的人群中，有个叫党恕轩的年轻人，他由同州府朝邑县（今陕西省大荔县朝邑镇）逃到了韩城县的西庄地界，那里有一条细小的泌水河，河的北岸塬上有一座敬奉三皇五帝的白庙。庙里香火旺盛，田地较多。党恕轩开始租种庙里的田地度日。

党恕轩以种菜卖菜为生，附带开垦荒地。几年后，他在现在的小坡崖上打了三孔窑

① 选自陕西省韩城市西庄镇党家村志编纂委员会编:《中国名村志丛书·党家村志》，2018 年出版。

洞，并娶了一位樊姓女子为妻。如今，党家村的村民还会指着村子半坡上的几孔土窑洞，为外人讲述先祖党恕轩创业的故事，亲切地称此处为“恕轩窑洞”，言语中饱含着无限的敬意，他们的根就是从这里深深地扎进了脚下这片黄土地。

党恕轩在小坡崖埋下了一颗希望的种子，在经历了漫长的风雨后，种子发芽了，抽枝了，开花结果了。他一生养育了四个儿子，老大君显，老二君仁，老三君义，老四君明。除老四党君明到甘肃河州屯田未归外，其余三个儿子后来各立门户，分别形成了党族族谱上的长门、二门、三门三个分支。到第三代时，祖孙父子已有 4 户人家，20 多口人。狭小的小坡崖已容纳不下这一大家子，于是党恕轩将家下迁到了东阳湾。

元至正二十四年（1364），他们把泌水河改成了党家河，东阳湾也变成了党家湾。

明永乐十二年（1414），党氏长门中走出了一位举人，叫党真。党真对党家村的贡献有两个：一是将村庄再次下迁，至谷底靠近泌水河的位置，并界定出长门、二门、三门居住与发展的空间区域，把窑居改变成以屋居为主；二是留下了一篇《党族家谱》序，让后人有幸了解党家村繁衍、壮大的历程。

党恕轩到东阳湾之后的 194 年，也就是明嘉靖四年（1525），党家村迎来了另一位姓氏。祖籍山西洪洞县、于元代时迁居韩城经商的贾伯通六世孙贾璋，以党氏外甥的身份定居党家村。此后，贾氏在党家村繁衍生息，成为党家村第二大姓氏。

贾姓的拥入，使党家村的人口一下子发展到二三十户人家，百余口人。贾姓聚集在如今下巷党姓宅院的西边建造他们的宅屋。为便于汲取水源，他们在村子中间留下了一条南北走向的通道。

贾族像一股清流，给党家村的历史注入了新的活力。为解决人多地少的矛盾，他们通过开荒、租赁的形式，在韩城西北的冶户川、盘道川和小迷川一带建立了许多山庄子[①]。这些山庄子有点类似于今天的农场，以种粮、育林、畜牧、采集药材为主。与此同时，他们的生意也渐成气候。出现了不少像党孟钠、党俊鸿家族那样有影响力的大户。明嘉靖年间（1522—1566），韩城大旱，党孟钠拿出三百两纹银接济大家。后又遇旱灾，他把贫苦人家借的二百多石粮食借据当众销毁，被时人称为义翁。党孟钠的事迹被收录在明张士佩编撰的《韩城县志》中。

黄德海在《变迁—— 一个中国古村落的商业兴衰史》一书中感慨道，山庄子经济是党家村后来大规模从事商业活动的有效探索和准备。

这一探索并不遥远，只有短短的 130 年，但它足以让党恕轩和贾璋的后代们享誉韩

① 明清时期，党家村人在山区或浅山区开垦荒地，建立庄园，称作山庄子。

城，成为当时远近闻名的村庄。

道不尽的奇商　说不完的瑰宝

清顺治十一年（1654），党族二门第十一世党德佩，赶一头毛驴到河南南阳瓦店镇闯世界，从此拉开了党家村商业活动的大幕。他先以贩卖瓦盆瓦罐为业，后来做木材和长途贩卖生意。党德佩在其子党景平的协助下，在瓦店建起了党家村第一个商号——恒兴桂商号。父子俩几年时间就把恒兴桂打造成瓦店的商业老大。太平天国运动期间，他们紧紧抓住瓦店是南北物资集散地的历史机遇，使恒兴桂商号步入了黄金发展期。他们把赚得的财富源源不断地运回党家村。

清乾隆十五年（1750），贾族十三世贾翼堂前往河南，在南阳府唐县（今河南省南阳市唐河县）唐河沿岸的郭滩镇创立了合兴发商号。贾翼堂邀请党族三门十四世党玉书合伙经营。他们把合兴发迁到当时中原四大商业巨镇之一的南阳赊旗镇，又在唐河、白河沿岸设立了货栈。合兴发还创立了智力投资模式，生意越做越大。为了便利和快捷，他们还开始经营钱庄，发行一种能在一定范围内流通和兑换的票据——帖子。

这是党家村历史上最为辉煌的时期。党德佩父子，贾翼堂和党玉书等人为党家村大规模兴建四合院注入了十足的底气。家族产业、智力入股等模式，使党家村大多数村民享受到了商业回报，他们从股份中不断获利，家底殷实，银两充足。每天，装满白银的骡车络绎不绝，将之运送到分银院，等到约定的时间，就大斗称，小簸箕分。家道的富裕，让党家村掀起了一轮持续百余年的建房热潮，他们大兴土木，翻旧盖新，使村庄外扩，迫使泌水河南移改道。出于对自身安全的考虑，他们还于咸丰元年（1851）在泌水河北岸的高崖上建造了一座防御性的寨子泌阳堡。

与此同时，文星阁、节孝碑、看家楼、祠堂、私塾、水井、惜字楼、戏台、关帝庙等公用设施也一一兴建。

文星阁是一座六层六面的风水砖塔，受“天倾西北，地陷东南”理念的影响，建造在村子东南角上。但文星阁的内部却被村民供奉上孔子、文曲星的牌位，党家村崇尚教育的风气可见一斑。

看家楼坐落在村子中部一座四合院中，四层高，四周身开有窗户。看家楼中隐藏了一段悲壮的往事：1918 年，驻军韩城的秦保善抢劫百姓，遭到党天成的激烈反抗。一次，秦保善带队到党家村抢劫，走时烧毁了党天成的家。后来，党天成带领民团用了一年多的时间赶走了秦保善。韩城人民为了感谢党天成，全县 28 个里的民众自发捐款，给他盖房。后来按照党天成的意思，才盖成了具有瞭望和预警功能的看家楼。看家楼与泌阳堡的作用都是防御，所以建造得结实耐用。

节孝碑是为一位婚后不久就开始守寡的牛孺人建造的，碑高近 9 米，是党家村砖雕艺术的代表。

泌阳堡、文星阁、看家楼、节孝碑是党家村标志性建筑。

清道光年间（1821—1850），村庄正式更名为党家村。

说不尽的家训　看不完的精美

党家村的民居建筑，群体庞大，风格独特，舟形的村庄，半岛形的古寨，处处暗道相通，咫尺相连，村寨合一。按照建筑年代和建筑质量，四合院分为三级，一级 26 院，二级 41 院，三级 56 院。村中还有党贾两族祠堂 11 座，防盗稍门 25 处，以及与之相匹配的文星阁、节孝碑、泌阳堡、看家楼、菩萨庙、关帝庙、财神庙、涝池、古井等，既错落有致，又相对独立。这里的一砖一瓦，一墙一壁，抑或一对昂头挺立的石狮，一条粗犷的拴马石，都传递着一种古朴典雅的美。点缀其中的人物、花卉、飞禽走兽、福禄八卦图案，造型逼真，栩栩如生，韵味十足，砖雕、石雕、木雕一应俱全，精巧华美。散落在门前、巷道的上马石、拴马桩、惜字楼、看家楼、旗杆斗子等，既反映了它昔日的荣光，又为村庄增添了古朴的气韵。

党家村四合院都是一进院落，对称布局，分门房、厢房和厅房（上房）。厢房的两侧有砖刻的家训，这些家训都是教化后代的，内容不一而足，有对生活感悟的，有对后代告诫的，有对家族期望的。别具一格的家训被收录进中央纪委监察部网络中心编写的《中国家规》一书；2016 年 4 月，凤凰卫视《文化大观园》栏目播出了《党家村：青砖上的家训》专题片。党家村家训还是书法精品，西安交通大学教授、书法家薛养贤称赞党家村的家训是“书法基点之上的家训表达”。

高大气派、豪华讲究的走马门楼上，有考究的门楣，门楣和家训一样，都是教化后代的。门内的照墙上，雕刻有象征吉祥如意的花卉和吉兽。

党家村崇文重教，最多时有 13 个私塾，25 座惜字炉，有供奉孔子牌位的文星阁。党家村历史上人才辈出。明清时期，不足百户的党家村出过 1 名进士，4 名举人，44 名秀才，几乎半数人家出过有功名的人。民国时期，党家村考入大学及各类军校的毕业生达 50 余人。中华人民共和国成立后，1954 年，党治国以陕西省高考第一名的成绩考入清华大学。1977—2000 年，1400 多口人的党家村累计考入大学的就有 120 多人。

2000 年以后，党家村大学生人数更多了。2012 年，全村 6 名高中毕业生全部考入大学。

诉不尽的传说　写不完的辉煌

传说党家村有一颗辟尘珠，让村庄永远保持干净整洁。

传说党家村的文星阁上有六颗铃铛，下雨前，铃铛就发出响声。

传说村子没有笔直的巷道，才让进来抢劫的土匪迷了路。

传说党家村的屋顶不长青苔。

传说给党家村抹上了一层神秘色彩，也让人认识到了党家村在选址和建筑上的讲究。他们尊崇藏风聚气，得水为先的理念，讲求阴阳平衡，天人合一。于是，1978 年，当党家村历史上第四次兴起大规模建房热潮时，村民没有在原址上重新扩建，而是在村庄外另建新区，把一个老村寨留给了世界。

2001 年 6 月，国务院公布党家村古建筑群为全国重点文物保护单位。2003 年 10 月，党家村入选建设部公布的第一批“中国历史文化名村”名单。2016 年，党家村景区被国家旅游局评为国家 AAAA 级旅游景区。

1996 年，党家村成立党家村旅游开发公司，开发党家村旅游资源。2008 年，韩城市旅游局成立党家村景区管理委员会，与党家村共同发展旅游事业。2012 年 8 月，党家村村委会与党家村景区脱钩，不再参与党家村景区具体管理事务。党家村景区的保护、开发进入了快车道，党家村这个走过 686 年岁月的古老村庄再一次迎来了历史发展机遇。

这就是党家村！一个浓缩了元、明、清三代民居建筑艺术与智慧，凝结着传统文化的内涵与底蕴，寄托着先辈追求与梦想的中国历史文化名村。经历了 686 年风雨的党家村和党家村人，正用他们流淌着祖先血脉的双手，书写着党家村新的传奇……

客家古村 桃源洞软[1]

“野兴随樵牧，行歌归渐昏。疏林争宿鸟，落日失孤村。客子犹闲立，农家早闭门。忽然山月吐，疑是在东屯。”这是明末清初文学家、“易堂九子”[2]之一的李腾蛟怀念家乡的诗句。诗中的东屯指的就是千年客家古村东龙村。

东龙，原名东屯，后因其“东南有一脉群山，蜿蜒起伏，形如卧龙”，改名东龙。东龙位于北纬 26° 23′、东经 116° 11′，地处武夷山余脉，为江西省赣州市宁都县田埠乡属地，东距石城县城 20 千米，西距田埠乡驻地 15 千米、宁都县城 50 千米。地形以丘陵、山地为主，海拔 500～900 米，四面群山环抱，中间为平坦小盆地，有“架上金盆”之称。它建村于唐代，古时是“海上丝绸之路”陆上赣西通赣东接闽西至泉州段的重要节点，今为长江经济带和珠三角、闽三角经济圈腹地，东距济（南）广（州）高速公路石城北出口 5 千米，南距济广高速公路宁都东出口（固村）20 余千米。

2016 年，村域面积 15 平方千米，有耕地 2750 亩、林地 1.1 万亩、水面 200 亩。辖 7 个自然村、18 个村民小组，有人口 480 户 2180 人。是江西省历史文化名村、江西省乡村旅游示范点、中国传统村落、中国景观村落、中国优秀古建筑历史文化古村镇示范项目点、国家“美丽乡村”建设试点村、中国历史文化名村，被专家誉为“中国江南第一宗祠村”。

① 选自江西省宁都县田埠乡东龙村志编纂委员会编:《中国名村志丛书 · 东龙村志》，2018 年出版。

② “易堂九子”指明末清初宁都的魏禧、魏际瑞、魏礼、邱维屏、李腾蛟、林时益、彭士望、曾灿、彭任九位文学家，以魏禧为首。明亡后，他们不愿屈从清廷，隐居于宁都县城西北的翠微峰，结庐讲学，提倡经世济用之学，世称“易堂”。九人之名后均入《清史稿》，魏禧被后人誉为清初三大散文家之一。

东龙建筑——多彩多姿

东龙建村开埠于唐代，原为曾、刘两姓住地，北宋乾德五年（967）李翊俊迁入后，村中居民增至3姓。因李姓不断壮大，曾、刘两姓日渐势弱，至明代，东龙便成为李氏一家天下。经代代东龙李氏先民的不懈奋斗，这时的东龙村已成为闻名遐迩的富庶之地，村民开始大兴土木，建造祠宇、寺庙、民居、塔亭等建筑。鼎盛时期，村中有千户居民聚居，人口超过5000人。据谱牒记载，明清时期，村中先后建造宗祠、房祠、支祠100多座，民居120处近千间，寺庙12座，开挖池塘100多口，明代临川名士陈际泰称其“万瓦参差，如一大都会”，明末清初文学家、邑人李腾蛟在《里居志》中称其“田塘绣错，户口云连”。至2016年年底，东龙村还留存祠堂遗址79处（其中保存完好28处）、民宅120多处、寺庙7座、书院2处、义仓2座、古塔1座、石亭5座、石桥4座、寨堡4处、隘口8处、池塘93口，以“百座祠堂、百口池塘、百间大屋”名扬江西。在这些星罗棋布、蔚为壮观的古代建筑中，李氏下祠和“百间大屋”尤具特色。建于明洪武年间（1368—1398）的李氏下祠占地面积1000多平方米，为府第式砖木框架结构，采用“梁挑介柱”技术，由75根巨大的杉圆木及纵横交叉的横梁方木条穿缝斗榫支撑，具有“墙倒屋不倒”的效果，雕梁画栋，气势宏伟，宛如明代宫廷建筑。“百间大屋”是客家方形围屋的代表作，其间通风、排水、通道、防火、洗涤、饮水、栏厩、防御、储粮、金库、书房、练武、聚会、待客、祭祖、娱乐、休憩等设施一应齐全，不但布局科学合理，而且到处都有精美雕饰，如一座艺术大观园，表现出高超的建筑艺术水平。

纵观东龙村古代建筑，具有六大特色：一是依山傍水，讲究风水，追求人与自然的和谐融合、天人合一。二是崇尚自然，建筑朴素无华，坚固耐用。三是建筑类型多种多样。既有砖木结构，也有土木结构；既有牌楼式，也有府第式、围屋式等。四是功能齐全，充分考虑到舒适实用、防腐防火等，有的还建有防卫设施。五是体现出高超的建造技术，布局科学，结构合理，装饰讲究，雕刻巧夺天工，“百间大屋”、仁方祠、育斋祠中的雕刻具有很高的学术研究价值。六是规模雄壮，气势宏伟，如“百间大屋”占地面积达4300多平方米，位上祠、俊人祠、思忠祠、序伦祠占地面积达2000平方米，李氏下祠、慎斋祠、玉皇宫占地面积达1000多平方米。这些建筑成为东龙村标志性的建筑。清乾隆四十年（1775）李师迁所撰《祠宇记》中记：“覆瓦十万，负栋之柱，架梁之椽，皆大木，朴素无雕刻，丹漆一准旧制。”

东龙村的古建筑得到国内外建筑专家的一致赞誉。著名人类学家、世界客家学研究专家、美国哈佛大学博士、法国远东学院教授劳格文认为，这里是“古代窗户博物馆”，“在我所走过的世界各地，像这么完整保留下来的古建筑十分罕见。在这里拍一部清代历史剧，可以不用布景”。香港中文大学教授、博士生导师谭伟伦感叹道：“难忘宁都东龙文化古村落！”并祈盼“传统文化结晶，遗迹愿永存”。

东龙经济——农耕典范

东龙村地处宁都、石城两县交界处，古时是“海上丝绸之路”陆上赣西通往赣东连接闽西至泉州通道的重要节点，村东的龙岗古隘是这条驿道的咽喉之一。交通的便利为东龙带来了大量的人流、物流，开拓了东龙李氏的视野，他们虽然推崇“唯有读书高”，但并没有鄙视商贸活动为“下品”，在族规中还规定官、农、商、学“四民”平等，鼓励族人经商发家。受这种观念影响，明清时期，有许多东龙人借助驿道，“过汀州”“赶宁化”“走建宁”，从事行商（长途贩运）活动。他们从宁都本地和周边的吉安、永丰、石城、广昌、瑞金等地收购白莲、烟叶、蔗糖、大米等农副产品贩卖到闽西等地，回来时则贩回食盐、布匹、海产品等到宁都一带销售。从事这种行商活动的东龙人通常有两三百人，有的以此为业，常年经营，而且规模很大，一趟雇请上百人。到民国时期，从事行商活动的仍有 100 多人。另有许多人成为坐商。他们中的一部分人远赴省内宁都、石城、瑞金、上饶，福建宁化、建宁、长汀、河田，以及广东、浙江、湖南等地开设商号；另一部分人在村中开店，经营旅馆、饭店、农副产品、药材、日杂用品等，使村中在清乾隆年间（1736—1795）便形成了集市。当时，集市主街长 200 多米、宽 4～5 米，两旁店铺林立，商品种类繁多，琳琅满目，每天清早开市，早餐后散市，名为“早早市”。经济的发展，给东龙带来了巨大的财富，成就了一批腰缠万贯的大富豪。他们所购置的田产达 10 万余亩，不但遍布宁都各地，还远及石城、瑞金、广昌和福建宁化、长汀等县，田产多的人家，不但家中请了专管田产的管家，而且在有田产的地方聘请了“代管”。每年秋季收租时间一到，交租纳粮的人从四面八方汇集东龙，盛况空前。

20 世纪 80 年代改革开放后，东龙人擅于经商的传统得到发扬光大。许多人在县内从事种养加工业，或远赴广东、福建、浙江、上海等沿海经济发达地区经商、办厂、开公司、搞研发，他们发挥自己的聪明才智，创出了一片新天地，有的成为创业有成的企业家，有的成为企业高级管理人才，还有的走出国门在海外发展。2016 年，全村从事商贸的村民达 600 余人。

东龙教育——人才辈出

东龙人历来十分重视教育，明弘治三年（1490）即设立学馆。许多人发达后都“倡义学”“设学馆”“置学产”，村中规模较大的祠堂几乎都办过学堂，甚至把试院办到宁都县城，以方便赶考的学子。明成化年间（1465—1487），为奖学奖优，村中开始设立义学田租，清末全村义学田租达1500多石。为加强义学资产管理，宗族和各房、各支都制定了严格的管理制度。这些举措，使东龙的教育得以蓬勃发展，“江山代有才人出”。早在元末明初便有人中榜致仕。明清两朝，东龙的人才培养进入鼎盛时期。据清道光《宁都直隶州志》记载，几乎每岁科考，都有东龙李氏子弟中榜或选为岁贡、恩贡、优贡，仅李氏下祠28世前就出过文、武举人5名，庠、廪、增生300名，贡生40名，其中被授予各种官职者80余人。明末清初文学家李腾蛟在《邑庠生震瑞先生七十寿序》中赞曰：“其时，吾家文学士凡四五十人，每宴会班一堂，衣冠甚伟，诸少壮高谈雄辩，往往以意气自豪。”此外，许多人还通过纳捐获取功名，仅清嘉庆末年至光绪年间（1875—1908），村中李氏27世至30世中纳捐而获国学生、例贡生者就达238人，获九品至四品及候补知府、知县等各种品秩和登仕郎、从事郎、文林郎、修职郎等虚衔者共197人。理学家李大集著作等身，名播州县。文学家李腾蛟与魏禧等9人结庐翠微峰，创设易堂，世称“易堂九子”，名载清史。

民国时期，东龙村重教之风依然，村中私学与时俱进，创导新学，讲授新文化、新知识、新科学。李儒彬不置田产、不做房屋，而是鼓励其子李友植吸取西方先进知识和教育思想，远赴日本求学。1942年，村人李大昌创办东龙国民完小，招收本村和邻村儿童入学，培养了一批人才，涌现出了革命先烈李先保，出现了国民党少将李调元、九江地方法院推事李嗣藻等。

中华人民共和国成立后，东龙村的教育更是发展迅速，人才辈出。1950—2016年，东龙小学（中小学）共培养小学毕业生3300多名、初中毕业生600多名。1977年恢复高考以来，全村共考取大中专生300多名。近些年每年考取第二批本科以上高校10余人。2013年，村民李罗敏还成为赣州市高考文科状元。中华人民共和国成立后，全村共培养出各类人才100多名。其中，军政界有人民解放军南海舰队政治部副主任李学南、江西省地方志办主任梅宏等；教育界有全国优秀教师李上海、李贤敏等；科技界有中国科协会员、园艺学会会员、“科技兴赣”先进个人李传生，中国土壤学会会员李宗盛；医学界有中医名师梅头明等；博士有李平、李琳、李正友、李正兴、李学荣、李东北、李旭生、李虹等。

东龙风光——如诗如画

东龙村山清水秀、风光如画，令人陶醉，有“架上金盆”之誉。盆地上，溪水环流，田畴阡陌纵横，民居错落有致，庙宇祠堂鳞次栉比，百口池塘宛如明镜，倒映着青山白云，山风轻拂，碧波荡漾，恍如人间仙境。四周山峰连绵起伏，好似一条条奔腾的巨龙，气势磅礴，东有“龙山”横卧，峰峦突兀，如屏似嶂；南有“凤山”婷立，如凤凰展翅，欲飞远方；西有“狮山”雄峙，状如雄狮，势不可挡；北有“象山”环立，似威武哨兵，守护东龙。山峦间，松杉连绵，翠竹青青；山溪飞瀑，潜流涧谷；小路蜿蜒，掩于莽林；梯田片片，直接云天；一座座古朴精巧的石亭石桥遍布山间路旁，一座座布满沧桑的古隘伫立要道，一座座巍峨的寨堡耸立险峰；龙岗古隘、巽峰插天、虎嶂乔峦、七星环冢、双涧抱村、凌霄胜阁、虹桥锁水、永东古寺、玉栋擎云、塔映湖心的“东龙十景”气象万千，峻美神奇，令人目不暇接……道道瑰丽的风景，点缀在这片神奇的土地上。丽山秀水，引无数名人纷至沓来。

早在清代初年，就有江右才子王子毅等人到东龙村踏青寻芳。清康熙十二年(1673)，翰林院学士加一级孔毓英为东龙李氏上祠二修族谱所撰《序》中赞道:“其形胜则四面皆山，高峰顶上中开大塅，豁然平旷，良田美池，阡陌交通，步履所至，湛然如大明镜。肖之曰：架上金盆，诚似也。两涧清流，一隘疆分，文峰东秀，御屏西峙，金星仙桥，玉堑天马。龙峡高耸，崔巍嵯峨，阁建凌霄，桥筑文昌，屋舍俨然参差者，万瓦康庄。衢辟曲径者，四路贞松挺翠，绵亘数里。桃、梅、梧、柳、绿竹间成一荫，如虬如龙，似画似图。鸡犬桑麻，都非恒境，宏信者屡矣。每当旋归，流连不忍去之。予听之，不禁击节曰：桃源洞欤，仁厚里也。人生诸务可已，惟山水朋友，不可当面错过。何日得至东龙而坐李君春风中也。”2007 年 9 月，著名人类学家、世界客家学研究专家、美国哈佛大学博士、法国远东学院教授劳格文被东龙美丽的山水田园风光所陶醉，称:“东龙，一个有着清新空气、古隘、宗祠和美丽小山的村庄。”

东龙文化——魅力四射

东龙村历史悠久，人杰地灵。悠悠岁月，赋予其深厚的文化底蕴；漫漫长河，摄下一幅幅壮丽的画卷。翻开历史，风烟滚滚而来，巍峨的武华山，见证着东龙的千年沧桑；璀璨的桥梆灯、精美的茶篮灯，传承着东龙村客家人生生不息的追求与憧憬；气势恢宏的“百间大屋”等古建筑，彰显出客家人无穷的智慧与能量；巍峨的文峰塔，阅尽世间变幻风云。

东龙村深厚的文化底蕴，尤其表现在其传统民俗文化活动中。东龙村的主要民俗活动有闹花灯、舞龙灯、演蚌壳灯、搬桥梆灯、唱采茶戏、演傀儡戏、庙会、游神、拔河等，每逢年节，热闹非凡。其中，最热闹的要数每年闹元宵时的搬桥梆灯，其活动从正月十四持续到正月十六，村民们抬着一块块长两三米、安放着三五盏大灯笼的木板（桥梆灯），鸣铳开道，头两天晚上游各家各户，正月十六晚则进行全村性的大规模游灯。届时，全村男女老少齐上阵，以龙灯队、花篮队为先导，以布头自然村的桥梆队、锣鼓队为龙头，每到一村，该村的桥梆灯便在锣鼓迎送下加入游灯队伍，最后形成一支长千余米的浩浩荡荡的灯队。所到之处，鞭炮震天，鼓乐动地，人头攒动，千灯闪烁，灯队到哪里，欢乐和热闹就到哪里。天上是一朵朵的烟花，地上是连绵不断的灯火，桥梆灯穿行在村前屋后、田间地头、池边溪旁、大街小巷，远远看去就像一条蜿蜒巨龙游走在天地间，蔚为壮观。最后，这条“火龙”在喧天鼓乐、动地鞭炮声中，滚滚奔向李氏宗祠，拜祖庆新。

每年四月初八的胡太公庙游神，是一种规模宏大的民俗活动。传说四月初八是东龙村守护神胡雄（胡太公）的生日，是神明显灵、救助百姓的日子。是日早饭过后，由“当值甲”选派懂礼仪者数人前往庙中进香上供，然后把胡太公及其左右两将从神龛中请下来，用新毛巾、新脚盆、新鲜水分别为其洗澡，换上新衣，放入事先准备好的神轿中，三声铳响后，在彩旗、鼓乐和由业余剧团演员装扮的“八仙”簇拥下开始游神，全村巡游一周后回庙，请神归座。游神时，全村人人参与，一路上鼓乐、鞭炮、火铳轰鸣，声势浩大。

玉皇宫醮会是东龙村民俗文化中的一朵奇葩。醮会分儒、佛、道三坛同时进行。儒坛设玉皇殿前，全村读书人要在这里念七天六夜的《玉皇经》。佛坛设观音殿前，村里的僧尼要在此念七天六夜的《观音经》《三宝经》。道坛设楼下的下厅，由一群道士在这里念七天六夜的《玉皇经》《三官经》《文殊经》《罗祖经》《关圣经》。这种三教合流的奇俗世间罕见，成为东龙传统文化的一道独特人文景观。

东龙特产——香飘四季

东龙村是鱼米之乡，物产丰富，自古以来盛产水稻。苏区时期，传统稻种“百风粘香稻”被红军誉为“米中上品”，“刁被红”被村民称为“红军米”。历史上还盛产茶油、白莲、蜜枣、大蒜、席草、烟叶、牛心柿、泽泻、白花茵陈等经济作物，20 世纪 70 年代至90年代曾出产苹果。茶油具有色清味香、久储不败、不含芥酸等特点，被人们誉为“保健油”“高级营养油”。白莲色白、粒大、质好，久煮不裂不烂，香味浓郁，口感好，营养高，曾上贡朝廷，有“贡莲”之称。蜜枣果大、色红、肉厚、味甜，多时种满全村，每年枣熟季节，金果累累，枣香四溢，求购者络绎不绝。大蒜个大、青嫩、味香，一度畅销宁都县城和石城、瑞金、广昌等地。席草加工成的草席，粗细均匀，席面平整，颜色青黄，凉爽舒适，曾远销广东、福建、江苏等省。东龙村出产的苹果被专家认为具有“国光”和“青香蕉”品种杂性，“在江西是北果南栽的一个突破”“江南引种苹果的奇迹”“是个了不起的树质资源”。明清时期，东龙村利用百口池塘繁殖鱼苗，其技术成为一绝，在闽、粤、湘、赣四省独树一帜，每到鱼苗成熟时节，各地商贩云集东龙，争相抢购，人数多时达一二百人，后传入县内钓峰曾村，使曾村如今成为远近闻名的鱼苗繁殖基地。2016年，全村粮食播种面积3179亩，总产1078吨；种植白莲300多亩，产量18吨；有蜜枣树2000余株。

东龙村美食众多，独具风味，有麻糍、黄糍、芋（薯）包子等小吃，豆腐、蒟子豆腐、猪案、肉撮、骰子块、擦菜猪肉、大块鱼、滑鱼、拌蕻菜、霉豆腐、腊肉等特色菜肴，酒酿、水酒、谷烧等饮品，还有用擂茶招待女客等习俗。麻糍以当地糯米为原料制成，软而不黏，色好味香，煎、炸、烤、煮皆宜，饱食不腻。黄糍以当地特产大禾米为原料制成，色泽鹅黄，晶莹剔透，耐煮不烟，口感柔中带韧、香甜滑润，食法多样。芋（薯）包子由磨烂成浆的芋子或板薯炸成，是东龙人喜爱的传统小吃。豆腐色白光洁，细腻柔滑，鲜嫩脆爽，豆香浓郁。蒟子豆腐以魔芋根为原料制成，颜色淡褐，状如豆腐，松爽可口，有降血压和降血脂功效。猪案以五花肉为原料，煮后温火蒸熟而成，味香爽口，油而不腻，为东龙特有。肉撮以猪后臀瘦肉为原料，粉成肉茸后撮成丸状煮成，为宴席必不可少的传统名菜。拌蕻菜色泽油亮，红绿白相间，入口轻柔滑爽、嫩辣开胃，是夏秋两季家家每天的必备菜。霉豆腐用发酵后的豆腐外蘸辣椒粉制成，色泽红艳，入口绵滑，味道香辣，为家家必备的开胃小菜。酒酿、水酒以当地大冬糯等糯米为原料制成，口味香甜，前者味浓劲大，后者温绵舒爽，为招待贵宾的佳品。擂茶是招待女客的必备食品，有“招待女客茶当酒”之说，婚嫁、小孩满月和学走路、花朝节还有煮擂茶招待亲友四邻的习惯。擂茶分水擂茶和米擂茶，水擂茶以茶叶、油炸花生米、芝麻、橘皮、肉桂、甘草、生姜等为原料擂成泥状冲水制成，米擂茶以粳米为原料磨烂成浆加水煮熟制成。

东龙保护——方兴未艾

东龙人对家乡特别热爱，视故土为宝地，对村中环境、建筑、生态、安全、古迹等尤为珍惜。

在生态建设上，东龙村历史上进行过 4 次大规模建设：一是自宋代起便修筑池塘，明清时期全村拥有池塘百口，对防火抗旱、调节小气候、美化环境起到了重要作用。二是明代在村西三溪汇聚处修筑拦水坝，并于坝上修建玉虹桥，旁植树木，这一建筑兼具水利、“风水”工程、景观三大功能。三是明代在村西水口旁修建文峰塔，在玉虹桥旁兴建文昌阁，既满足村民祈盼镇妖孽、昌文运的心理需求，又为东龙村打造了新的景观。四是明代在村前屋后种植大量樟树，清代在村东北通往石城小松、马头的古道两旁种植松、杉林带，既保护水土、装点古村，又为行人遮阳挡日。清康熙年间（1662—1722），东龙村又订立《东龙岭荫路松合乡禁议》，禁止私占山林，擅伐林木，保护水口龙山。1995 年,《宁都东龙李氏十修族谱》制定《族规》，订有“蓄林木”一条，提出“林木可防水旱灾害和水土流失，浓荫绿意，美化环境，望气兴焉。适时砍伐，林木不可胜用。任意滥伐，新法加严”。经过一代代人的努力，东龙已建设成为一个山清水秀、古树掩映、环境优雅的大村落。

在安全建设上，早在明末清初，为防范匪患战乱，东龙村便举全村之力，在 8 条进村道路上兴建隘口 8 处，在四周险峰上兴建寨堡 4 个，并兴建七仙庙、将军庙、凌霄阁等，为村民提供精神上的安全寄托。

在古迹保护上，东龙人历来不遗余力，村中建筑几乎座座都进行过修缮，多的整修过四五次，为维护村内外桥梁还专门成立了桥会。据不完全统计，仅清雍正五年（1727）至 2016 年，全村便进行过较大规模的古迹修缮（重建）48 次（处）。修缮（重建）资金，2005 年前多由民间自筹解决，2006 年后多由各级政府投入。至 2016 年，国家和各级政府累计投入修缮（重建）资金 1200 余万元。

在规划保护上，2007 年，县人民政府制定《宁都县旅游发展总体规划（2007—2020 年）》，将东龙村列为重点旅游、重点工程建设示范点和新农村建设点，田埠乡人民代表大会作出“巧打东龙牌”战略部署；2010 年 9 月，制定《宁都县田埠乡东龙村历史文化保护规划》；2013 年 9 月，制定《宁都县田埠乡东龙历史文化名村修建性详细规划》；2014 年 6 月，县委、县政府发出《关于切实抓好田埠乡东龙古村保护与建设工作的通知》，成立宁都县东龙古村保护与建设工作领导小组；2016 年 12 月，制定《东龙历史文化名村保护利用设施建设项目》。这些规划对东龙古村旅游发展战略、景区定性定位、总体布局、旅游区和重点项目、旅游产品和线路、旅游基础设施、旅游服务、古建筑群保护范围和古迹分级保护等作出了详细安排，并提出禁止开矿采伐、造林绿化、保护水土、限制新建、明确保护责任、“修旧如旧”改造古村等举措，使古村保护走上法治化轨道。

东龙建设——如火如荼

中华人民共和国成立前，东龙村虽然农耕经济发达，但基础设施建设十分落后，仅有一些村民集资修建的水圳、水塘、桥梁隧道和文化活动设施。中华人民共和国成立后，国家不断加大投入力度，东龙村的基础设施逐步得到完善。1969年，村内开通电话、有线广播，用上电。20世纪70年代，修通东龙村至田埠公路，结束外出安步当车历史。1998年，修通东龙至石城小松断头路，开始有第二条通往外界的公路。1999年，开通程控电话。

进入21世纪后，国家先后投入资金1.03亿元，统筹推进东龙村水、电、路、房、通信五项基础设施建设：2004年，启动新农村建设。2005年，开通移动通信。2007年，新建东龙村委会办公大楼。2008年，硬化东龙至小松公路。2008—2009年，改造东龙小学。2009年，兴建东龙自来水厂。2009—2016年，兴建游步道5000米。2012年，建立卫星地面接收基站，兴建东龙村牌坊，开通互联网，实现移动、联动、电信信号全覆盖，电视网络覆盖率达80%。2012—2013年，新建下祠旁、牌坊前2个停车场。2015年，实施脱贫攻坚战略，新建东龙村文化活动中心，完成饮用水管道改造，安装电子监控系统。2016年，启动田埠至东龙公路改造、小型地面并网光伏发电站建设等，全村砖木砖混结构住房率、道路硬化率、农户通电率、安全饮水普及率、信息化程度均达90%。

在新农村建设中，2004—2016年，东龙村先后开展环境综合整治行动，实施环境卫生、绿化、亮化、街道硬化“四大工程”，拆除猪牛栏、坑式老厕所500多间面积计1.2万余平方米，空心房80间面积计0.2万平方米；硬化东龙至马头公路9.5千米，村内公共场所500平方米；安装太阳能节能路灯129盏；“四旁”植树0.26万株，新增绿化面积0.11万平方米，种植松、杉、毛竹0.1万亩；改造土坯房210户占地面积计1.65万平方米、建筑面积4.2万平方米；兴建标准化公厕4座；新建垃圾中转站1个、垃圾池10个，发放垃圾桶280个，购置垃圾转运车1辆；新建排污沟网700米。

在脱贫攻坚中，2015—2016年，省文化厅、市扶贫办、县公安局交通管理大队和乡人民政府派出帮扶工作队（组）进驻东龙村，对全村贫困户 145 户 471 人实施精准扶贫，按照“一户一策”原则，结合东龙村实际情况，先后采取产业扶贫、文化扶贫、旅游扶贫、就业扶贫、资源整合扶贫等举措，共帮助 75 户 321 人脱贫。

东龙未来——前程似锦

岁月悠悠，风雨沧桑，东龙村的处处遗迹见证了古村的发展历程，仿佛在静静地向人们诉说当年村中的繁华和宁静，展示着东龙残存的风韵。自 20 世纪 90 年代起，东龙如画的风景、精美的建筑、独特的人文景观、丰富的民俗文化，吸引了千千万万的游人和专家学者前来游历考察。从小生活在东龙的江西省地方志办公室党组书记、主任梅宏，总结自己的经历和所见所闻，撰写出《试论东龙古村的文化价值》，发表于省内有关报刊，对东龙村进行了全方位的介绍和宣传。著名人类学家、世界客家学研究专家、美国哈佛大学博士、法国远东学院教授劳格文 3 次来到东龙考察，对东龙古老的历史、灿烂的文化发出由衷的赞叹，并形成《村落的空间建构：江西宁都东龙村个案研究》等论文。赣州市博物馆研究员刘劲峰对东龙情有独钟，自 20 世纪 90 年代起研究东龙村，先后形成《一个充满和谐的客家村落——来自东龙的报告》《传统视野下的乡村聚落空间》等专著，其成果入选 2006 年台湾“中央大学”族群、历史与文化亚洲联合论坛研讨会。香港中文大学教授、博士生导师谭伟伦多次来到东龙考察，对东龙风光和建筑赞叹不已。2003 年 6 月，清华大学建筑学院乡土工作室、法国远东学院将东龙列为江南村落专题研究与规划试点，清华大学建筑系研究员步睿飞、香港中文大学博士何培斌等 10 多位国际知名专家学者先后多次来到东龙调研，何培斌还带领香港中文大学 20 多名师生，在东龙居住 20 余天，对村落布局和所有古建筑进行全面测量、记录、拍摄，并制成东龙村落分布图、每座古建结构图，对部分有文字记载和能回忆清楚的塌废或半塌废古建进行结构还原绘图，后与劳格文一起在香港中文大学组织举办了“中国客家传统村落——东龙”专题展，宁都县社会科学联合会以此为基础完成江西省社会科学联合会课题“客家传统村落的保护和改造更新”。此外，中央电视台、凤凰卫视、台湾东森电视台、江西电视台、赣州电视台等媒体都对东龙人文历史景观等做过专题介绍，香港大学、厦门大学、同济大学、江西财经大学等学校的专家学者正在对东龙古村进行深入调研，一股研究东龙村的热潮已经悄然兴起。

古代东龙是中国封建宗族社会的标本，其明清时期的繁荣，依靠东龙人的与时俱进、奋斗不息，依赖严密的宗法制度，借助和谐的宗族人际关系，得益于便捷的交通，获益于开明的教育。这种以宗法制度为基础，以农耕为主、商贸为辅的自然经济，到民国初年，随着封建制度的消亡，受商品经济的冲击，加之交通优势的丧失、社会动荡不安、族内矛盾激化，最终走向了衰败。

历史启迪未来。进入中国特色社会主义新时代的东龙村，迎来了千载难逢的发展机遇，东龙村民在中国共产党的领导下，继承和发扬先辈的优良传统，不断开拓奋进，前程必定更加美好！

千年侗寨　鼓楼文化之乡①

肇兴村是贵州省黔东南苗族侗族自治州黎平县肇兴镇人民政府所在地，地处黎平县南部，位于北纬25° 54′、东经109° 11′，距黎平县城50千米。村寨坐落在山谷深处，依山傍水，四面列山环拱，2016年居住着1038户、4100多人。5座侗族鼓楼耸立于寨中，1300多幢吊脚木楼簇拥在高耸的鼓楼下。纵横交错的街巷，或铺墁着青石，或镶嵌着鹅卵石，幽静地通往各家各户，通向鼓楼和花桥。两条山溪分别从东、南两面的高山峡谷中流下来，在村寨中汇合成肇兴河，流入下游的八洛河和都柳江。环拱四周的山峰，南山称为"麒麟山"，北山称为"虎形山"，东山称为"弄抱山"，西山称为"西关山"，故民间有"南麒、北虎、东抱、西关"之说。

肇兴侗寨是一座千年古寨。据《肇兴陆氏族谱》记载，肇兴侗寨始建于北宋雍熙三年（986），至今已有千年历史。在千年发展历程中，这座侗寨由当年祖先拓荒落户时的一座茅草屋，发展成为如今的千家聚落。早年开发这片谷地的肇兴先民为兄弟俩，哥哥名叫"闹"，弟弟名叫"暖"。闹暖兄弟在此拓荒落户时，见到最多的是一群群飞越于山谷之间的白鹭鸟，因此他们称此地为"绍"，意为"白鹭栖息之地"。时至今日，肇兴人依然称他们的居住地为"绍"。除了"绍"的称谓，肇兴侗寨历史上还有"肇洞"之称，并归属于"六洞"。古时"六洞"地区的范围，包括今贵州省黎平县和从江县两县交界地区，是肇洞、洒洞、云洞、独洞、贯洞、顿洞等区域的统称。"六洞"中的"肇洞"正是以今肇兴村为中心，范围涵盖周边近30个村寨。因此，"肇兴"一名的由来，既有"白鹭栖息之地"的含义，也是古时"肇洞"称谓的沿袭与延伸。

肇兴是农耕文明与现代文明的交会点。20世纪70年代以前，肇兴侗寨仅有4条山

① 选自贵州省黎平县肇兴镇肇兴村志编纂委员会编：《中国名村志丛书·肇兴村志》，2018年出版。

间小路与外界连接，交通闭塞，经济发展滞后。长期以来，肇兴人均以农耕稻种和营林为主业，经济来源也依靠种植业、养殖业和林业。春耕大忙时，村寨中肩扛犁耙、赶牛马上山耕作的男女络绎不绝；栽秧时节，河谷里和山坡上的梯田间，无处不是拔秧、栽秧的人群；到了秋收时节，漫山遍野的挞谷声摇山撼谷地轰鸣，村寨空地上晒满金黄的谷物，木楼上挂满禾把、辣椒串、红薯串等。这时节是一年中最劳累的时段，但丰收季节的夜晚，姑娘和小伙子们“行歌坐夜”的歌声和琴声，依然从木楼上悠悠传开来，渲染着聚落中张弛有度、宁静祥和的氛围。进入冬闲，人们在地里撒下萝卜、白菜种子，捡完茶地里的茶籽，男人们便开始守坐在鼓楼下吧嗒烟杆、闲聊，女人们开始纺纱织布，过着山里人日出而作、日落而息的农耕生活。村寨如果组织文化娱乐或是祭祀活动，男女老少又都倾寨参与。每当此时，拦路歌、敬酒歌就会在寨门下唱起来，芦笙也会在村寨中吹响，优美的多声部侗族大歌也在鼓楼下传开，绚丽多彩的民族风情就会呈现在人们眼前。20 世纪 80 年代后，改革开放的春风吹开山门，曾经封闭的肇兴侗寨迎来一批又一批国内外媒体的采访报道，肇兴的“盖头”就这样被各路媒体相继揭开，从而引起世人的关注，旅游业也因此逐步兴起。如今，肇兴人除了耕田种地外，也从事旅游服务业和商业经营活动，经济收入和生活质量都在不断提高，现代家用电器、网络、小轿车等已经进入农户，几十万、上百万存款大户也已经出现。据统计，2016 年，肇兴村有各类旅馆酒店 132 家，其中村民自办 41 家；餐饮酒店 63 家，其中村民自主经营 42 家；主街和村巷两边的商铺多达 228 家，其中村民自主经营 120 家。还有十多户妇女常年加工制作侗布及服饰销售，形成庞大的旅游服务和旅游商品销售市场，呈现出传统农耕文明与现代文明交会共荣的景象。

肇兴是著名鼓楼文化艺术之乡。名地必有名物。肇兴侗寨的名物，就是肇兴侗族鼓楼群。擅长传统木构建筑的肇兴人，把寨门建在村口，把鼓楼建在村寨中央，将花桥架设在溪流之上，又将错落有致的吊脚木楼构筑在鼓楼的周边，从而形成村寨干栏建筑的整体。鼓楼、花桥、木楼、寨门等建筑门类在村寨中自成体系，呈现各自的建筑风格与魅力，发挥着各自的功能作用。据统计，寨内除保存有 5 座鼓楼、6 座花桥、4 座寨门外，还保存有民居吊脚木楼 1038 幢，其中保存完好的花窗、格子窗木楼有 500 幢，百年以上历史的木楼有 20 幢，近年修建的传统花格窗木楼有 80 幢。村寨中的这些建筑都不只是风景：寨门是人们为了保障村寨安全而建的；鼓楼是房族和村寨聚会的场所，也是房族和村寨的象征与标志；花桥除了用于通行，还用于挡风聚气；吊脚木楼是人们的居所；萨坛是人们祭祀萨神的神坛；戏楼则是人们演唱侗戏的舞台。寨内鼓楼、花桥、戏台、寨门、萨坛等都是配套的，即有鼓楼必有花桥、戏台、萨坛与之相配。在干栏建筑被钢筋水泥建筑不断消解的当今世界，肇兴侗寨的干栏建筑文化显得异常珍贵。由于肇兴侗寨民族建筑保存完整，建筑文化独特，1993年，肇兴被贵州省文化厅命名为“鼓楼文化艺术之乡”；2006年6月6日，贵州省人民政府公布肇兴鼓楼风雨桥为省级重点文物保护单位；2014年，国家民族事务委员会授予肇兴侗寨“中国少数民族特色村寨”称号。肇兴木构建筑技艺工匠陆文礼、张根银、陆继贤等，不仅在肇兴建造了许多侗族鼓楼、花桥、寨门等，还为周边侗寨及全国各地文化园区建造鼓楼、花桥和寨门，所以人称“鼓楼师傅在肇兴”。除侗族建筑文化外，肇兴还有丰富的侗歌侗戏文化资源、侗族风情习俗文化资源、侗族传统农耕文化资源等。生于清嘉庆十五年（1810）的肇兴著名歌师陆大用，一生编创侗歌无数，被誉为侗族“歌圣”并声名远播。他编创的侗族大歌、六洞琵琶歌等，被世人称为“大用歌”传唱至今。肇兴侗寨5个楼团房族都组建有歌班、戏班，过去他们在楼团房族和村寨之间“走众亲”“做戏客”时进行表演，现在也服务于旅游市场。侗族大歌演唱已经成为肇兴旅游的品牌之一。

肇兴是国内外媒体青睐的侗寨。20世纪80年代后，到肇兴采访的媒体人不计其数，由于媒体的大量宣传，肇兴的“盖头”被揭开，从而引起了世人的关注。据有关资料统计，曾到肇兴采访拍摄和报道的团体有：中央电视台、《人民日报》记者采访团、全国画联赴黔采访团、全国画报社记者采访团、中国人民解放军七大军区中国作家协会会员采访团、上海摄影协会采访团、台湾《大陆寻奇》摄制组，以及美国《八千里路云和月》摄制组、美国《国家地理》杂志社采访组、日本摄影团、世界旅游组织等。媒体记者们走村串巷，领略侗族鼓楼、花桥、干栏等建筑文化和民族风情，凭借手中的照相机、摄像机，留住了肇兴之行的美好印象，肇兴侗寨因此成为媒体和文人墨客与外界对话的桥梁。1982年10月上旬，时任美国《国家地理》杂志社记者提姆·奥克斯（Tim Oakes）采访组一行6人，在中国外交部、贵州省外事办公室和云南省旅游局工作人员的陪同下，到肇兴进行为期3天的考察采访活动。采访组拍摄了侗族大歌演唱、寨内侗族建筑、当地人的生活场景等，提姆·奥克斯成为到访肇兴的第一位外国记者，他后来还编写了关于中国民族文化旅游方面的书籍在美国出版发行。1985年5月，日本民俗学者田畑久夫和金丸良子首次到访肇兴，后来又先后5次到访肇兴。他们考察了肇兴侗族祭祀文化。田畑久夫和金丸良子成为考察肇兴次数最多的外国学者，他们合著的《中国云贵高原的少数民族》一书在日本出版发行。1992年4月17—18日，法国一家电视台一行5人，到肇兴侗寨和纪堂侗寨采访拍摄，后制作出肇兴侗族风情专题片在法国播出，引起轰动。2007年7月，中国著名文化学者余秋雨到肇兴采风，写下了具有文化思考和人生哲理的名篇《也许是归程》。2003年至2014年的11年中，肇兴侗寨在国内外媒体评定、评选中，获得众多荣誉，如 2005 年被《中国国家地理》杂志等 34 家媒体共同评选为“中国最美的六大乡村古镇”之一，2007 年被中国《时尚旅游》杂志和美国《国家地理》杂志联合评选为“全球最有诱惑力的 33 个旅游目的地”之一。

肇兴是著名的侗乡旅游胜地。自 1996 年联合国协调处、开发计划署、国际劳工组织、儿童基金会官员和专家考察肇兴，并确定肇兴侗寨为贵州至广西桂林国际民族风情黄金旅游线路上的连接点之后，国内外游客纷至沓来，尤其是来自法国、日本、美国、新西兰、挪威、瑞士、荷兰、加拿大、波兰等国的游客，对肇兴情有独钟。如今，由侗族文化资源所形成的肇兴侗寨独特的美和魅力，于返璞归真中显示出它所具有的优势和价值。2004 年 1 月，经国务院审定，批准公布黎平侗乡为国家重点风景名胜区，肇兴侗寨成为黎平侗乡国家重点风景名胜区的核心景区。2014 年，国家旅游局授予黎平侗乡国家 AAAA 级旅游景区称号。昔日的“白鹭栖息之地”，如今已经成为游人如织的旅游胜地。继 2005 年 11 月 6 日黎平机场通航后，先后又有厦蓉（厦门至成都）高速公路、黎洛（黎平至洛香）高速公路、三黎（三穗至黎平）高速公路过境肇兴。尤其是 2014 年 12 月贵广（贵阳至广州）高速铁路通车运营并过境肇兴后，肇兴已经处在现代立体交通的枢纽上。肇兴旅游业的发展，极大地促进了当地及周边地区社会经济的发展。

在千年的发展历程中，肇兴人民走出了一条由小到大、由穷变富、由弱到强的乡村发展和民族振兴之路。

状元故里醉春风①

安徽省太湖县与湖北省英山县交界的大别山中，四周群山环抱之间，有一片平坦开阔的谷底盆地。这里就是宝坪村。

1984年，经省、市、县考古工作者普查试掘取样分析，宝坪村的筏形组被认定为4500年前的古人类居住遗址，属于县级重点文物保护单位。“龙虎地，保驾山，狮象锁水口，日月把门关。二面钟鼓响，中间骆驼昂。”这首描写宝坪村赵家冲地形地貌的诗歌，证明了宝坪村是一块人杰地灵的风水宝地。

清嘉庆元年（1796），宝坪村走出了状元、翰林院编修赵文楷，嘉庆皇帝称赞他“文楷佳名期雅正，为霖渴望副求贤”。此后，他的子孙中，陆续出了6位进士，其中赵畇、赵继元、赵曾重为翰林，光绪皇帝曾御笔亲书“四代翰林”的墨漆金字巨匾。中华人民共和国成立后，赵氏一支依然文脉昌盛。

宝坪虽处于深山中，却并不闭塞。赵家冲马蹄铺是当地的三大古铺之一，明清时期，这里商贾众多，经济繁荣。赵文楷中状元后，更是给赵家冲马蹄铺带来商机，许多文人墨客到宝坪吟诗作对，流连忘返，一时名噪四方。

宝坪历来是兵家必争之地。清代时，有位姓夏的太平天国将领驻守在宝坪长岭高山上，后来这座山峰就叫作“夏家寨”，从夏家寨发源的一条河叫“夏家河”。1948年8月，中共皖西一分区部队与国民党军队在长岭交战，双方伤亡惨重。

夏家寨山脚下有两栋古色古香、雕梁画栋的徽派建筑，一座曰“爱吾庐”，一座曰“花屋”。两栋徽派建筑都建于清咸丰年间（1851—1861）。随着岁月的逝去，“花屋”已经垮塌；“爱吾庐”犹如风烛残年的老人，仍在守望着昔日的辉煌。

① 选自安徽省太湖县北中镇宝坪村志编纂委员会编：《中国名村志丛书・宝坪村志》，2019年出版。

历尽沧桑看宝坪。宝坪状元文化的烙印一代代地镌刻在宝坪人的灵魂深处，穷不丢书、耕读传家的观念，让宝坪人特别重视子女的文化教育。恢复高考后，宝坪相继走出博士研究生 10 人、硕士研究生 27 人、本科大学生 214 人。

宝坪村的人文根脉，无疑是从赵文楷开始，但宝坪村的缘起，却要比这更早更远。赵文楷所在的赵氏一脉，其始祖赵雄一，是元代中叶自江右迁移至此，耕读传家，繁衍不息。随后吴氏、江氏、李氏、余氏、毕氏、彭氏、祝氏、王氏、张氏等也迁徙而至，开荒种地，栖身定居。

宝坪村是太湖县的文化之乡，乡土文化丰富，地方特色浓郁，蕴藏着大量民间文艺和技艺，如民间歌谣、民间乐器、民间楹联，这些来自老百姓代代相传的作品，原汁原味，带着泥土芳香，富有想象力和感染力，成为宝坪生态文化的重要组成部分。植根当地、世代相传的音乐舞蹈剧《罗汉除柳》，俗称“赶柳”，歌颂真、善、美，鞭挞假、恶、丑，也表现了人们追求平安和谐、欢乐祥和的愿望，在 1957 年安徽省第一届民间音乐舞蹈会演中获得表演奖。同年还被选调参加全国第二届民间音乐舞蹈会演，全体演员受到党和国家领导人的接见。音乐舞蹈剧《罗汉除柳》被安徽省群艺馆收入由安徽人民出版社出版发行的《安徽省第一届民间音乐舞蹈会演 · 舞蹈选集》。2000 年，被收入《中华舞蹈志 · 安徽卷》，作为全国艺术科学“九五”规划重点项目。

宝坪村民间传说故事很多，大多是以清代状元赵文楷的事迹为题材而流传于民间。这些民间传说故事生动传神，许多被收入《太湖县民间传说故事集》。

宝坪村民间流行许多民歌（山歌）、民谣，内容十分丰富。这些民歌、民谣大多反映爱情生活、农村生活或喜庆活动。它是民间艺人即兴编唱的文艺作品，歌词朴实生动，原汁原味，具有浓郁的生活气息。如《采茶歌》《太阳为何不早起》《红色歌谣》《十爱姐》《十劝妻》等作品都深受老百姓欢迎。

宝坪古村民风淳朴，有一套礼仪习俗、节庆习俗、生产习俗、生活习俗，这些传统民俗与时俱进，融入现代时尚。其中“宝坪婚礼”保留了太湖县北中地区最为完备、周详的婚礼习俗。

古今许多诗人、作家吟咏描摹宝坪，留下许多文艺佳作。如明代赵璧、赵象贤，清代赵文楷、赵文元、赵文灼、赵昀、赵孟儒、赵继元、王梦兰、赵继馨、赵继兰、赵曾重，民国时期赵秉文、赵荣文、赵福儒等。宝坪教育名家张逢辰的报告文学《来自状元故乡的报告》，充分展现出宝坪的古今风貌，展现了乡土文化特色。太湖县李传林写作的《平民状元赵文楷》展现了赵文楷一生的传奇经历，揭示了赵文楷平民状元的精神内涵。

宝坪地接吴头楚尾之气，文承状元文化之魂，民受繁荣盛世之恩。明清时期，宝坪曾取名“杏花村”，赵文楷曾引前人诗句称赞故乡：“金勒马嘶芳草地，玉楼人醉杏花天。”

“春风桃李花开日，正是宝坪发展时”。宝坪人民秉承天道健行之盛世，依托地势厚德之环境，用智慧和勤劳的双手必将创造出更新更美的画图！

古建奇观　大美塘尾①

莲溪古韵　一方福地

塘尾村，南宋时称作莲溪，地处水乡地带。古村落依坡而立，滨水而居，坐落于地势缓坡之上。远方是万顷田畴，无边碧野，河涌映带，远山陪衬，景色宜人。当年李氏六世祖栎菴正是因“爱莲溪山水之胜”而迁居此地。在村前东南有一宽阔池塘，村民在塘内种莲藕，故被称作莲塘。

清康乾年间，村民以莲溪村位于莲塘之尾，改村名为塘尾。至清末，莲塘仍长约千米，宽近百米，呈弯月状围绕塘尾村一半。

莲塘一直是附近村民赏莲花、采莲蓬、摘菱角、捉鱼虾的去处。当地曾流行一首儿歌《莲塘歌》：“莲塘深，莲塘浅，莲塘日日来相见。相见来，莲花开。采莲姊姊摇船到，采个莲蓬送小孩。”从歌中可品味出塘尾村民与莲塘的深厚感情。

据塘尾《李氏族谱》记载，在李氏六世祖栎菴迁来之前的历史不可考，不知莲溪建于何时，只知道原本是一处杂姓村落，黎姓、谢姓等杂居一村。自李栎菴迁居莲溪后，随着世事变迁，姓氏兴替，至明朝中叶，莲溪的居民已基本以李姓为主。明成化年间举人李质在《石冈房谱序》中写道“自栎菴公卜居莲溪后，子孙蕃衍，他姓莫及”，足以证明此时李氏已成为莲溪最大的姓氏宗族。至清光绪年间达到鼎盛，人口增至近千人。在广州和香港的塘尾村民后裔各近千人，基本与留在塘尾的族人数量相当。

之后，随着经济社会发展、人口的迁徙流动等原因，逐渐形成有 40 多个姓氏的村落。2017 年底，村域面积 0.86 平方千米，总人口 4558 人，其中户籍人口 1104 人，外来暂住人口 3454 人。

① 选自广东省东莞市石排镇塘尾村志编纂委员会编：《中国名村志丛书・塘尾村志》，2019 年出版。

古村古建 誉享岭南

自南宋末年李栎菴迁居莲溪以来，家族繁衍生息，人丁兴旺。明成化年间，李氏族人开始建祠堂、修族谱。清康乾年间，是塘尾村落不断扩建并初步定型的时期。其间，莲溪人不断建造新居、祠堂、书房。一时大兴土木，安居乐业，盛世气象，弥漫莲溪。尤其是清康熙四十六年（1707），族人合力修建起保护村落的围墙。鸦片战争以后，塘尾人纷纷出外经商、打工，一时“兴儒学贾”，闯荡香江成为风气。富裕的塘尾人用辛勤所得建设自己的家园，翻修居屋、建书房、修祠堂、筑道路以及大量捐资助学。至清末，塘尾村古建筑群建设臻至完善。

塘尾村古建筑群以古围墙为界，占地面积约 4 万平方米，由围墙、谯楼、里巷、祠堂、书室、民居、古井、池塘、古榕树等组成，并保留有大量精美石雕、木雕、灰塑等建筑构件，具有较高的历史文化和艺术价值。建筑布局和谐紧凑，巷道七纵四横，以村口水塘为中心，呈井字形网状格局，既井然有序又错落有致，并且古村建设依据二十八星宿布局，追求天人合一。

古村落坐北朝南，整体规划布局科学合理，蕴含浓厚的传统风水文化意蕴。村围南边一大二小池塘连同围面的两口古水井，恰如一只守护着数百年莲溪的巨蟹。大池塘形似蟹壳，紧贴村落，守护着莲溪村围；两小池塘形似蟹钳，双钳朝外，保护着村围和前面的千亩良田；而两口古井则形似蟹眼，双眼朝内，看护着村围。古村落因其完整的布局，体现了浓郁的岭南文化传统特色，堪称岭南传统村落布局的典范。

古村落建筑材料多为红石青砖，深深体现着石排镇红石文化的内涵。民居以宗（公）祠、书室（厅）为核心形成组团式布局，多为明清时期所建。其中最具代表性的有李氏宗祠、梅菴公祠、景通公祠等 21 座祠堂。环绕村落一周的围墙总长 860 米，红砂岩墙基，青砖墙体，上有瞭望孔 108 个，围墙附设 17 座谯楼，加上 4 座围门和村中独立的谯楼计 28 座。由这些围墙、围门和谯楼共同构成完整的防御体系，形成一座防守严密的城堡。

塘尾古民居在建筑结构上，多采用三间两廊金字屋和三间一边廊明字屋布局，利于通风散湿。在建筑用材上，广泛采用红砂岩石和青砖，门、窗框和墙基多用红砂岩石建造，配以豆青色水磨青砖墙，形成独特的建筑色泽搭配。

在装饰题材上，除采用中国传统民间题材外，更多采用岭南地区的瓜果等装饰题材，夔纹、镬耳、彩绘、灰塑、木雕、砖雕、石雕等，具有鲜明的广府文化特色。随村内巷道敷设的明渠暗道，构成完整的交通、排水系统。路面多为红砂岩石或麻石条铺砌。

塘尾明清古建筑群于2002年7月被广东省人民政府公布为第四批广东省文物保护单位。2006年5月，被国务院公布为第六批全国重点文物保护单位。2007年5月，塘尾村被建设部和国家文物局联合公布为第三批中国历史文化名村。2016年2月，塘尾明清古建筑群被全国旅游景区质量等级评定委员会评为国家AAAA级旅游景区。

重耕兴商　开放先行

塘尾村地处东江下游，因地势低洼，大部分农田常年遭受大水侵害，每逢下雨便成泽国，田地颗粒无收。李氏族人长年累月与水展开争田的斗争。清末，经商致富的李凤池捐出钱、粮，发动村民筑起一圈防护性围堤，在堤外挖排水与灌溉互用的围沟，将常年易淹、易涝的低洼之地变为年年丰收的良田。

元代，石排一带已经是东莞的商业发达之地。当时，东莞县燕岭大路成为车马行走、商贾往来的交通要道。部分塘尾人开莞邑之先，走出农耕，闯入商海，赚取第一桶金。他们利用莞邑四大古圩之一宝潭古圩进行农产品和各种生活用品交易，在吉仔古圩开设染布工场等，还有许多塘尾人到广州、石龙做工、经商、创业。明成化年间，塘尾村人李质如往来于广州及外省经营糖、莞香等农副产品获利，一度成为东莞区内的五富之一。

清初，塘尾村与埔心村合开云岗上市圩。该圩位于塘尾村东与埔心云岗村交界处，其中塘尾村人开设的安贞吉店铺是清光绪年间到民国时期最大的店铺。第一次鸦片战争以后，国门打开，“海禁”开放，塘尾人不失时机地走出去做工、经商、办企业。在香港未建埠时，已有塘尾人到香港谋生。香港建埠后，塘尾有100多人在此经商。他们经营的企业商铺多带“隆”字，因此曾有“二十八条龙（隆）”之说。另外，还有不少塘尾人到广州甚至远涉重洋到异国他乡发展。

中华人民共和国成立前夕，塘尾人经营的商业开始走向没落。

二十世纪五六十年代，塘尾村民开展大规模的农田改造和水利建设，推广农业新品种、新技术，促使塘尾村农业生产有了较大幅度提高，村民生活条件逐步改善。

改革开放后，实行家庭联产承包责任制，农业生产发展迅速。其间，塘尾村积极开展招商引资，并引来石排第一家“三来一补”企业——方舟木器厂。从此，塘尾村掀起招商引资、兴办来料加工企业的高潮。80年代又相继建成3个工业区，至1990年，共引进来料加工企业和三资企业72个。90年代中期，随东莞市工业化、城市化的推进，塘尾村农业用地逐渐减少。2017 年，塘尾村有工业企业 82 个，私人个体工商户 293 个。村有集体厂房配套设施面积 7 万多平方米，村集体总资产 1.02 亿元。

崇文尚武 源远流长

塘尾村自建村以来学风兴盛、人才辈出。明清时期有举人 2 名、贡生 2 名、秀才 42 名，还有部分国学生（监生）。

明洪武十六年（1383），位于上市的石冈（又名云岗）社学始建，历任社长以塘尾人居多。

自明至清，塘尾村先后建有书房 30 间、家塾 3 间。至 2017 年存有 19 间书房，其布局、装饰均有不同，以大书房、乐平书房、惠宗书房、宝卿家塾、渭川公家塾最为典型。

清末，塘尾村民于李氏宗祠开办新式学堂，清光绪三十年（1904）改为县立第十六国民小学，是石排区域第一所也是唯一的县立小学。1978 年，塘尾村投资新建塘尾小学。2000 年，在校园内建一幢高三层、建筑面积 650 平方米的电教大楼，并添置相关现代化教学设备。2017 年，塘尾村户籍儿童在校学生 198 人，当年有 9 名学生考入大学。

塘尾村李氏族人自古以来就重耕助读，在其制定的家训、族规中就有捐助、奖掖读书的规定。民国时期，塘尾村仍循旧例，对考取中学或大学而家庭困难的学子给予一定奖励，其经费来源主要由公尝田收取的租金支拨。

改革开放后，塘尾人秉承“尊师重教，重教兴学，扶贫助学”传统，开展各种形式的奖学、助学活动。

塘尾村人崇文尚武，英才辈出。南宋淳祐元年（1241），龙图阁待制、吏部侍郎李昴英造访李用，将李用所著《论语解》进献朝廷，宋理宗下诏全国发行。南宋淳祐六年，塘尾李氏四世祖李得朋获特奏进士。南宋景定五年（1264），塘尾李氏四世祖李春叟获恩科进士。明成化十九年（1483），塘尾李氏十三世李质中举人。清光绪二十三年（1897），塘尾李氏二十六世李衍广中武举人。李昌汉为早期同盟会员，在讨袁斗争中牺牲。

特色民俗 独树一帜

“康王宝诞”是塘尾村一年一度为纪念北宋抗辽名将康保裔的生日而举行纪念、祝寿、祈祷、酬神等盛大的民俗活动，时间在每年的农历七月初一至初七。该活动形成于清代，最初由塘尾李氏七房一个收买旧货的人把康王神像请到家中奉香祭拜，后来家境越来越好。族人们见此，就把神像请到公祠内供奉，祈求李氏子孙幸福安康。每年农历七月初一至初七，全村人举行隆重而盛大的“抬大神”巡游活动，并相沿成习，形成了历史悠久而独具特色的民间民俗活动。“康王宝诞”活动程序包括：初一解秽、出位、沐浴、更衣、康王巡游；初二至初六供奉拜祭，并举办粤剧表演等一系列文化活动；初七赞寿、康王出巡、答地头、安座以及千人宴和“神灯”竞投等。“康王宝诞”作为塘尾村特有的民俗，被誉为岭南地区明清民俗的“活化石”。改革开放后，塘尾村民在保留原汁原味的民俗活动基础上，更进一步把“康王宝诞”活动纳入招商引资平台。2007年11月，“康王宝诞”活动被列入广东省非物质文化遗产名录。

美丽乡村　绽放异彩

2002年，塘尾村制定《古村落保护管理措施》，开始对古村落进行系统保护和规划。2003年，石排镇委、镇政府委托华南理工大学建筑设计研究院制定《东莞市石排镇塘尾明清古建筑群保护规划方案》，分期分批对古建筑群中的重点建筑进行修缮保护，并对塘尾古建筑群的环境整治、旅游开发做出科学规划。2010年，将塘尾村旅游规划纳入市级旅游服务平台，打造塘尾古建文化旅游业。同时，石排镇结合塘尾村“美丽幸福村居”建设，加大工程项目补贴力度。至2018年，先后投资4000余万元对塘尾古村落开展修复和保护，并配套建设停车场、公共厕所、文化广场、公园、休闲路径等服务设施，种植岭南花木，进行绿化美化。其间，还完成塘尾村美丽幸福村居建设（一期）项目，即在深入挖掘塘尾古村落历史文化要素基础上，将古村的人文历史故事通过景观构筑物、文化长廊景观墙体的形式进行带状展示，不仅使整体景观得到优化，为美丽幸福村居加分，更还原了塘尾古色古香的历史人文风貌。

随着对古村围的规划修复以及石排镇红石文化的旅游开发，塘尾村的知名度大大提升。如今的塘尾村，历经近800年的风雨沧桑，浴火重生，正以她厚重的历史文化底蕴、独特的建筑格局，向人们展示着昔日的辉煌。

海防要塞　文化名村①

山海鹏城话春秋

鹏城社区（村）肇始于明洪武二十七年（1394）在大鹏设立的守御千户所，当时，因守军将士多携带家属在此聚居而逐渐形成村落。它东望巽寮湾，南临大亚湾，西有蜈蚣岭，北靠排牙山。

大鹏半岛历史悠久。名列“2006年中国十大考古新发现”的咸头岭新石器时代遗址的发现，证明早在6000年以前，就有人类在这片土地上生活，制作陶器和石器，开创自己的文化。此后的历朝历代，大鹏半岛虽有专门的行政管理，但因地处南国边陲海疆，远离政治中心，所以常常遭受倭寇、海盗、列强的袭扰。明洪武年间，为防沿海盗匪倭寇，朝廷在大鹏半岛设立大鹏守御千户所，之后成为中国岭南沿海重要的海防要塞。清雍正元年（1723），设立新安县丞，驻大鹏所城，协助新安县令分管新安县东部近百村庄，兼管大鹏营军粮，逐渐成为附近一带的政治、经济、文化中心。清嘉庆、道光年间，鸦片走私盛行，鹏城村在海防一线的战略地位日趋显要，驻防力量得到极大加强。至清咸丰、光绪年间，随着香港岛、九龙以及新界地区相继被占，鹏城村军事地位渐失，逐步演变为军士后裔的集居地。村以城兴，当年的军户围绕所城练兵戍边、开荒屯田，鹏城村逐渐兴旺。

明洪武二十七年（1394），鹏城属东莞县；明万历元年（1573）新安县建县后，转属新安县；民国时期属宝安县。中华人民共和国成立后，曾属惠阳县、宝安县、龙岗区、大鹏新区管辖。截至2018年年底，下设7个居民小组，总面积20.5平方千米，户

① 选自广东省深圳市大鹏新区彭城社区志编纂委员会编:《中国名村志丛书·鹏城社区志》，2019年出版。

籍人口1928人，外来暂住人口11932人。居民有王、赖、林、李等70余个姓氏，多为在此戍守官兵的后裔，以及屯田招租迁居而来的移民。

长期以来，鹏城人收入来源主要是农业和渔业。种植的农作物有水稻、花生、番薯，另种植有荔枝、甘蔗等经济作物。渔业则以捕捞龙岐湾海域所产的池鱼、黄脚立鱼，以及各类虾、蟹等海产品为主。由于传统农业生产基本是“看天吃饭”，生产力低下，人们生活困苦，如遇天灾、战乱，人们只有远走他乡。当时，鹏城村邻近香港，不少人前往香港打工帮补生计，也有些人转至东南亚、欧洲、美国等地打工。

中华人民共和国成立后，鹏城人开展大规模的农田改造和水利建设，推广农业新品种、新技术，促使农业生产有了较大幅度提高，人民生活条件逐步改善。

改革开放后，实行家庭联产承包责任制，鹏城农业生产发展迅速。20世纪90年代，随着工商业发展和城市化的推进，人们开始进行商贸交易，进入工厂做工。截至2018年年底，鹏城社区有集体厂房39栋6.94万平方米，宿舍23栋3.2万平方米；总资产2.82亿元，集体物业面积13万平方米，集体物业价值1.65亿元；经营总收入2935万元，鹏城社区人均收入7.5万元。

古城诗韵著华章

鹏城自明代建城，经历了封建王朝的兴衰更替和腥风血雨的战争洗礼，大鹏所城也从屯兵御寇到逐步裁撤，直至演变成为寻常民居区，残留至今的历史遗迹反映了明清两代的时代特征和历经沧桑的世事变迁。大鹏所城古朴庄重，岿然雄踞于广东省的东南部。现存的东门、南门、西门以及明清时期遗留下来的十余座府第和参将署、守备署、县丞署、火药局、左堂署、赵公祠、侯王庙、天后宫等，向人们展示着那逝去的岁月和历久弥新的往事；保存完好的近700座古民居，鳞次栉比，虽历经数百年风雨却旧貌如故；狭窄蜿蜒的小巷以青石板铺就，宁静而古朴；座座雄伟、独具特色的古建筑布局有序，城内主要街道东门街、南门街和正街风格依然，至今仍延续着昔日的热闹场景；散列于各自然村的近20座古祠堂，雕梁画栋，无不显示着人们的恭敬与虔诚。大鹏所城整体建筑风格及外观造型、营造手法、装饰等均具有浓厚的岭南地域特色，这里的民居兼具广府、客家、潮汕三大民系的特点，是岭南地区民居建筑艺术的精华。

1989年大鹏所城被列为广东省级文物保护单位，2001年被国务院公布为全国重点文物保护单位，2003年鹏城村被建设部、国家文物局授予“中国历史文化名村”称号。其间，大鹏新区成立以文物保护、历史研究和旅游开发为宗旨的大鹏古城博物馆，对大鹏所城进行科学保护和管理，并分别于2008年、2015年两次对所城内23处不可移动文物进行修缮。同时，对路面、街区、所城内景观和北门外环境进行整治，辟建东门、南门、博物馆、北门遗址绿地景观和北门广场、协台衙门遗址广场等16处绿地，扩大古城绿化覆盖率。

在旅游开发方面，鹏城社区以大鹏所城海防文化、东山寺宗教文化、较场尾民宿及饮食文化为中心，以中秋水灯祈福夜、大鹏新年庙会、大鹏文化季等旅游活动为载体，并依托丰富的生态资源和优美的山海风光，力图打造成为深圳全域旅游的新样本，使之成为大鹏新区旅游业发展的一张名片。2016年10月，大鹏新区管委会与华侨城集团公司签订文化旅游合作协议。通过新型城镇化、“文化 + 旅游”、“旅游 + 互联网 + 金融”等模式，推进大鹏新区历史文化景区、旅游文创产业、公共文化设施等建设，推动大鹏半岛打造世界级滨海生态旅游度假区，打造粤港澳大湾区的旅游地标，构建深圳滨海文化旅游长廊。

鹏城遗风育英才

一方水土养育一方人。600余年来，大鹏涌现出多位将军、提督及一批忠臣良将，其中清代赖氏“三代五将”、刘氏“父子将军”即为广东御寇抗敌的杰出代表，而尤以赖氏家族子孙三代出现的五位将军，被世人称之为“文颜武赖”（“文颜”指的是广东省连平县颜氏家族，“武赖”即指大鹏的赖氏家族）。赖氏将军在抗御外来侵略、保护中国东南海疆的战争中屡建战功，而且为官清廉，体恤部下，有“宋代杨家将，清代赖家帮”的美誉。也正因为此，鹏城又有“将军村”的美誉。

据《大鹏城赖氏世系简谱》记载，赖氏后人赖吾彪于清乾隆年间由紫金县迁居鹏城。赖吾彪初到鹏城以编竹篾为生，生活清贫。赖吾彪之孙赖世超自幼聪敏好学，文武双全，稍长入伍，累立战功，官至琼州镇镇台，清道光十年（1830），任闽粤两省武举考官，封武功将军，正二品。

赖氏家族非常重视家风。赖世超的夫人赖太母身负训导子孙重任，以“爱国家，为民族”“文官不贪钱，武将不怕死”“岗不离守，守不离纲”等为家训，使赖氏家族形成精忠报国、廉洁守法的良好家风，开启了赖家“三代五将”的荣耀篇章。清道光十九年（1839）九月四日，英军轰击九龙炮台。大鹏营参将赖恩爵立即指挥反击，在近5个小时的战斗中，身先士卒，奋不顾身，终将英舰击退。是役震惊中外，赖恩爵被清道光皇帝赐予“呼尔察图巴图鲁”（勇士）称号。

抗日战争时期，曾被朱德总司令称为“中国抗战的中流砥柱”之一的广东人民抗日游击队东江纵队长期活动在大鹏岛一带。在东江纵队任手枪队队长的刘锦进（刘黑仔）即鹏城人，他曾率队在香港西贡、九龙一带进行抗日活动，成为名扬港九的传奇人物。

中华人民共和国成立后，鹏城还出现以赖仲元为代表的优秀人物，还有更多的鹏城人，他们在各自平凡的岗位上，恪尽职守，兢兢业业，为当地的经济、文化事业的发展和社会进步作出了贡献。“文官愿为清吏瘦，武官敢当沙场卒”不仅是赖家的家训，也成为鹏城人谨记遵守的座右铭。

古村民俗发新枝

鹏城文化底蕴深厚，来自广府、客家、潮汕等地区的人汇聚在此，造就了独特而鲜活的民俗风情。明朝设大鹏守御千户所时，所城的主要群体是守军，故屯军文化成为大鹏文化习俗的基调。随着时间的推移，屯军文化糅合广府文化、渔农文化、客家文化形成大鹏独特的民俗文化，如糅合粤语、客家话和北方话的大鹏话，追念逝去英烈的太平清醮，体现崇军尚武的大鹏凉帽、将军宴，汇集各地不同习俗的大鹏婚俗，承传并创新传统技艺的大鹏舞狮、舞麒麟等。其中大鹏山歌是大鹏民俗的一大特色，其基本特征是语言独特、曲调多样、内容丰富、形式灵活、通俗易懂、委婉动听。从内容上分有生活歌、爱情歌、劳动歌、放牛歌、哭嫁歌、哭丧歌、地名歌和仙歌等，从演唱方法上分有独唱、男女对唱、群唱和尾驳尾等。

每五年一次的大鹏追念英烈习俗（太平清醮）活动，更是鹏城社区文化传承的重头戏。其源自大鹏所城军民为追念在抗击外来侵略者阵亡将士和海上罹难者而举行的祭祀活动，已举办近百次。鹏城人以这个盛大民俗活动弘扬中华民族和谐、乐善、忠孝等中华民族优秀传统，具有独特的文化内涵。2006 年 12 月，大鹏追念英烈习俗入选深圳市政府公布的第一批非物质文化遗产保护名录，2007 年入选省级非物质文化遗产名录。截至 2018 年年底，大鹏新区非物质文化遗产名录中共有 7 项出自鹏城社区。这些民俗活动的继承开发，显示出鹏城人对承传中华民族优良美德的钟爱，尤其是祭奠爱国将士亡魂的太平清醮习俗，在激发民众的爱国主义情怀和建设社会主义精神文明、创建和谐社会中发挥着积极的作用。

万里京运第一站①

梦幻白雾　富庶之地

白雾古村，位于娜姑坝子的东南端，依山而建，溪水中流。距娜姑镇政府驻地 5 千米，距国家历史文化名城—— 会泽县城 19 千米，交通便捷。白雾村秋冬时节烟雾缭绕，缥缈变幻，掩映村舍，村落因之得名。

白雾村是镶嵌在娜姑镇山水田园间一颗熠熠生辉的明珠。娜姑，汉语意为“婀娜多姿的姑娘”；本义为彝语“纳姑”，纳为黑，姑为原野，即黑色富饶的田野。

娜姑地处川、滇两省三县一区（四川省会东县及云南省会泽县、巧家县、东川区）交会的乌蒙山腹地，“东连县城，西濒金沙”，“雄踞两省，地控三江”，是铜运古道要地。镇域内有绿意盎然、水乡风韵的 3 个小坝子镶嵌其间，有沟壑林立、九曲回环的铜运古道遗址，有“两江夹一岭，三沟分四山”的象鼻岭地理奇观，有世界著名的小江泥石流地质景观；境内最高海拔 2896 米，最低海拔 695 米，相对高差 2201 米，立体气候明显，有“一岭分两季、数里不同天”的多样性气候。其中，海拔最低的金沙江峡谷有“天然桑拿室”之称。

白雾村中清泉流过，颇有一些小桥流水人家的韵味。四围诸峰，林木参差。村后寿星山，如仙猿在卧。四时游览，俯瞰村前千顷良田，或绿浪翻滚，或稻花飘香，或蛙声十里，或黄如金毯。万亩田畴，井井有条。十里人家，炊烟袅袅。蓝天白云，游目骋怀。忘却尘世的喧嚣，觅得一分轻松惬意。历经了千年风雨的小村怡然和谐，虽几经修缮，但明清建筑的余影和气息尚在。虽物是人非，但村里的一砖一瓦，依然诉说着百听

① 选自云南省会泽县娜姑镇白雾村志编纂委员会编：《中国名村志丛书·白雾村志》，2019年出版。

不厌的沧桑故事。

进入新时代，随着精准扶贫工作的全面实施，白雾村基础设施日臻完善，交通方便快捷，生态日益改善，环境优美宜居，乡村旅游正在兴起，农村全面进步，农民全面发展。2005 年，白雾村被公布为中国历史文化名村。2009 年获首届“发现中国 · 魅力小城”之“田园乡村魅力奖”。2012 年入选全国首批“中国传统村落”。白雾村是云南省实施乡村振兴战略的试验田，是打造“中国石榴之乡”“中国最美旅游乡村”最具优势和潜力的村落。

千秋驿道　僰人故里

先秦时期，白雾为僰人居住地。西汉建元六年（前 135），置堂琅县，白雾属之，司马相如在这里开辟“西南夷道”驿站，白雾从此进入华夏的历史版图。唐宋时白雾属东爨统治下的鹿卢部落，元、明、清初为禄氏东川府娜姑营辖地。康熙三十八年（1699）春，禄氏献土归流，东川府改设四乡八里，白雾为崇礼乡治所。民国时期，会泽县置 25 个乡镇，白雾镇为其中之一。可见，白雾的开发已有 2100 多年的历史。

中华人民共和国成立之初，设娜姑区，区公所设于白雾镇。1958 年 9 月，设娜姑人民公社，辖白雾镇。1984 年 4 月，娜姑公社改为娜姑区，白雾镇改为白雾小乡。1987 年 10 月，娜姑区改为娜姑镇，镇政府迁至今干沟社区，辖 17 个办事处，白雾小乡改为白雾办事处。2000 年，白雾办事处改为白雾村民委员会。2018 年年末，白雾村辖 13 个村民小组，辖区面积 9.9 平方千米，总人口 2316 户 6582 人。

京运首站　辐辏八方

历史上的白雾村辐辏八方，商贾云集。人们在此垦农田、劝农耕、开山路、筑城墙、凿水洞、建寺观、办教育，可谓百业兴旺。白雾村是东川府南铜北运的必经之地。作为各矿区后勤供给地和陆运京铜的起点，白雾村成为南铜北运的第一大站。明清时期，滇铜供给占全国总量的八成，而经过白雾村运出的东川府铜占滇铜的 76.2%。白雾村作为南铜北运的首站，人们赋予它“万里京运第一站”的美称。

昔日的白雾村热闹非凡，客栈、酒楼、粮行、油行、糖行、轿行、丝绸铺、银器铺、马鞍铺、铃铛铺、典当铺应有尽有，文官武将、富商大贾、贩夫走卒、矿工匠人不绝于道。各省前往押运、采购铜料的要员商贾常驻于此，设立商号 150 多家。在不到

1000 米的白雾街上，就有明清时期建筑风格的古建筑 24 处。会馆寺庙、民居祠堂、戏台阁楼、宫观教堂保存完好，驿站商铺存有原貌，名木古树古朴参天，遗址碑刻依稀可辨，城堡碉楼有迹可循。各式建筑依地势高低逐级而上，依次坐北向南排列，整体布局浑然天成，俨然一个小东川府。古建筑工艺精湛、雕刻精细、别致典雅、美轮美奂，其间蕴藏着大量的历史文化信息，堪称一座集雕刻、历史文化于一体的博物馆。这些丰富的历史遗存，是解读白雾历史文化的信息密码，是悠久历史的物证，是白雾村铜商文化、会馆文化、宗教文化传承的载体。

在白雾村这样一个边远村落，保留着 5 个同乡会馆和 2 个同业会馆。沿白雾街，从西往东行走，就能看到通海会馆、云南会馆、贵州会馆、江西会馆和湖广会馆。其中以湖广会馆、江西会馆和通海会馆最为著名。同乡会馆以建盖者的籍贯地命名，作为同籍乡人聚会议事的场所，供奉着乡土神，是在外游子的精神家园；同业会馆以团结同行同业为宗旨，是在外商人的商务会所，供奉着行业神，护佑着同业同行的兴旺发达。无论是同乡会馆，还是同业会馆，均以“三雕”（砖雕、石雕、木雕）见长，一撇一捺精致入微；均长于装饰，粘贴着人们的念想和追求；均悬挂楹联匾额，彰显人们的理想和品位，传播着中国的传统文化。

今天残存的白雾村城堡遗址，见证着白雾昔日的繁华。依山蜿蜒、巍然耸立的城堡，在当时的确起到了保境防匪、护商佑民的作用。清同治元年（1862），太平天国翼王石达开部在白雾村与清军鏖战，将领卓天候、鲁启高阵亡。清军撤走，进驻云峰村，滞留二月有余，并未攻克白雾村城堡，其坚固可见一斑。白雾村最具代表性的古建筑为三圣宫（文庙）。三圣宫大殿塑有孔圣、关圣、文昌帝君雕像，文昌帝君背后上方神龛内还塑有相传创造汉字的仓颉像。三圣宫临街而建，坐北朝南，占地面积 3530 平方米，建筑面积 1550 平方米。沿中轴线依次建有照壁、门楼、小山门、牌坊、魁楼、大殿、东西配殿及东西厢房等，共三进三院大小 7 个天井。层层叠架，重瓴飞檐，如雄鹰翱翔。翘檐雕龙绘凤，绘花饰锦，细致精美。整个建筑群布局严谨、错落有致，为典型的清代中期建筑风格。

文化共融　蔚为大观

白雾村的主要街道，是东西走向的一条直街，街长 356 米，宽 5 ～ 6 米，由石板铺就而成。铜运古道穿街而过，沧桑的石板街，仿佛还在回响着马蹄声声。两旁的店铺门面依然保持着原有风貌，给人一种古朴静谧的感觉。

白雾村的民居也坚持了本地建筑的文化元素，猫拱墙逶迤起伏，猫洞排列屋面。粘贴着彝族的图腾，既可防火，又便于采光，设计美观而不失科学。白雾村民居，结构精美，雕刻精湛，一砖一木，一墙一壁，一窗一门，镶满了艺术，散发出浓郁的文化气息。漫步在白雾村大街小巷，一幢幢依山而建、平脊飞檐、白墙青瓦的大大小小的民居，映入眼球，厚重的视觉冲击力，令人目不暇接。在白雾村，无论豪门大院，还是普通民居，大多是封闭天井式格局，外墙不用窗，内敛聚财。外面灰瓦土墙，内部门窗极尽其繁。外俭内繁的风格，昭示着财不外露。

"万里京运第一站"的白雾村，因铜而盛，因铜而衰。盛衰兴败，演绎了千年的沧桑，雕刻了厚重的历史与文化印记。水工文化、铜商文化、马帮文化、会馆文化、宗教文化、地方民俗文化，甚至连西方宗教文化也在这里竞相绽放，呈现出中西文化共存共融之大观。

在白雾村，佛道同茂，多神共处。宫殿庙馆，烟雾渺渺。暮鼓晨钟，开坛弘法。孔庙文昌，培文风，显文明。"圣谕"宣讲、戏台看戏、祭龙求雨，应时举行。古时的白雾，热闹是天天有的。今天的白雾，繁华更胜昔日。白雾，可谓佛家的诵经地、道家的修炼场、儒家的讲学堂、平民的娱乐地。

历史人文与自然风光交相辉映的白雾村，吸引着众多文艺工作者追逐的目光，激发着艺术家们的创作灵感。有多部影视剧在此取景拍摄，云南大学、云南师范大学、云南艺术学院等 18 所高等院校先后将其列为写生实践基地。让人们怀古与恋新共存的白雾村，"闲看庭前花开花落，漫随天外云卷云舒"。人们在闲庭信步的惬意中可享受一段恬淡闲适的时光。今天的白雾村，已然成为心灵的驿站、文化的港湾、画板外的素描、摄影家的天堂。

耕读桃源“四古”水峪①

古道水峪

水峪村，位于北京西南80千米处的房山区南窖乡，村域面积10平方千米，地处北京西山大房山多条古道交会处。隋末唐初始有人家居住，明代成村，明末清初发展成较大村落。民国初期成为大房山地区第二大村，保留下来“古宅、古碾、古商道、古中幡”等珍贵的历史文化遗产。2014年3月，获得“中国历史文化名村”称号。

大房山为百花山五大山脉之一，是太行山分支，秦代称大防岭，东汉时改称大房山，隋代称防山，五代时复称大防岭，自金代始，更名大房山。水峪村坐落在大房山的中心区域。村域平均海拔754.9米，整体东南高西北低。海拔1307米的大房山主峰即金代帝王陵主峰猫耳山，为水峪村东南天然屏障，以突兀的纱帽山为地标，形成山水环绕的“金元宝”状之沟谷地貌。

金贞元三年（1155），海陵王于大房山麓车厂至云峰寺一带修建金陵，陵区范围100多平方千米。大定二十九年（1189），为奉山陵，始析良乡、范阳、宛平三县边地置万宁县，筑土城于山前。明昌二年（1191）改万宁县为奉先县，隶中都路涿州。元至元二十七年（1290）改奉先县为房山县。金曾修自燕京经卢沟河古渡口、良乡县阎沟城至大房岭下入山陵的专用路。金建金中都至万宁、万宁至镇厂至涿鹿、穿越水峪村古道，成为金中都穿越西山重要的交通要道。明修万里长城，大房山古道成为京城连接“内三关”的重要通道，水峪村成为重要的古道村落。明末清初，大房山特别是南郊地区煤炭业迅速发展，商贸往来日趋频繁，大房山古道成为重要的商贸古道。

① 选自北京市房山区南窖乡水峪村志编纂委员会编:《中国名村志丛书·水峪村志》，2020年出版。

水峪村落由山岭和沟谷自然分割成东西两部分，历史上称水峪东村和水峪西村。全村由一条青石砌成的 S 形古道贯穿东西；村落民宅、层层梯田、长岭坨、古宅院、东瓮桥等，构成惟妙惟肖的“太极双鱼”。明清时代，随着大房山矿山资源不断挖掘，越来越多的商贾人家在村中修建豪宅大院，如不同形态的珍珠玛瑙镶嵌在水峪村中。虽经朝代更迭，但水峪古村至今还保存着 100 余套 600 余间多兴建于清乾隆年间的古民居。

耕读为本

水峪村曾经是晋商驼队贸易往来的重要驿站。在明代大移民的过程中，不断有山西大槐树移民落户水峪。从明末清初始，先后迁到水峪落户的山西移民有臧、刘、王、杨、陈、孟、隗、邢、张、姜、金等姓氏宗族。除臧家后来迁往三角城外，其余姓氏家族均在水峪村传宗接代，繁衍生息。

几百年来，水峪村民在非常简陋的山坡地上，刀耕火种，不辞辛苦，用汗水收获每一粒粮食，用亩产百十斤的收获供养着村民的生息。中华人民共和国成立后，水峪村走集体经济道路，不断改良粮食品种和耕作方式，粮食亩产不断提高，村民生活水平不断提高。改革开放后，实行家庭联产承包责任制，退耕还林，村民开始新的生产生活方式。

在水峪古村落中，一块块精打细磨的砖瓦条石，镌刻着中华优秀传统文化的经典名句。“居仁由义”“耕读为本”等经典名句，不但体现了孔孟之道“劳心者治人，劳力者治于人”与农家学派许行“贤者与民并耕而食”不同的处世理念，更体现了中国传统文化的精髓。“箫商”则是杨家大院主人舍农经商后，深思熟虑提出的治家做人经商之道，是大西山经典的家训，是西山几百年煤炭商人的杰出代表，是对中华优秀传统文化的传承和弘扬。作为大房山深处的古村落，人们用多种文化形式表达着自己的精神诉求，在年复一年的农事节日庆典、花会活动中积淀了厚重的民俗文化，大鼓会、银音会、评剧、山梆子等村民喜爱的文化活动，丰富着人们的业余生活，多年传承的“水峪中幡”不但成为水峪村传统文化的旗帜，更成为房山乃至京西传统文化的旗帜。

家国情怀

位卑未敢忘忧国，是中国人的脾气秉性。精忠报国，是中华民族传统文化的核心和灵魂。

1937年7月7日，卢沟桥事变，良乡、房山沦陷。日本侵略者掠夺房山煤炭资源，实行“以战养战”政策，继而控制南窖地区的高线铁路，挟制各村实行“保甲制”，取代以前的“老会”，杨天纵接替父亲担任“保长”。1938年3月，房涞涿联合县游击支队队长包森，在南窖一带通过演讲会、刷写标语、入户交谈等多种方式，宣传抗日方针和政策。包森了解到年轻的“保长”杨天纵思想进步后，便勉励他多为抗日做工作。杨天纵、王广楼等水峪人从此走上抗日道路。包森组建起房良地区第一支中共领导的抗日武装——房良七支队，在大房山竖起抗日救国的旗帜。

1938年5月，房良联合县抗日政府成立，水峪村建立村救国会、青救会、妇救会、儿童团等组织，水峪村人民在房良联合县政府的领导下，奋起开展抗日斗争。1945年8月15日，日本宣布无条件投降，水峪村成立中共水峪村支部委员会，建立村政权。水峪村人民开始了解放区的新生活。面对国民党反动派还乡团的凶残反扑，村党组织团结带领广大群众，坚决阻止国民党反动派还乡团对解放区的破坏和进攻，巩固了根据地胜利成果。

从抗日战争到解放战争，全村先后有20多名革命志士献出了宝贵生命。老一辈的革命精神激励着一代又一代水峪村人，永远跟着共产党，向着胜利前进。

共同富裕

中华人民共和国成立后，水峪村党组织在上级党委、政府的领导下，带领全村党员干部群众，实行土地改革，人人分得了土地。20世纪50—60年代，全村通过社会主义改造和经济体制变革，农村经营管理方式相继由“互助组”“初级社”过渡到“高级社”及“人民公社”。

1978年中共十一届三中全会召开，全大队实现工作重心转移。1983年3月始，房山区撤销公社及大队建制、实行乡村建制后，水峪村开始落实经济体制改革，推行土地联产承包责任制。1984年，水峪村党支部在乡党委、乡政府的指导下，组织成立村民委员会；同时在党支部、村委会的领导下，组建经济合作社，朝着中国特色社会主义新农村的小康生活迈进。

文教兴村

水峪村重视教育，崇尚诗书济世长。读书识字是传统村风。民国前兴办私塾，民国建有小学堂，抗战胜利后建有高小，中华人民共和国成立初建有小学。中华人民共和国成立前，就有水峪村学生考入高等学府。截至 2018 年，水峪村 80% 的家庭有大学毕业生，有百余人在各级学校从事过教育工作。

2007 年年底，水峪中幡被列入北京市首批“市级非物质文化遗产名录”。水峪中幡源于明朝，由冯氏村民从涿州大部村拜师学艺，后手把手传给村民，为庙会（又称堂会）祈雨纳福表演之用。至清咸丰年间，水峪舞幡蔚然成风。改革开放以后，水峪村传承中幡项目，2008 年北京奥运会期间，水峪女子中幡队应邀参加开幕式垫场表演。

水峪村党支部、村委会利用村域自然生态优势，整理挖掘古村民俗文化资源，加快产业结构调整，大力发展文化旅游。2012 年 9 月 25 日，水峪村被评为 2011—2012 年度“北京最美的乡村”。2012 年 12 月，水峪村入选“中国传统村落”名录。2014 年，水峪村被住房和城乡建设部和国家文物局评选为“中国历史文化名村”。2015 年 10 月，被中国生态文化协会评为“全国生态文化村”。2016 年 10 月，被农业部评为“中国美丽休闲乡村”。2018 年 7 月，被司法部和民政部评为“全国民主法治示范村”。

明清古祠乡　岭南孝德村①

宋词华章　明清古韵

南社村历史悠久，可上溯至宋代。据《南社谢氏族谱》记载，宋德祐元年（1275），南社谢氏始祖谢尚仁自南雄南迁，曾居茶园芦荻墩，后迁居南社村，在马头岭山坡搭茅棚居住。其时，南社村已有戚、席、麦、陈、黄、钟等姓氏人定居。后历经元、明、清、民国数百年的繁衍发展，谢氏人丁兴旺，其他姓氏人口则逐渐减少，南社村遂形成以谢姓为主的血缘村落。

南社原名南畲，至清康熙年间，改名为南社。

南社村在人居环境的整体营造上别出心裁。以樟岗岭、梧桐山为案山，以马头岭、罗浮山为靠山，以四口水塘为主要中轴，以村中530多年的古榕树为船帆，形成状如帆船的村落风水格局。

村中住宅沿两侧山势错落建造，类型多样，既有东莞地区典型的住宅类型，又有中西合璧式的洋楼。民居大门多用红石做门框，在门框的边沿上还有浅浮雕角线的装饰。整个古建筑群由巷道、传统建筑的形制、结构、体量、用料、工艺、色调以及装饰等构成明清古村落核心元素，呈现出历史人文与自然生态的双重景观。

南社古村落中尚存的古建筑群集祠堂、庙宇、民居、门楼、谯楼、围墙、里巷、古井、古塘、古墓、古树于一体，保留着大量石雕、砖雕、木雕、灰塑和陶塑建筑构件。古建筑中明清祠堂最具特色，其数量之多，特别是单一姓氏祠堂的数量之多，不仅广东少有，即使全国也不可多见。南社村存明清祠堂32座，古民居250多座，古井25眼，

① 选自广东省东莞市茶山镇南社村志编纂委员会编:《中国名村志丛书・南社村志》，2020年出版。

庙宇5座，古墓30多处，古围墙及其遗址1009米，还有门楼、谯楼多座。其中，谢氏大宗祠、百岁坊、社田公祠、家庙、武帝庙、资政第为明清建筑的典型代表，具有较高的历史文化价值、建筑艺术价值。

诗书传家　崇文尚武

南社村人文底蕴深厚，谢氏家族人才辈出。自明末至清末几百年间，南社村通过县试、府试中秀才42人，又经乡试中举人23人，再经会试、殿试中进士4人。有武职守备3人、蓝翎侍卫1人、将军2人，封荫11人、冠带寿官9人。谢氏始祖谢尚仁宋末插居南社，明哲立家，敦厚仁义，勤劳节俭，名播乡邻。明代举人谢重华刚直不阿，明亡后广袖宽衣，独行社里乡居，三十年不出城郭，自称“遗农”“香农”，著述甚丰。清代武进士谢遇奇跟随军机大臣左宗棠至新疆平叛，屡立战功，荣膺一品，封祖上三代“建威将军”“漳州总兵”，赐建家庙。抗日战争时期，南社村涌现谢伟钧、谢淦坤、黄春树等一批抗日志士。抗美援朝时期，南社人谢懋伦响应国家号召参战。

谢氏祖先定居南社后非常重视教育，立私塾、修书院，并通过一系列奖励措施，鼓励子弟博取功名，成绩显赫。如清乾隆二十七年（1762）谢氏大宗祠崇恩堂制定《谢氏大宗祠崇恩堂花红条例》，详细列出33项内容奖励科举考试，鼓励谢氏子弟追求功名，以求光宗耀祖。1995年，南社村制定奖励助学制度。截至2019年，每年至少发放10万元奖学金，以资鼓励南社学子勤奋学习。南社人不仅有良好的家风家训，还拥有重视教育的优良传统，崇文尚武，以报效国家。

孝敬有方　尊老爱亲

南社村是闻名遐迩的“孝德文化村”。为出官求仕，光宗耀祖，实现修身齐家治国平天下的入世理想，南社人奉行忠孝仁义的理念，集中体现在发奋科举、建功立业上。同时在南社也流传着“求神不如拜祖”的俗语。他们崇拜先祖筚路蓝缕开创基业以及富有深刻文化意蕴的思想，并将对祖先的崇拜转化为强大的内驱力，奋发图强，立业报本。在南社的古建筑中，祠堂达30多座，建造祠堂就是崇先报本的孝道美德的集中体现。无论是风俗、传说，还是楹联、历史，无不体现南社孝敬有方的文化内涵。今天南社村进一步推进“孝德治村”，弘扬敬老传统。1999年12月起，南社村60岁以上老人每人每月享受养老金150元，每3个月发放一次。2003—2019年，增至200～400元。

2017 年，南社村举办首届忠孝文化节。

民风淳朴　社火永继

南社村属于广府文化地区，村民使用粤语方言，村中一直保留着独具南社特色的俗语、传说、掌故等。莞香、米酒、双白糖等是南社村著名土特产。南社金钗脑出产的莞香与村中的双白糖在清代更成为贡品。南社村民的食品口味以清淡为主，村中美食小吃同时也受到客家文化的影响，融入客家风味的浓、腻、咸、香等特色。仪式庄重的“南社九大簋”“南社斋醮”“千叟宴”等民俗活动以及不同时令节气的风俗，在历史的传承中体现了村落的家国情怀与孝德文化。近 800 年的历史文化沉淀，使南社村形成儒释道归一的民间信仰，民风淳朴。南社村位于丘陵地带的草埔地区，其特殊地理位置使村落的风俗融入了客家文化与海洋文化，忠孝传家、福禄寿全成为南社村风土民情的地域特色。

古村开发　转型升级

改革开放前，南社村以种植水稻为主业，兼种豆类、甘蔗、木薯、番薯，盛产荔枝、龙眼、黄皮。改革开放后，南社人开拓进取，招商引资，有来自韩国、日本以及中国台湾、香港地区的多家企业在村工业区设厂。1983 年后，随着工业化发展，村集体开始经营胶花厂、织唛厂等工业，传统农业逐渐衰退。2019 年，南社村经营行业涉及制衣、电子、模具、塑胶等，占全村工农业产值的 90% 以上，有工业园 9 个，企业 223 家。村民主要收入来源为投资办厂、商业经营、物业出租、务工务农、参加景区表演等。南社村固定资产 2.4 亿元，总收入 3414 万元，纯收入 1813 万元。

南社明清古村落旅游资源丰富，深厚的历史文化与保存完好的明清古建筑群相得益彰。淳朴的民风、独具地域特色的地方风俗、美食风情以及舒适整洁的民宿等都是旅游的亮点。南社村围绕独特的风土人情、悠久的历史，打造“茶山味道”等文化旅游项目品牌，逐步探索出一条休闲农业和乡村旅游之路，被誉为东莞美丽乡村建设的“南社模式”。

南社村注重协调处理好旅游开发与古建保护、生态环境之间的平衡，实现保护与开发同步发展。在古村落保护过程中坚持“保护为主，抢救第一”的方针，坚持“修旧如故”的原则，治理环境，还原旧水系，清淤及雨污分流，使用原材料、原工艺结合现代建筑新技术，对原有坍塌或破旧建筑物加以修缮和改造，佐以岭南果蔬作为角落景观，活化古村落原有的风貌，让南社古村整体保持本土特色，重新焕发乡村生机和活力。在开发过程中，通过挖掘和整合自身的旅游资源价值，弘扬地方文化内涵，深度解读村落的古建筑文化、传统文化及休闲农业等，树立全新旅游形象，完善旅游功能，优化旅游环境。形成包括建筑艺术欣赏、古村游览、传统历史文化感受与体验、主题活动参与的古村落人文历史核心区，包括乡村体验、农业观光、农业科普、度假养生、乡土娱乐的生态乡村及休闲农业体验区，以及包括花海体验、婚礼基地、文化体验的文化创意综合服务配套区。

南社村还开发有传统婚俗体验馆、农耕文化体验馆、南社乡土民宿等极具特色的文化旅游项目。以活化的传统民居作为酒楼，推出以“九大簋”为主题的系列农家菜，打造田园牧歌民宿。恢复以南社斋醮为主题的民俗活动，传承传统“忠孝”文化的忠孝文化节，举办茶山镇首届农民丰收节，每月初一、十五推出老人免费吃斋宴的敬老活动，每年开展“孝感百年十大人物”的评选活动，丰富传统文化展演。一系列举措使南社旅游业得到快速发展。2019 年，南社古村落景区接待游客 69 万人次，门票收入 110.83 万元。

双凤朝阳　土家古寨①

双凤村隶属湖南省永顺县灵溪镇，位于永顺县西南部的九龙山之巅，距县城 15 千米，距吉恩高速永顺互通 3 千米，最高海拔 750 米，最低海拔 300 米。2018 年，总面积 4.27 平方千米（6400 亩），耕地面积 186 亩，全村 93 户 287 人。鸟瞰双凤全境状若双凤叠翅，百鸟起舞，翱翔于老司城西南水滨之上。从空中俯视居住地，恰如土家山寨的“土”字，这是与“土家第一村”的巧合，更是先辈们的巧夺天工，人与自然的完美结合。山冈周边沟壑陡峭，群山植被良好，立于村落地势高处眺望，呈现出郁郁葱葱、重峦叠嶂的自然风光。

双凤村土家语为“双且”，“且”意为“山坡”，即“坐落在两个山坡之间”。该村村民常说，他们的祖先来到对面的山坡上时，正是太阳初升的时候，看到对面的两座山很像两只朝阳的凤凰，相对而立，翩翩起舞。祖先叹道：“这里是双凤栖息之地，是个吉祥的地方！”于是，在这里停留下来，生息繁衍，并将此地取名为“双凤栖”，简称“双凤”。

土司时期，双凤村隶属溪州。按照土司规定，辖地要保护山底的土地，那里更适合狩猎；高山适合刀耕火种，人住在山上，村落也建在山上，土家族“自古以来散处溪谷，所居必择高峻”，双凤村也因此建于高山台地。后来改土归流，刀耕火种被废弃，农耕生产逐渐由山顶转至山下，但双凤这个老寨依然保留下来，这个高山村落像一座古堡，更像一个孤岛，源远的土家族文化在远离山外的此地，完好地传承下来。

相传，双凤土家村民历经一百余代，唐代正式形成村落。至今仍完整保留着古老原始的土家族民风民俗，是中国土家族上千年历史文化的再现和缩影。1956 年 5 月，民族学家、社会学家、语言学家、全国政协民族事务组副组长潘光旦率调查团对湘西北进

① 选自湖南省永顺县灵溪镇双凤村志编纂委员会编:《中国名村志丛书·双凤村志》，2022 年出版。

行调查，双凤村被作为样本村，搜集整理出大量的能佐证土家族为单一民族特质的资料。该村千百年来遗存的土家族语言、土家习俗、土家歌舞、土家服饰、土家建筑等珍贵史料，为确定土家族为单一民族提供重要实证。1957 年 1 月，中央统战部电报通知湖南省委、省政府，正式确定土家族为单一民族。

双凤村历史悠久。1940 年，村内立有一座“源远流长”石碑，实为“彭氏石谱”，文中显有“我彭氏自李唐来，世居溪州”世袭和字辈。双凤村摆手堂神位一侧立有一位身着草服的祖先，传说是巴、濮之先祖，距今 2200 余年，应验了“吉祥地方”之说。双凤村人丁兴旺，由于村内的土地等自然资源限制，双凤人离开双凤栖老寨，在双凤村周围辟地繁衍生息，先后形成叭科、样品沟、召且、反坡、沙湖、八吉、新寨 7 个外迁寨子，并如七星拱月之状，这 8 个寨子合称为“七寨半”。

双凤村土家原生态文化特点突出。全寨房屋均为土家特色的木质结构，沿小溪两侧而建，为四排三间、五柱八棋或三柱四棋。多数民居壁板上还保留有“毛主席语录”。寨中建有土家摆手堂，逢年过节，村民都会到摆手堂跳舞欢庆。国家级非物质文化遗产土家族毛古斯舞、摆手舞、打溜子、哭嫁歌，在村内代代相传，连绵不断。土家敬酒歌、迎宾歌、山歌充分展示了土家人热情好客的民族性格。该村是中国土家族村寨的经典型和土家文化完美传承的功勋区，保留有完整的民族歌舞和习俗，是毛古斯舞、摆手舞的发祥地之一。其中毛古斯舞亦舞亦剧、亦唱亦说，被称为“原始戏剧的活化石”和“中国舞蹈的最远源头”。摆手舞中的“单摆手”“双摆手”“小摆手”等系列土家族歌舞从该村整理挖掘，向周边土家族地区推广。因此，这里不仅是民族研究的基地，也是民族文化资源的重要宝库。村内有国家级非物质文化遗产土家族摆手舞传承人田仁信、国家级非物质文化遗产土家族毛古斯舞传承人彭英威、国家级非物质文化遗产土家族哭嫁歌传承人严水花。土家语传承人彭家齐、山歌阿婆彭若兰是土家人敬仰的明星国宝。毛古斯舞、摆手舞、打溜子、梯玛神歌、土家织锦、土家人过赶年、土家族哭嫁歌等具有土家民族标志的文明之花，在这里花繁叶茂，常开不败。2008 年，双凤村的毛古斯舞参加北京奥运会开幕式前文艺表演；之后，又参加南昌国际傩文化艺术周展演、第二届中国成都（国际）非物质文化艺术节、全国少数民族非物质文化遗产项目调演、首届全国农民艺术节、湖南省第七届少数民族运动会开幕式表演、广州第七届民俗文化节等重大节庆文化活动。2015 年，双凤村民田岩华、彭英宣等 30 人应邀参加韩国“星州生命文化艺术节”，表演土家族原生态舞蹈毛古斯舞、摆手舞、打溜子。2018年，双凤村《毛古斯 · 狩猎》舞蹈节目成功入选“情系民族魂，唱响亚太梦”（香港站）亚太卫视 2018 年中国少数民族歌舞大联欢展演。中央电视台、香港卫视、天津卫视、重庆卫视、湖南卫视等多家媒体到该村拍摄民俗风情和专题纪录片。中央民族大学、云南大学、湖南大学、吉首大学、中南民族大学、西南民族大学及日本的民族专家学者等先后到双凤村调研考察土家族文化，双凤村成为永顺县文化旅游的一张名片。

双凤村环境优美，林木葱茏，百鸟合鸣，四季常青。苍松翠柏、楠木榉木、伯乐红豆等珍稀树木繁多，与其他树种和竹林将整个村寨掩映在绿波翠浪之中。溪水淙淙，一条小溪蜿蜒向东流入猛洞河。飞檐翘角的土家吊脚楼，古色古香，鳞次栉比，错落有致，隐现于绿荫深处，悬挂于危崖瀑布之上。吊脚楼依山沿溪而建，小青瓦盖顶，推窗亮格，雕梁画栋，司檐悬空，木栏扶手，走马转角，实现人与自然的和谐统一。摆手堂一派土家传统风格，环村游道彩练当空，迎客寨门气势磅礴，花桥飞檐，朝门翘角，穴古秘洞，九龙神庙、梅山神庙、官亭、土地堂、松柏古道等，无不彰显该村历史文化的厚重与久远。

双凤村乡风古朴，民俗奇特。抽叶子烟，喝煨罐茶，吃腊嘎嘎（腊肉），是村内土家人待客之道。拦门酒、婚庆酒、生日酒、起屋酒等习俗，把酒文化推向极致。特色酸辣味、土家九大碗、泡炒米糖糁、做糯米粑粑等饮食习俗，凝聚着土家族人的智慧和亲朋之间的亲情与友情。

双凤村民族民间艺术丰富多彩。村民上坡下田劳动唱山歌，节日庆典唱摆手歌，嫁女唱哭嫁歌，建房起屋唱上梁歌，年轻人谈恋爱唱情歌，结婚娶亲有拦门唱敬酒歌，还有儿歌、盘歌、打溜子、吹唢呐、吹牛角、吹木叶等土家族音乐，汇成歌的海洋，艺术特色独到，民族特色强烈而又鲜明。

双凤村重视学教家训。民族传统教育，现代学校教育，道德家训教育，自古至今，恒久不衰。

在中国共产党富民政策的指引下，精准扶贫成效显著，双凤村实现脱贫，并向全面小康大步迈进。退耕还林让双凤的山更绿，水更清；道路硬化让村民出行更方便，更卫生；路灯亮化，灯火通明，村寨夜晚更加美丽；古民居保护修旧如旧，更添古色古香。蜜蜂养殖、双凤茶叶为其重要产业，一批青壮年劳力外出务工，村民收入不断增长，乡村游开始兴起，到双凤旅游观光的游客日益增多。

进入 21 世纪，双凤村先后被授予“湖南省少数民族特色村寨”“湖南省省级文物保护单位双凤村古建筑群”“中国第一批传统村落名录”“湖南省少数民族文化传承示范基地”“中国少数民族特色村寨”“湖南省全国重点文物保护单位和省级文物保护单位集中成片传统村落文化遗产整体保护利用示范村”“中国历史文化名村”等称号。

双凤人坚持发扬“勤劳勇敢、舍得奉献”的优良品德，不断向贫困宣战，与困难斗争，取得一个又一个优异成绩。朝阳的双凤，明天一定会更加美好。

经济强村与新农村建设试点示范村

东岭村志概述①

一

东岭村位于陕西省宝鸡市，隶属金台区陈仓镇，处旧宝鸡县城东高地。当地方言将高地称为“岭岭”，故名东岭，又名“东岭上”。宝鸡古称陈仓，典故“明修栈道，暗度陈仓”的发源地。唐至德二年（757），“以昔有陈宝鸣鸡之瑞”而更名为宝鸡，沿用至今。东岭村始建于清末。清末，隶属宝鸡县宣明乡正己里。民国初年，隶属宝鸡县第二区。1933 年，村隶属宝鸡县正己乡联保。1939 年，村隶属宝鸡县陈宝乡，编为第九保一、二甲。1947 年，保甲整顿后编为第七保一、二甲。1949 年 7 月 14 日宝鸡解放，设立宝鸡市人民政府。东岭村隶属宝鸡市十里铺区。1951 年 4 月，改隶宝鸡市店子乡。1956 年 5 月，改属宝鸡市陈仓乡。1958 年，东岭村属陈仓人民公社联盟大队第六生产队。1959年后，先后隶属宝鸡市县功人民公社、红旗人民公社、金台区四季青人民公社、陈仓人民公社。1984 年，陈仓人民公社改设陈仓乡，联盟大队改设联盟村，东岭村为联盟村第六村民组（以下简称联盟村六组）。1999 年 7 月 26 日，经区政府批准，撤销联盟村六组，设立东岭行政村。

东岭村地处关中平原渭河北岸，地理坐标为北纬 34° 21′ 35″，东经 107° 11′ 55″。地质构造为陕甘宁台坳（旧称鄂尔多斯台向斜）与秦岭褶皱系之间的汾渭断陷，属渭河断凹地质构造单元。村原地形为南北长、东西低、中间高，俗称“驴脊梁状”。村地貌主要为渭河河床、河漫滩及渭河一级阶地。属大陆性暖温带半湿润半干旱季风气候，年平均气温 13.2℃，降水量 656.0 毫米，无霜期 213 天，年日照时数平均 1835.8 小时，适

① 选自陕西省宝鸡市金台区陈仓镇东岭村志编纂委员会编:《中国名村志丛书·东岭村志》，2017 年出版。

宜农作物生长。

建村以来，经历修筑西宝高速公路、城市化改革试验、“城中村”改造，村庄拆迁，村址三移。2016 年，东岭村地处宝鸡市区中心，交通网络密布，商业设施齐全。村东起宏文南路、石鼓隧道，西至冠森路，南临渭河，北至金台大道，总人口 778 人。东岭村委会驻东岭西路，陕西东岭工贸集团股份有限公司（以下简称东岭集团）总部驻金台大道。

二

清末民国初期，因生活所迫，村民移居渭河荒滩，建村创业。村民以百折不挠的精神，引渭水淤地、围河滩造田，屡遭水淹而不弃。迄至解放前夕，东岭村有耕地千亩，村民种粮种菜，维持温饱。村所种粮食有小麦、玉米、水稻、谷子、豆类，经济作物有棉花、蔬菜、油料作物等。滩地地力贫瘠，粮食亩产仅二三百斤，水稻抗水淹、耐盐碱的品种备受青睐。村民早期所种植的蔬菜、棉花、油料作物，仅供自家使用。在蔬菜市场需求的刺激下，村民参与蔬菜生产经营，引进蔬菜新品种，学习、积累种植经验，品种、产量逐年增加，成为宝鸡县城以东有名的“小菜园”。1949 年后，在中国共产党的领导下，贫苦农民分得土地，生产积极性大为提高。1956 年，东岭村以蔬菜种植为主，粮食种植降为次要位置。1966 年，转为蔬菜专业生产队，是宝鸡市蔬菜生产的主产区。1978 年，全村种植蔬菜 421 亩，总产量达 2128.2 吨，亩产量突破 5000 千克，成为东岭村蔬菜种植产量的历史最高年份。但在计划经济体制下，单一的传统农业产业结构，无法使东岭村村民摆脱贫穷的局面。

中共十一届三中全会以后，东岭村先后实行作业组联产承包责任制、家庭联产承包责任制，调动农民的生产积极性。蔬菜生产由国家计划管理、统购包销，逐渐演变为“大管小活”“指导性计划”，直至开放市场、产销见面。村民根据市场需求，安排蔬菜生产、销售，学习新技术，引进新品种，培育名特菜，错峰进市场，增加蔬菜的经济附加值，蔬菜生产再次跃上新台阶。1996 年，东岭村被规划为宝鸡市城市中心区后，蔬菜田陆续被征用为公路交通、企业单位、党政机关等建设用地，农业生产面临耕地减少、人口增加、经济效益下滑的困境。2003 年实施“城中村”改造，推行农村集体经济组织改股份制公司、集体土地改国有土地、村民改居民、村委会改居委会的“四改”改革。2006 年，东岭村进行“城中村”改造时，356.4 亩村集体土地已全部转为国有土地。农业生产在东岭村成为历史。

面对土地减少、人口增加的现状，市、区政府先后采取农业户口转为居民户口、征地代劳、征地补偿等办法，缓解人、地矛盾。东岭村认为只有发展经济、做大产业，才能从根本上解决村民的生活和出路问题，进而致富奔向小康社会。20世纪80年代，村组集体利用区位优势，发展二、三产业，开办机械加工、饮食服务等企业，吸纳农业劳动力，实行“自我发展”“自我安置”。但是，受小农经济的短视影响，截至1987年，组办企业除东岭铆焊厂外，都先后停业。只有从黑白铁加工部发展起来的东岭集团，在市场经济的波涛中搏击风浪，发展为“中国企业500强”之一，成为东岭村致富奔小康的厚重基石。

三

民国时期，村民就有人从事农业加工、商业经营。20世纪50年代，东岭村周围陆续开办多家企业，1003粮库、宝鸡机床厂更是与东岭村交错共存，村民深刻领悟到“无工不富”“无商不活”的道理。但在城乡二元体制的束缚下，东岭人只能扼腕长叹。改革开放后，村民解放思想，谋划发展村域经济，改变贫穷落后的局面。1980年7月，联盟六队成立联盟综合服务部，下设黑白铁加工部等小作坊式企业，显露工贸经济的曙光。正是这些不起眼的小企业，当年产值达1.5万元。1985年，黑白铁加工部发展壮大为金台区东岭机械铆焊厂。1988年7月，李黑记承包东岭机械铆焊厂，带领企业进入快速发展阶段。东岭村依靠中国共产党的好政策，利用地处城区的区位优势和方便快捷的交通，率先实现工业化、城市化，走上富裕之路。截至1995年，共有各类村办企业18家，年实现销售收入2.12亿元，利税296万元。1996年8月，以东岭机械铆焊厂为核心企业的宝鸡东岭集团成立。从此，企业走上“小加工起步，大流通发展”的道路。2000年6月，由酒泉钢铁公司、山西海鑫钢铁公司、东岭村村民委员会、略阳钢铁厂、东岭集团公司职工持股会等机构发起，设立陕西东岭工贸股份有限公司，公司股本总额5400万元。东岭集团进入“工业化扩张、资本化裂变”的跨越发展阶段，先后以租赁、参股、控股、收购等方式，重组、兼并多家经营困难、濒临破产的国有企业，安置国企职工上万人，为地方政府排忧解难，同时扩大集团产业领域，逐步涉足冶炼、矿业、贸易、地产、金融、投资等诸多行业。

东岭企业以“容天下人，干天下事”的博大胸怀，吸纳海内外优秀人才，共谋产业报国大计。集团建立严格、规范、科学、实用的管理制度，企业的产量、产值、营业收入、利税、固定资产等快速增长。2005年，东岭集团进入“中国企业500强”行列，此后连续12年跻身其中且位次逐步提升。“东岭集团”商标被认定为中国驰名商标，“建友”牌热轧圆钢和“东岭”牌锌锭获陕西省名牌产品称号。

改革开放以来，东岭企业实现了金属制品加工奠基、迈入流通领域、进入大工业的历史性大跨越。2016年，东岭集团拥有员工1.8万名，设有7个总公司，下辖分公司（子公司）92个。东岭村的发展过程是不断解放思想的过程，也是不断求实、创新的过程，更是不断追求卓越的过程。东岭富裕后，以感恩之心回报社会，投身社会公益事业和慈善事业，为贫困地区修路架桥、捐资助学、扶贫帮困、救助灾害、产业帮扶，捐款累计达3亿元以上。

四

东岭村依靠政策，抓住历史机遇，在村党委、村委会的带领下，彻底甩掉贫穷的帽子，村庄建设日新月异，村民收入大幅提高。1958年村民年人均分配115元，2000年年人均纯收入4261元，2016年年人均纯收入达9万元，走上共同富裕的道路。村民入住高档住宅小区，家庭资产超过300万元。村民多在东岭集团工作，除领取工资外，还有股息分红、集体分红、房屋租金等收入。村民生活发生质的变化，幸福指数逐年攀升。村民子女从幼儿教育到高中教育，均由村集体报销学杂费，并奖励考入高中、大学的学生。建立老年退养制度，使老人安度晚年。组建东岭演唱团、秦曲班、管乐队、秧歌队、舞蹈队、太极拳队，建立图书室、娱乐室、健身房，经常邀请省、市剧团演出，丰富村民文化生活，用优秀的文艺作品，陶冶村民情操。

经过多次改造建设，东岭村成为现代城市中的新型村庄，村民只是名义上的称谓。村民住宅宽敞舒适，小区绿树成荫、鸟语花香，村民在东岭和园游览，到渭河公园健身，登廊桥穿越古今。村庄周边高楼林立，街巷车水马龙，更有被誉为“西府的名片、宝鸡的浦东”的宝鸡中央金融文化商务区，203米超高建筑宝鸡国金中心A座、承载历史文化景观的东岭石鼓廊桥，成为东岭乃至宝鸡的地标性建筑。

村党委、村委会加强村精神文明建设，既考虑带领村民致富，更注重把村民带好。东岭村制定村规民约，开展“五好”员工、“三好”学生、星级文明户、“好婆婆”、“好媳妇”、健康老人等创优活动，树立学习追赶的榜样。同时，星级文明户等考核结果与经济利益挂钩，把精神文明建设落在实处，村民的思想道德水平不断提升。东岭集团创办报刊、网站、微信公众号，弘扬正能量，传递东岭情。在传统习惯、创新思维的双重熏陶下，东岭村村民风淳朴、勤劳向上，兼顾传统与时尚，正义、正气浩然，多年未发生刑事犯罪、治安案件。作为炎帝故里、青铜器之乡、周秦文化之乡，东岭村的风味饮食、婚丧礼仪、古寺庙会、岁时节俗、地域方言、秦腔秦曲，无不体现着秦风周韵，粗犷豪放、大气磅礴。

五

一个弹丸之地，村域经济持续、快速发展，村民早就步入小康，其原因就在于东岭村领导的思想革新与体制改革。

东岭村长期以来作为联盟行政村的一个自然村存在。随着企业的发展，在行政审批、劳力安排、土地使用、收益分配等方面遭遇旧体制牵制，影响村域经济发展。东岭村解放思想，探索创新体制，走适合自身发展的正确道路。早在 1995 年，东岭机械铆焊厂厂长李黑记当选为联盟村六组组长后，就试行“组企合一”管理，打破体制束缚。1999 年，撤销联盟村六组、设立东岭行政村后，李黑记高票当选为村民委员会主任，同时任村党总支书记、东岭集团董事长兼总经理，建立“村企合一、以企带村、共同发展”的管理体制，村庄、企业“一套班子、两个机构”，管理高效统一，化解村、企矛盾，东岭村走向共同发展之路。

东岭集团从黑白铁加工部起家，经 30 多年的奋斗拼搏，跻身“中国企业 500 强”行列，东岭村建成了“中国经济十强村”，为中国亿万名农民致富奔小康树起标杆。伴随着改革开放的东风，东岭村实现了由传统农业向新型工业化、由农村向城市化、村民由农民向产业工人的巨大转变，经历一场依靠产业脱贫致富、创造福祉的革命，走出一条适合自身发展的新型产业化强村富民之路。东岭的发展是一个不断解放思想的过程，也是一个不断创新的过程，更是一个不断追求卓越的过程。这个过程对于发展中的东岭来说，永无止境。

征途遥远，前程似锦。勤劳勇敢的东岭人民，在全面建成小康社会道路上，谱写了美好壮丽的新篇章。

在改革中腾飞的王兰庄村①

美丽花园 宜居村庄

20世纪80年代前，王兰庄与周围村庄一样，房屋低矮老旧，街道布局不合理，基础设施落后。90年代初，村中开始整修干路，铺设柏油路，修建水泥路，硬化全部路面；修通覆盖全村的供电、给水、供气、供暖和照明线路，村民生活条件得到改善。周边村庄进行平房改造之时，王兰庄村不急于跟进，而是要“一步到位”——建设一个几十年不落伍的社会主义新农村。王兰庄在西青区政府和李七庄街道办的推动下，被列为全市新农村建设试点单位，在各相关部门的帮助指导下，按照市政府主导制定的《王兰庄村旧村改造规划方案》，开始进行平房改造工程。

村庄的改造经过三个阶段。前期尝试性改造的楼房，成为村庄平房改造的范例，为一期工程。1999年年底，完成村北平房拆迁。2000年年初，王兰庄花园二期工程开工，对村南平房进行拆迁，于年底前完成主体建设。2005年，三期工程启动，完成村西项目地勘探、设计、打桩及小区绿化工程。2006年，完成多栋住宅楼建设，进行住宅区环境绿化和中心体育场设施建设。2007年，完成最后一批住宅楼主体建造和装修工程，对规划区内高压线路进行拆除。2008年，总投资9500万元的三期工程全部竣工。对中心公园进行改造，对楼房进行粉刷。2009年，进一步完善小区环境建设，完成路、气、水输入工程和有线电视、网络安装工程。2010年，高层底商房、地下车库建设竣工。2011年，对小区公园、河道亭水台进行绿化改造。至此，平房改造和环境提升工程全部结束。

新建成的村庄被命名为王兰庄花园。花园呈等腰梯形，总面积26.5万平方米，住

① 选自天津市西青区李七庄街王兰庄村志编纂委员会编:《中国名村志丛书·王兰庄村志》，2017年出版。

房面积18.9万平方米，全村720户、2216人全部居住在内。花园造型别致，具有当代欧洲乡村风貌，“居地是花园，进村见广场，高台出水榭”，“步步有景、四季有绿、三季有花”，富有江南水乡的韵味。2012年，在“天津市美丽乡村”评选中，王兰庄花园以总分第一获“天津市美丽乡村”称号。2016年，又被评为“天津市美丽宜居村庄”、国家AA级旅游景区。

转型第三产业　实现城市化经济跨越

天津市津兰集团公司（以下简称津兰集团）是王兰庄经济发展的平台。前身为1984年成立的津兰实业开发公司。开发公司成立的当年，建立起最早以“津兰”为名的村轧钢厂，其后相继有拔丝厂、化工厂、电器厂和仓库等成为津兰名下企业。1989年，公司更名为“天津市西郊区津兰企业有限总公司”，有下属企业10个。1993年，再更名为“天津市津兰企业总公司”，有下属公司7个、企业42家。是年，市政府批准组建“天津市津兰集团公司”。天津市津兰集团公司属于村集体企业，注册资金6800万元，总资产26.8亿元。1995年，入选农业部“全国乡镇企业集团”。2009年，被第六届PECC国际贸易投资暨国际生态城市建设博览会组委会评为“中国城市开发杰出贡献企业”。

集团最初经营领域涉及制药、化工、运输等行业。成立总公司后，具有统领全部村办企业的职能。经营范围扩展到钢及有色金属压延加工、钢丝制造等多个行业，同时经营公司成员企业自产产品及相关技术的出口。20世纪八九十年代，集团下属企业创造多个质量好、信誉高的名优品牌，其中一些产品获得天津市级和部级优秀产品证书。这些企业给王兰庄村带来可观的经济收入。

进入21世纪，津兰集团抢抓先机，果断调整产业结构，关闭污染大、科技含量低的化工企业，转型为第三产业。涉及化工、冶金、电缆线材、中西制药、金融投资、房地产开发等领域，引领天津西南部现代物流、专业市场商贸群，构成多元化产业结构模式。2016年，津兰集团拥有津兰国际商贸中心有限公司等合资、独资企业十余家，参股企业5家，总资产60亿元。王兰庄成为闻名遐迩的商业地产开发地和商品集散地。

铭记初心　用“一二·九”精神激励后世

王兰庄是1935年一二九抗日救亡运动后，天津学生运动的主要义务教育点。在中国共产党的领导下，天津市各大学和中学的学生以王兰庄等郊区村庄为对象和阵地，开展义务教育，进行抗日救亡运动宣传，发展党组织。作为主要义务教育点，王兰庄在抗日救亡运动中，产生多名共产党员，组建天津市南部第一个农村党支部。在义务教育中，进步学生也在斗争中成长，不少人后来成为党和国家高级干部。

为纪念那场轰轰烈烈的抗日救亡运动，激励后人，在当年义务教育学生的倡议下，中共天津市委、市政府于1985年在王兰庄修建“天津学生抗日救亡义务教育点陈列馆”，在当年演出抗日救亡运动戏剧的土台子上设立纪念碑。后陈列馆更名为“天津学生抗日救亡义务教育点纪念馆”，被认定为天津市青少年爱国主义教育基地。2003年，王兰庄专门建造了一幢三层的别墅，作为一二·九抗日救亡运动纪念馆，经市文物局批准更名为“天津‘一二·九’抗日救亡运动纪念馆”。新馆建筑面积400平方米，是一座砖混结构的厅堂，展室内陈列照片、图表，以及有文物价值的报刊资料、实物、老同志的回忆文章和部分音像资料。

2003年12月9日纪念馆建成，来自京津冀等地机关、学校和军队的白发老人与莘莘学子聚集在馆前，隆重纪念“一二·九”抗日救亡运动68周年。后每逢“一二·九”纪念日和建党日、中华人民共和国成立日、青年节和儿童节等重要节日，前去参观者络绎不绝。一些单位党团组织、各大院校组织学生在馆内进行研讨，上党课、团课，进行入党、入团宣誓。至2016年，参观群众超过15万人次。

该馆是全国唯一的“一二·九”抗日救亡运动纪念馆，已成为天津市AA级红色爱国主义教育基地。

文化筑平台　书香满园中

在美丽村庄居住的王兰庄人深知：富裕后，与其给儿孙留下万贯家产，不如留下更加宝贵的精神财富，培养他们好的品质，使之有不断开拓进取的创业精神和成事能力，才能使王兰庄花园之花常开不谢。而达到这一目的，除了自身做好榜样外，让他们读书是最好的途径。于是，深思远虑的王兰庄人将目光投向祖祖辈辈缺少的文化建设上，建造一座大的图书馆，用阅读、书香来提高和熏养后代的素质、品位和才能。在党支部领导班子看来，这才是村庄长久发展的根本大计。

2005年，村里决定把一幢建筑面积360平方米的单体别墅改建成村民图书馆，投资30万元购置书架、桌椅、电脑和图书，在市和区图书馆帮助下，进行布局排列，对管理人员进行培训。图书馆建成后，每年投入3万元购书经费，由天津图书馆进行业务指导，制订相关规则，配置新书，提供图书馆管理软件，配置 IC 卡借阅证，与市图书馆通借通还，初步实现自动化管理。2016 年，村民图书馆拥有藏书 3 万余册，为市属图书馆下设的全市最大、最先进的村级图书馆。图书馆每 3 个月更新图书 500 ～ 800 册。

村图书馆建成后，长期对村民开放，设两名专职管理员，成为喜爱读书村民的好去处。村党支部一班人不仅带头读书，还先后开展“治家格言进万家”“我喜欢的一本书”“我的读书心得”“读书分享会”等活动，让书籍走进村民生活，培养他们的阅读习惯。

至 2016 年，村民累计借阅图书达 6.5 万人次，大大丰富了王兰庄人的业余文化生活，让世代与土地打交道的农民在浸满书香的园地中尽享文化食粮。

富足生活　和谐社会

集体经济发展后，村民的物质生活水平大幅提高。迁入王兰庄花园后，村民的生活环境优雅，收入稳定，享有保险、住房等项福利，文化生活丰富多彩，步入高生活质量和高幸福指数的新时代。

最早使村民得到基本生活保障的是实行退休补助制度。这项自 20 世纪 80 年代初的规定，虽早期数额低，但能为老年和无生产能力的人提供最基本的衣食保证。随着经济的发展，退休金逐年提高。进入 21 世纪，未参加社保的退休老人每月可得到 1000 元以上退休金，保证退休老人能过上正常生活。2009 年起，为退休老人发放一次性补贴和一次性退休补助，退休金提升至每月 1706 元。花园三期建成后，为老人制定福利分房政策，免收物业费、发放取暖费。2016 年，增加旅游补助和春节补助。单这两项，每名老人一年就可得到 9000 元补助。

为保证村民不致因病返贫，王兰庄统一缴纳城乡居民医疗保险费用，实行重症大额医疗救助政策，大幅度提高救助比例。村民因病住院所产生的医疗费用，除医保统筹支付和区街大额救助外，村集体给予 90% 的补贴。

王兰庄还对接受文化和专业教育的学生和村民给予特别鼓励，除五年级以上学龄段学生逐级发放递增的助学补助外，村民主动参加各种专业学习并取得毕业证书的，为其报销全部学费。

2016 年，王兰庄固定补助有生活补助、退休人员旅游补助、春节补助、取暖补贴、免交物业费、计划生育补贴 6 项。村民按规定享有村医疗、教育、退休的补贴和社会统筹的各项福利待遇，其中退休老人每人每年享有福利 2.62 万元，其他村民人均享有各类补贴 1.68 万元。全村人再无生活和养老之忧，成为花园小区中闲适富足的新型居民。

传承漕运史　谱写新华章①

高碑店村，位于北京市东长安街延长线南侧，通惠河畔，距天安门 8 千米，辖区面积 2.7 平方千米。

高碑店村是首批全国社会工作服务标准化建设示范社区、全国民主法治示范村、全国绿色小康村、全国创建文明村镇工作先进村镇、全国三八红旗集体、全国交通安全文明示范村、全国示范社区卫生服务中心、全国农业旅游示范点等，还是首批北京市最美的乡村、首都文明村、首都平安村、首都文明示范街、北京市卫生村、北京市思想政治工作优秀单位等。

高碑店村是历史悠久的千年古村，早在辽金时，即已形成。据宋人洪皓《松漠纪闻》记载，郊亭（今高碑店）草肥水美，先民依水而居。高碑店的兴盛也与这一湾河水息息相关。元代时，水利专家郭守敬修成与京杭大运河连通的漕运河道，元世祖忽必烈特赐名“通惠河”。高碑店村地处通惠河边，郊亭闸就在村内。史料记载，通惠河诸闸曾更改名称，“其西城闸改名会川，海子闸改名澄清，文明闸仍用旧名，魏村闸改名惠河，籍东闸改名庆丰，郊亭闸改名平津，通州闸改名通流，河门闸改名庆利，杨尹闸改名博济”。由此可知，高碑店又即平津闸之所在。高碑店村的命运自此与京杭运河紧密联系一起。元朝定都于大都（今北京）之后，由于皇城建设的需要，大批木材在此周转。高碑店村成为珍稀木材聚集地，更是皇粮商品集散地。当其时也，沿河两岸，商铺毗邻，车水马龙，商贾云集，人声鼎沸，一派繁荣景象。古老的大运河带给这个古村空前的兴旺与辉煌。明清两代，漕运兴盛，高碑店村也因地处码头而商业发达，繁荣

① 选自北京市朝阳区高碑店村志编纂委员会编：《中国名村志丛书·高碑店村志》，2017 年出版。

兴盛。

因河而兴，亦因河而变。清朝末年，高碑店村的命运迎来了一次巨大转折。清光绪二十六年（1900），运营千年的漕运彻底退出历史舞台，高碑店村遭受有史以来最重的一次打击。时变人也变，面对漕运停止的商业衰退，高碑店村人没有气馁，没有放弃。靠水吃水，他们利用水道附近的土地开挖鱼塘，养鱼卖鱼。一时间，高碑店一带处处是鱼塘，户户以渔为生。渔业兴盛的时候，京城四处的渔行，都有高碑店人在经营。直至20世纪60年代农业合作化时期，高碑店村尚有200余亩鱼塘。2000年，村里鱼塘被填平盖房，养鱼业才最终消退。

有消则有长，有去则有生。改革开放以来，尤其是进入21世纪，在党中央、国务院有关农村建设的一系列新理念新思想新战略的指引下，高碑店村创新强农、协调惠农、绿色兴农、开放助农、共享富农的新征程也由此开启。高碑店村在国家政策的引导下，通过自身努力，实现了根本性变化，迈上了新农村建设的新台阶。

20世纪90年代起，随着北京市总体规划的调整、朝阳区农村城市化进程加快及国家和市重点工程建设加快，高碑店村原有2300亩耕地大部分被陆续开发征用，纳入北京市整体规划之中。随着农村城市化深入推进，绿化隔离带建设、土地使用、拆迁腾退、转居转工、劳动就业、社会保障等问题日益突出，高碑店全村经济建设似乎陷入困境，变成一个“叫农村无农业，称农民无耕地，农转居无工作”的“三无”村。穷则变，变则通。关键时刻，高碑店村人紧扣时代脉搏，勇当时代弄潮儿的精神又发挥了主要作用。高碑店村按照上级要求，在高碑店乡党委、政府的正确领导下，结合自身资源禀赋，明确发展方向，挖掘发展潜力，转变发展方式，解决生产生活问题。村党总支审时度势，齐心协力，视挑战为机遇，把压力变动力，凭着一股子拼劲儿，经过几年不懈努力，逐渐探索出一条建设社会主义新农村的路子，带领村民走向共同富裕，在经济上、文化上走出一条城乡接合部的特色发展之路，把高碑店村建成“发展有后劲、人人有事干、生活有乐趣”的“三有”村。

挖掘文化底蕴，打造古典家具文化产业，是高碑店村人挖到的第一桶金。晚清时期，随着漕运的衰退，高碑店村作为珍稀木材聚集地的地位早已荡然无存。然而，这段记忆却成为高碑店人的重要财富。高碑店人坚信，高碑店村作为千年古村、漕运码头，文化积淀深厚，又与木材有着不解之缘，如果发展古典家具行业，定能云集各地古典家具商人。2003年6月，高碑店村党总支决定将古典家居行业进一步打造升级。村委会经过统一思想和科学论证，确定大力培育发展高碑店古典家具一条街，推动经济快速发展的思路。2003年10月11—19日，高碑店村举办了首届古典家具展示会。之前只有二三十家商户自然形成的古典家具一条街，2003 年年内，入驻商户就达 202 家。为推动古典家具街的发展，树立高碑店古典家具大品牌，村党总支对“村名、标识、宣传口号、经营思想、解说词、灯饰、服饰、牌匾”八项内容进行统一规范，先后成立“北京通惠高碑店古典家具有限公司”“古典家具行业协会”，并提出“旧的是珍品，新的是精品”的诚信经营理念。2005 年 12 月，高碑店村古典家具一条街被北京市商务局确定为“市级特色商业街”。经过不断发展和完善，高碑店村已形成一个集加工、展示、展览、销售、仿制、修复于一体的古典家具集散地，并将中国的古典家具远销到欧美、东南亚等地区。与此同时，高碑店村也成为朝阳区首批认定的文化创意产业聚集区。截至 2015 年，这一产业聚集区已经拓展成“三街、两区、一园”的发展格局，即古典家具老街、古典艺术新街、水乡茶楼一条街，国际民俗旅游接待区、医药批发物流区，以及华夏民俗文化园。2016 年年初，高碑店村以“古典中式、国风文化，传承有道、泽施乡邻，利在当今、永惠后代”为理念，对古典文化产业进行统一规划、统一设计和整体改造提升，融入“汉唐明清、东西南北、小桥流水、花香草绿”的文化元素，综合提升古典家具街和国粹艺术区的整体形象和产业潜力，重塑古典家具特色产业在村内的龙头地位，使古典家具街和国粹艺术区成为引领全村文化产业发展、带动旅游产业扩规模上档次的示范产业新社区。高碑店村已经出现了“化蛹成蝶”般的蜕变。截至 2016 年，已有 400 余家特色古典家具商户落户古典家具街。

整治环境，促进文化产业持续发展和升级。高碑店村人深知良好的卫生环境和人文环境是促进文化产业向纵深发展的基础。环境整治最大的难点是治理通惠灌渠。当时，全长 1500 米的灌渠两岸，杂草丛生，垃圾成山，污水横流，到处是临时建筑，还有 390 余个坟头，被称为高碑店村的“龙须沟”。在这种情况下，村党总支迎难而上，团结一致，于 2003 年 12 月，打响治理通惠灌渠第一枪。工程整整历时 100 天，完成了对灌渠北岸的整治绿化；对灌渠两岸的坟头创造性地实行“以树代墓”。全村还进一步建成内含“芦香苇岸、荷塘月色、垂钓区、停车场、健身休闲区”五大板块的湿地公园。公园里，河水清澈，绿树成荫，鸟语花香，空气清新，乡土气息浓郁，是村民休闲的好去处。有优美的景致铺垫，灌渠南岸的漕运餐饮文化街工程方得以完全展现。

凝聚民俗文化力量，展现农民风采。高碑店村依水而生，漕运文化在这里打下深深的烙印，而今更显得生机勃勃。娘娘庙、朝阳庵庙、龙王庙、将军庙、五帝庙等庙宇，高碑店村铭碑址和平津闸都矗立在这里。随着村容村貌和投资环境的改善，文化产业快速发展，形成了浓郁的民俗文化氛围，高碑店村深入挖掘千年古村的文化底蕴，进一步展现当代农民风采。2003 年年初，恢复了具有百年历史的高碑店漕运庙会、高跷会，成立秧歌队、小车会等20余支共600余人的文体队伍。作为非物质文化遗产——“高跷秧歌”的表演团体高跷老会和少儿高跷队更是多次走出国门，到伦敦、悉尼和洛杉矶等地一展风采。高碑店村成为国际旅游文化节分会场，成功举办“华夏民俗文化节”“使节夫人活动日”“端午民俗节”“中元河灯节”等活动。借助深厚的文化底蕴，国际民俗旅游接待工作在高碑店村悄然兴起。在挖掘和传承千年古村历史文化过程中，随着华夏民俗园的建成，一个非物质文化遗产的聚集地也随之形成。全村统筹安排，相继建成了高碑店历史文化漕运码头游览区、中国古典家具艺术文化游览区、老北京民俗文化游览区、国际民俗旅游接待区、国际中医药港交易区，打造了以村史博物馆、郭守敬塑像、码头遗址等为主的漕运码头游览线，以古典家具一条街、灌渠美景“五闸景观”、水乡茶楼一条街等为主的古典家具艺术文化游览线和以中原文化展示中心、中国科举匾额博物馆、华声天桥、华夏民俗园等为主的老北京民俗文化游览线，共同建设古典家具文化名村，实现高碑店村新的跨越。2005年4月，高碑店村被北京市旅游局定为“国际民俗旅游接待村”，充分展现了高碑店村民良好的精神风貌和生活状态。

以党建为引领，统筹协调发展是高碑店村持续发展的不竭动力和源泉。村党总支以治理脏乱为突破口改变村容村貌，依靠古典家具产业突破发展瓶颈，决战灌渠唤醒千年古村，多管齐下解决村民就业保障难题等，对党员干部实施“定职、定责、定岗、定薪”考核办法，制定“三情一公平”制度，即“对待工作有激情、对待群众有热情、对待家人有亲情，处理群众问题要公平”。做到“三个坚持”，即“坚持制度管理人、坚持制度监督人、坚持制度考评人”，矢志不移形成共同理想，分析形势确立共同目标，迎难而上，化挑战为机遇，变难点为亮点，在农村城市化的夹缝中闯出一条科学发展之路。同时，坚持挖掘历史文化，发展历史文化，亦走出了一条文化产业促发展、文化活动促稳定、文化氛围促机遇的社会主义新农村建设之路。社会管理方面，按照城乡统筹发展的要求，在各级领导和部门的大力支持下，高碑店村以旧村改造为契机，不断创新，依靠群众，尊重民意，走协商共治之路，形成和谐氛围，认同发展道路和前景，彻底解决了观念陈旧、环境脏乱、治安混乱的局面，走上共同富裕之路。

看今朝，多风流；展未来，无限情。高碑店村因水而得灵秀，因水而得聪慧，因水而得柔美，因水而得久远。新一代有文化、有理想、有朝气的高碑店村人，正以更加崭新的面貌，谱写高碑店村发展新篇章。

中华梨村——黄瓜山村 ①

黄瓜山，位于重庆市永川区南郊，其境北至巴渝，南系川蜀，因俯瞰山体细长，植被茂密，形似黄瓜而得名。

黄瓜山村地处黄瓜山山脉中段，历史上曾称文峰场、文峰乡、黄文乡、黄瓜山镇。2004 年 6 月，永川区村级建制调整，更名为黄瓜山村。隶属重庆市永川区南大街街道，距永川城区 7 千米，距重庆主城区 63 千米。面积 20.08 平方千米。有村民 2025 户，6555 人。一个昔日的贫困村，因发展梨产业声誉鹊起，因发展乡村旅游而全国闻名，博得“中华梨村”之美名。

解放前，黄瓜山村穷乡僻壤，坡多地少，土质贫瘠，水源匮乏，道路不畅，坡多路陡，进城只有一条石板路。砍柴是唯一的挣钱之道，村民生活艰苦。民谣“火烧庙、猫儿沟，治安不好人担忧，白天怕匪抢，夜晚怕盗偷”“黄瓜山是匹坡，土多田少石头多，嫁出去的是黄花女，娶回来的是老婆婆”“有女莫嫁黄瓜山，一年累到头，无吃又无穿”“有女不嫁上坡，红苕打烂锅”是对黄瓜山村过去生活的真实写照。

中华人民共和国成立初，村里办起互助合作社，村民劳动积极性空前高涨，但遇到天干地旱的自然灾害，只能靠“观音土填肚子，水葫芦当饭吃”。有人扒火车到邻县买回烂红薯片，都会成为村里了不起的“头条新闻”，让大家羡慕不已。1957 年，黄瓜山村有了第一条通往城区的公路。1962 年，通了客车。至 2016 年，黄瓜山村有省道潼泸路 S445 线（原永泸路）和 36 条横线道路构成的“一环三纵”交通网络，实现社社通公路、户户通人行便道。

发展梨园，是几代黄瓜山人的艰苦努力。100 多年前，黄瓜山上就有村民在自家房

---

① 选自重庆市永川区南大街道黄瓜山村志编纂委员会编:《中国名村志丛书 · 黄瓜山村志》，2018 年出版。

前屋后种植梨树。那些口感粗糙、味甜酸、适口性差的“疙瘩梨”，供村民自家食用。20世纪70年代，引进苍溪雪梨、日本沙梨等品种，因抗病力弱、管理不易、产量不高、口味偏酸、果形不好，不被市场接受。20世纪90年代，永川市统一规划在黄瓜山沿线建永川“百里优质水果长廊”，大量种植梨树，并组建科研基地，针对黄瓜山地理条件进行品种选育，最后选定黄花梨为主栽品种。黄瓜山村为永川“百里优质水果长廊”核心区，全村种上了梨树。经多次品种改良，黄花梨品质不断提升，农民收入也因此不断增加。2016年，全村梨销售收入1560万元，农民人均纯收入18036元。

忽如一夜春风来，千树万树梨花开。成片的梨园就是黄瓜山人发家致富的希望。1999年开始，黄瓜山村年年举办赏花节、梨子节：阳春三月，黄瓜山上百里长廊梨花盛开，万顷花海美不胜收；盛夏七月，黄瓜山村梨果满枝头、瓜果飘香，每年都吸引游客纷至沓来，赏花踏青，畅游梨园，看花开花落，品梨村美食。赏花节、梨子节极大地提升了黄瓜山村的知名度和美誉度。2012年，黄瓜山梨获国家工商行政管理总局商标局颁发的地理标志证明商标，正式成为受国家法律保护的地理标志产品。黄瓜山梨独特的成熟期（7—8月）和优秀的品质，填补了西南地区伏天水果淡季市场空白，成为种梨人的“摇钱树”、世人的“口中福”。全村的黄花梨产品供不应求，果农收入不断增加。截至2016年，全村年收入10万元以上的果农有30余户，年收入5万元以上的果农有100余户。

梨园给村民带来了最直接的实惠，但如何发展是摆在人们面前的一个现实问题。2006年4月23日，国务院总理温家宝在重庆市委书记汪洋、市长王鸿举等陪同下视察黄瓜山，指出黄瓜山要大力发展乡村旅游，促进农民增收致富。黄瓜山村从此以“中华梨村”的崭新形象，步入“现代农业＋乡村旅游”快速发展时期。

发展乡村旅游，从单一的农家乐转向现代观光农业、休闲度假、养生养老、康体健身等多元化发展。

发展乡村旅游，黄瓜山村自有深厚的根基。自古以来，这里人杰地灵、山清水秀，孕育出象鼻嘴、狮子岩、桃花源等风格迥异的自然景区，充分显示出大自然的伟大力量和神奇造化。黄瓜山自然风光旖旎，农业园区众多，有遗址遗迹6处、奇石岩洞6处、旅游景点20余处。

发展乡村旅游，黄瓜山村注重培养文化之魂。2006年，黄瓜山村修建“中华梨村”牌坊，建造文化广场，以黄瓜山村6万亩梨园为依托，规划面积6.5平方千米，核心区面积3.6平方千米；打造以梨文化和乡村文化为内涵的乡村旅游项目，设置旅游线路6条，编写旅游景点推介图书《神奇黄瓜山》，创作以歌颂黄瓜山村自然风光和富裕生活为题材的村歌——《黄瓜山村之歌》；组织文艺工作者到此采风，多次接待省、市级电视台、剧组到此采访报道，进行创作，留下大量诗词歌赋和影视作品。

发展乡村旅游，黄瓜山村更出大招实招。经过认真考察、科学定位，黄瓜山村制定了“大集团 + 大集体，村企互动”“一产业 + 三产业，产业联动”的新农村建设路子，加快土地流转，走规模化生产、集约化经营路子。到 2016 年，全村共流转土地 6600 余亩，建设生态观光园区 10 个，扩大了全村旅游观光规模。为加快乡村旅游发展，村自筹资金和招商引资，打造辖区内自然景点 20 处，配套完善道路、停车场、公厕等基础设施，建成建工农庄、廖氏好客山庄、桃花源山庄等 46 家农家乐及旅游接待单位。在乡村旅游示范区，开展杀年猪、吃猪斋饭、推磨、农耕体验等活动；在大自然观光带，游客可以了解黄瓜山植被，亲手采名贵药材铁皮石斛，猎野猪、野兔、野鸡，回归自然，享受自然赋予的乐趣；在特色农产品区，游客还可品尝大米饭、梨酒、皂角刺炖老鸭汤、春笋炒腊肉、沮水豆花、清明菜粑、浑水粑等美食，采购黄瓜山梨、生姜、萝卜、川东花生、茶籽油等土特产品。车辆如流，人流如织，家家有花，户户有果，村里村外一派生机勃勃的景象。黄瓜山村已成为休闲观光、旅游度假、体验农家风情的好去处。

发展乡村旅游，给农民生活带来巨大变化。20 世纪 80 年代，村民人均年收入仅有 280 元。2016 年，村民的人均年收入已达到 18036 元，增长 60 多倍。村民衣食住行都跟上了时代发展的步伐，乡村公路纵横交错、四通八达，社社通公路，家家通人行便道。自来水、天然气、家电、轿车也进入村民家庭。黄瓜山村还通过实施道路硬化、村庄绿化、庭院美化、家中亮化、卫生洁化、环境卫生整治等活动美化村内环境，先后建起休闲广场，安装了太阳能路灯。黄瓜山村被评为重庆市生态卫生村、全国生态文化村、全国文明村镇。村里还组建了阳刚、山妹子、秀秀 3 支志愿者服务队，375 名志愿者常年参与志愿服务活动。

十年磨一剑，黄瓜山村赢得各方赞誉。紧紧依托全村优美的自然景观、丰富的梨树资源、多彩的生态观光农业，黄瓜山村谱写了乡村旅游的华美乐章。一是当地游客喜欢。2008 年，“中华梨村”被重庆市评为重庆市十大乡村旅游景区，形成了春可赏花、夏可露营、秋可采果、冬可观雪，一年四季万千美景的乡村旅游新格局，单日最高接待游客 8 万余人次，年平均接待游客 60 万人次。2015—2016 年，黄瓜山村被重庆市推荐为“非去不可的赏花乡村旅游地”。二是外地来宾赞扬。黄瓜山村曾接待农业部部长以及外省市考察团考察调研。坦桑尼亚副总统、赞比亚农业部部长、联合国官员以及日本、新加坡农业考察团等外国友人先后到黄瓜山村参观考察并给予高度评价。三是各方关注。2014—2016年，黄瓜山村先后被国家旅游局命名为全国农业旅游示范点，被科技部命名为国家新农村建设科技示范村，被中国生态文化协会命名为全国生态文化村，被中央精神文明建设指导委员会命名为全国文明村镇。

未来，黄瓜山村将围绕乡村旅游、现代农业抓发展，促进富民增收，改善人居环境，建设成为生态环境优美、村民安居乐业、美丽宜居的新农村，成为“人人都想去，去了还想去”的地方。

梨园深处景更幽，中华梨村醉游人。黄瓜山村这颗“乡村旅游”的新星，一定会放射出更加绚烂、更加迷人的光芒。

其他特色村

梦里画乡　金山农民画的发源地①

中洪村由步石、杨进浜（杨俊浜）、横埭佬、荷英荡、洪泾浜、中圩村6个自然村组成，其村名取自中圩村、洪泾浜两个自然村的首字。中洪村位于沪浙两省市四区县的交界处，长期受吴越文化与海派文化的熏陶，在中华文明的发展历程中贡献了独具特色的金山农民画。

中洪村地处太湖流域，数千年前是泥淖之地，湖泊众多，河流纵横，先民们在此打鱼狩猎，锄月耕云，遍垦沼泽之地，终成鱼米之乡。明清至民国时期，中洪村以农耕经济为主，村民们过着日出而作、日落而息的生活。解放后，特别是改革开放以来，中洪村注入新的活力，农业、副业、工业及旅游、文化、社会各项事业全面发展。水魂增长灵光，文脉人脉相济，村民们亦工亦农，善画能文，丰衣足食，过上了小康生活。

中洪村四季分明。当春绿江南之时，这里“细雨鱼儿出，微风燕子斜”（唐杜甫《水槛遣心二首》），每一个角落都是一派烟柳笼翠的迷人景致；夏天，这里荷叶青翠欲滴，荷花淡淡的清香，淡淡的红，仪态万方，与宋代诗人杨万里诗句“接天莲叶无穷碧，映日荷花别样红”的描绘如出一辙；秋天，这里流淌的是渐渐成熟的高贵，稻田金黄耀眼；冬天，池塘结冰，野天鹅如约而至，偶尔下一场大雪，田野村庄粉妆玉砌，如梦如幻。

中洪村晴日蓝天白云，雨天静动相宜，雾境缥缈隐约，夜晚皓月静谧，古往今来，许多文人墨客对中洪村的四季田园风光，绿肥红瘦，云卷云舒，留下了众多诗文图画。最著名的有北宋名士陈舜俞的《骑牛歌》，清代枫泾词人陈祁和沈蓉城的《竹枝词》中亦有多首是写中洪村的。当代著名画家韩和平在散文《吴根越角话流年》中感叹：“江南

① 选自上海市金山区枫泾镇中洪村志编纂委员会编：《中国名村志丛书·中洪村志》，2017年出版。

水乡独有的景观美不胜数，古人《桃花源记》也不过如此！”上海一些诗人到中洪村采风，以荷风嬉鱼中的荷为题材，写下了十几首诗词。中洪村的农民画画家们则以画寄乡情，用自己的笔描绘着家乡一年四季的风光。

中国历史文化名镇枫泾，是一个拥有千年文明历史的古镇。物华天宝，人杰地灵。下辖23个行政村，中洪村便是其中之一。中洪村虽地处古镇西北一隅，但这里乡贤名士辈出。早在北宋时期，就有在枫泾历史上极具影响力的陈舜俞，骑着牛犊往来于白牛塘上，播撒文明的种子。明代郁衮，在江南文坛享有较高的声誉，与江南四大才子之一的唐寅为好友。他应嘉善县令之邀，参与编纂嘉善第一部地方志书《正德嘉善县志》，并撰写了跋，之后又参与编修《嘉靖嘉善县志》。明代郁应元，嘉靖四十三年（1564）举人，学者、诗人，官至黟县（今安徽省黟县）县令。清代张定楷，一生酷爱书法，尤工楷书，80岁时还能书写蝇头小楷，入选《中国美术家人名辞典》[①]。清末民国初，陈求是在枫泾南镇创办枫泾义务初等小学，并担任北镇详通初等小学校长，为地方教育事业作出了贡献。朱辛岩在第二次国内革命战争时期曾为中共枫泾区委委员。当代，乡村名医唐栋梁荣获中国优秀乡村医生称号。农民画画家群星闪烁，有被誉为“金凤凰”的曹金英、陈芙蓉，被评为全国十大优秀农民画家的曹秀文，被称为农民画坛“二乔”的陈修、陈惠芳姐妹花及“陈氏之杰”陈富林、陈锦祥、陈卫雄兄弟三人，个个身手不凡……

在中洪村，乡土文化散发着泥土的芬芳，印染、刺绣、木雕、剪纸、灶壁画等古老艺术代代相传。20世纪中叶，中洪村一些美术爱好者，以江南水乡多姿多彩的生活、生产习俗和热火朝天的劳动场景为题材，进行美术创作。后经名家指导培养，在中洪这块土地上诞生了民间艺术奇葩——金山农民画，并涌现出了上百位农民画作者，成为金山农民画创作队伍中的“半壁江山”。

70年代，英籍华裔女作家韩素音预言：“金山农民画有着江南民间艺术的独特风味，也适合西方人返璞归真的审美情趣。如出国展览，定能成功！”历史的底片与现实的画面交叠，印证了这位国际名人的预言——金山农民画的高峰如期而至，不断走向全国，走向世界。1980年，上海金山农民画展在北京中国美术馆开幕，轰动京城。是年，金山农民画展首次走出国门，在比利时布鲁塞尔世界博览会展出，大获成功，被誉为中国最优秀的民间艺术。2015年10月4日，中共中央政治局常委、全国人大常务委员会委员长吴邦国考察中国农民画村时，欣然挥毫题词：“金山农民画名扬天下。”2006年2月，

① 俞剑华著，上海人民美术出版社1998年版。

《党史信息报》将金山农民画与黄河、长城、大熊猫、兵马俑、皮影、京剧脸谱、剪纸、国画、杨柳青年画同列为十大“中国元素”。曹秀文的《渔家乐》，美国前国务卿基辛格称其“构图巧妙，一个小池塘就是地球村，一张渔网就是互联网，把全世界的人联在一起了”。是年10月，金山农民画在上海外滩18号举行盛大的精品回顾展，文化部部长孙家正参观了展会，赞誉金山农民画为“中国的毕加索”。是年11月，中洪村荣膺“中国十大魅力乡村文化产业奖”，其颁奖词写道：“……一群农民，一个村庄，让世界为之惊叹！”

因金山农民画发源于中洪村，2006年，枫泾镇在中洪村建立了集农民画创作交流、销售和旅游观光于一体的金山农民画村。农民画村由几十栋复古的江南老式民居组成，配以小桥流水、水车草棚、菜园、鱼塘、农家铺子、打谷场等典型的江南农村景物，颇显古朴幽静。中洪村拥有“海纳百川、追求卓越、开明睿智、大气谦和”的上海精神。金山农民画村升格为中国农民画村后，先后有吉林东丰、陕西户县、山东日照、云南腾冲、青海湟中、江西永丰、江苏邳州、湖北黄州、辽宁金州、天津杨柳青等地农民画家入驻，使农民画村一跃成为全国农民画重要的创作交流和展览中心。2006年7月，金山农民画村被国家旅游局评为国家AAA级旅游景区，成为上海市乡村游十条精品线中的第一条、上海市民喜爱的乡村旅游景点，被国家旅游局命名为“全国农业旅游示范点”。

中洪村村民勤劳、朴实、聪慧，许多优秀的家庭脱颖而出，特色农家名不虚传。书香农家的典范是庄庆娟家庭，在这个小家庭里，书籍、报刊、电脑已经成为其重要财富，读书、写作是一家人最重要的业余生活，家中到处弥漫着浓浓的书香气；丹青农家最著名的是陈富林家庭，四代同画，作品众多；稻香农家最有名的是陈锦祥家庭，陈锦祥40多年来一直研究水稻栽培技术，并以农田作纸，水稻作笔，画就了彩色的中国地图，中央电视台、上海东方卫视及许多媒体予以报道；工匠农家李林根家庭，几十年如一日地刻苦钻研装裱修画技术，一幅幅由于年代久远而破损严重的名家名画经其抢救，恢复昔日的异彩……

现代农场引领着中洪村的家庭农场科学发展。占地100多公顷的上海阿林果业专业合作社，坚持绿色可持续发展的理念，种植经济林果、优质西甜瓜和中高档蔬菜等特色产品，深受消费者欢迎；上海荷风嬉鱼生态园是2008年组建的股份制合作农场，主要从事淡水鱼、虾、蟹的养殖、销售和种植荷花等水生植物，兼营休闲垂钓、餐饮、住宿等；上海开太鱼文化发展有限公司成立于2012年，是一家集养殖、种植、销售、农业休闲观光旅游为一体的新型农场，秉承以德为本、道法自然的理念，其各类水产品、有机蔬菜、热带水果、大米等深受消费者的欢迎。在中洪村，还有众多的家庭农场在健康地发展，村民们科学种田，越种越甜。农场增效、农民增收、生态改善，为乡村发展起到了示范作用。

旅游事业方兴未艾，美丽乡村建设以科学规划为龙头，精神文明、物质文明、生态文明建设和村庄改造如火如荼。至 2016 年，村庄改建计划已完成。在中洪村，"路平、桥稳、水清、宅洁、村美、人和"，再现了一派江南水乡田园风光。虽然中洪村村民物质生活有了保障，但村民们追求卓越、公平、和谐、积极向上的步伐没有停止。村民自治，有章可循，民主选举、民主决策、民主管理、民主监督蔚然成风，社区安宁，村民热情好客，传承着浓郁的吴越文化风情，洋溢着淳朴的民风。村里建有老年人活动室、村民健身点、篮球场、百姓戏台、数码电影放映室和农家书屋等设施。村民的文化业余生活丰富多彩，除金山农民画之外，还有场地高尔夫球和女子舞龙队等，在区内外享有盛誉。2016 年，中洪村农业、副业、工业、文化创意产业、旅游业等各业总产值达 2.2 亿元。

"山不在高，有仙则名。水不在深，有龙则灵。"（唐刘禹锡《陋室铭》）蓝图绘就，只争朝夕。中洪村将依托中国农民画村等特色，整合区域有效资源，完善农民画村—特色农业（农家）—休闲度假—古镇旅游联动新格局，成为"文化体验—农业观光—养生度假"一体化的市民乡村游览聚集地。中洪如梦、如画、如诗、如歌，必将创造出新的奇迹。

“里仁为美”话仁里[①]

仁里村位于安徽省绩溪县东南部，地处黄山山脉和西天目山山脉接合带，北纬29° 57′～ 30° 20′，东经 118° 20′～ 118° 55′，海拔 171 米，村境总面积 11.27 平方千米。新安江源流之一的登源河伴村而过。仁里东与同属瀛洲镇的大庙汪村毗连，南与歙县南乡[②]交界，西与临溪镇湖里村（胡雪岩故里）接壤，北与华阳镇川源村相邻。辖 6 个独立自然村，忠周、七塔、耿川、辛田、间坑环仁里自然而居，与仁里自然相距不足 1.5 千米。仁里村有 8 个村民组，总户数 496 户，户籍总人口 1600 人左右，全部为汉族。全村有 30 个姓氏，其中程姓人口居多，占总人口数的 65%。仁里村为国家 AAA 级旅游景区。

一

仁里，历史悠久。早在新石器时代，先民们就在此生息繁衍，开始狩猎、采摘与农耕生活。南北朝南朝梁大同五年（539），工部尚书耿源进与弟耿汝进从淮阴桃源迁居于此，取村名为“仁里”。北宋太平兴国元年（976），绩溪县定乡里名，仁里属维新上乡管辖。元、明、清时期，仁里划为十一都，先后属维新上乡、新荣乡管辖。民国属登源乡，为乡公所驻地。中华人民共和国成立后，曾设仁里乡，也曾划属华阳镇、瀛洲公社（瀛洲乡），现为瀛洲镇第一大村。

唐朝时，歙县篁墩“忠壮公”程灵洗的十八世孙程药携其家族于唐光化三年

① 选自安徽省绩溪县瀛洲镇仁里村志编纂委员会编:《中国名村志丛书·仁里村志》，2017年出版。

② 南乡：歙县南部乡镇的统称。

(900）到此定居。忠壮公二十七世孙程宏祖、程瞻祖、程辛祖兄弟三人于南宋咸淳六年（1270）从歙县槐塘迁仁里定居。中原世家大族不仅带来劳动力，而且带来先进的生产工具与技术、先进的中原文化教育，他们恪守“仁爱为本”的信念，相互融合，和谐治村，加快了仁里的发展步伐。此后，仁里人文蔚起，程氏家族人丁兴旺，故仁里又名“程里”。

宋代，仁里先民大量烧制陶瓷并制墨，栽桑，养蚕，缫丝，织绸，迈开外向型商贸经济的艰难步履。北宋绍圣二年（1095），编修了《皖绩程里程叙伦堂世谱》，即宋都官谱，并筹办书院。

明代，仁里兴水利，丈田亩，编黄册，建预备仓之东仓，重振科举，社会经济、文化教育迎来振兴与发展。清代，仁里因八社花朝会及沈复所作《浮生六记》之《浪游记快》而声名鹊起。

村境四面环山，人均水田不足 1 亩。为谋生路，仁里村先人选择了“十三四岁，往外一丢”和“世治则谋食四方，世乱则退居故里”的徽商之路，以“绩溪牛”“徽骆驼”的任劳任怨、艰苦奋斗精神，不断向外埠拓展，累世不衰，足迹遍布大江南北。古通州（今南通）是江南著名水陆码头，仁里程氏家族就在通州经营当铺，大小当铺有三四十家。还有村人在芜湖、南京、杭州、上海、武汉、金华、余杭、兰溪、吴江、玉山等地经商，创办徽菜馆，开办首家中外合资企业——绩溪和阳金矿，参与创建芜湖明远电灯公司，开办大仁丝厂。村人经商致富后，有的斥资办学，有的修桥铺路，有的建祠修谱，有的办庙会等，使仁里深厚的历史文化得以传承并发扬光大。

二

仁里，山环水绕之地。徽州人崇尚自然，村落选址注重与周边环境的关系，遇山川平衍，背枕青山，面水向阳处定居，营造田畴道路。仁里先人选址遵循这一守则，但又独具匠心，中心村落布局新颖奇特，四门三街十八巷、水井、水圳、水碓排布自然而巧妙。仁里古村内胜景遍布，古迹众多，有明清古民居数十幢；以砖雕、木雕、石雕著称的两大宗祠（叙伦堂、世忠祠）和支祠敬爱堂，以及百步钦街、药公墓道坊、世肖坊、石泉书院旧址、古码头、桃花坝等保存完好；“仁里八景”以秀美的山水地理、浓郁的人文情怀，充分体现出人与自然的高度和谐统一。仁里古村落为国内建筑学家和徽学研究者所称道。

仁里先民兴木种竹，栽桑种麻，育养动植物；开渠筑坝，垦荒造田，围塘种粮，改善自然条件。仁里人世代辛勤耕作，赢得今天山清水秀、林茂粮丰、自然生态平衡的美丽家园。

三

仁里，重教厚文之地。仁里先民聚族而居，保留着特有的习俗，是中华传统文化的厚重遗存地、徽文化的重要发祥地之一。仁里自然村现仍有砖木石结构祠堂 3 幢。各族有谱牒，记载着家族先贤名宦、悠悠人文，留下历代先人营建和谐社会的理念与实践经验。村中的各种古建，家藏的各种契约文书与日用杂件，无不彰显徽文化遗存的厚重。

绩溪号称“东南邹鲁”之地，“邑小士多，绩溪为最”，“十户之村，不废诵读”。仁里村在五代后唐清泰年间（934—936）创办南窗书舍，是安徽省见诸记载最早的书舍。北宋元丰年间（1078—1085），“唐宋八大家”之一的苏辙任绩溪知县时，在他的倡导和影响下，仁里文风蔚起，书院大兴。元至元十六年（1279）办翚阳书院。明代建石泉书院和南岗书院等。清光绪年间（1875—1908），村人首建思诚学堂，后又建端本女学，开徽州新学教育之先河。

四

仁里，名人辈出。南北朝南朝梁工部尚书耿源进为仁里村建村始祖。隋末，汪华在动乱中起兵保障六州（歙州、宣州、杭州、睦州、饶州、婺州）安宁；唐初，他审时度势，奉表归唐。汪华被徽州百姓视为徽州王，建祠盖庙奉为一方神灵。明代有程定、程铬中进士。清代有程秉钊中进士，入翰林。现代有铁道建设专家程士范，追随陶行知兴办乡村教育的普教专家程本海，著名出版家、翻译家、文学评论家王子野，中国工程院院士程莘农和“两弹一星”功勋、中国科学院院士程开甲。

五

千百年来，仁里人偏安一隅，过着与世无争的平静生活。明末和晚清的战乱及后来的血吸虫病，使仁里人饱受疾病缠身、颠沛流离、家破人亡之苦。日军侵华时期，仁里外出经商者大半回家，收入锐减，村民生活十分贫苦。

中华人民共和国成立后，在中国共产党的领导下，通过土地改革，办互助组、合作社、人民公社，农业生产得到恢复发展。其间，经历了“大跃进”“文化大革命”，农业生产呈马鞍型发展之势。中共十一届三中全会后，仁里推行家庭联产承包责任制，开始步入新的发展轨道。改革开放后，村民纷纷外出经商打工，主要分布在长江三角洲地区和广东深圳等地。

中共十六届五中全会作出了建设社会主义新农村的重大决策，仁里村被确定为新农村建设试点村。仁里在绩溪历史文化名城保护规划中，是岭南登源河古村落保护带中的主要节点之一，为重点保护的古村落。仁里在绩溪县“三区一廊”的发展战略中，位于登源河百里历史文化生态走廊中部，是极具特色的精品旅游线路，被打造成集历史文化、山水田园、民俗风情于一体的休闲旅游度假区、徽文化体验区、苏浙沪的后花园。面对千载难逢的发展机遇，村两委厘清思路，凝聚力量，找准村文化旅游优势、区位优势、产业优势、资源优势，先后对村庄进行了 3 次规划。实施村内外道路硬化、亮化工程，修缮古民居、古祠堂、古码头、桃花坝等古建筑。古仁里四门复旧如初；新建文化长廊、文化广场、停车场、农民健身休闲广场；引进五蜂园蜂产品基地、大花蕙兰基地、千亩生态枇杷园基地、千亩丰产桑园基地、亮景旅游公司、上河徽院养老中心。2015 年，仁里建成省级美好乡村中心村。2016 年，仁里村开始特色小镇建设，引进了安徽乡愁仁里文化旅游开发有限公司，美好乡村建设与文化旅游的高度融合使古村步入一个新的发展阶段。通过近十年的努力，仁里村走上了生态农家乐旅游和休闲养生的发展路子，被评为国家级农科教结合致富示范村、中国特色村、中国传统村落、中国最美休闲乡村。2017 年，仁里村被评为全国美丽乡村示范村。

随着新农村建设的深入，仁里村的面貌发生了很大的变化，社会知名度也不断提升。仁里的民歌演唱《十绣鞋》等走进央视，《美好安徽》摄影行走进仁里，央视纪录片《记住乡愁（第二季）》之《仁里村——仁爱为本》的播放使仁里声名鹊起，耀眼海内外。《思诚百年》《绩溪程东屏先生书法选》《周斯松书画集》《绩溪 · 千年仁里》《萤光集》《九十年仁里缘》《田园里的文化乡村仁里》等的编撰出版，使千年古村落仁里像璀璨的明珠闪烁在世人面前。

全村上下正以自己勤劳的双手、艰辛的付出，在多方的全力支持下，为完成抢抓机遇、振兴仁里的崇高历史使命而努力奋斗。“里仁为美”，登源流香，如画的乡村诗意醇美，明天的仁里更辉煌。

生态黄里①

一

黄里村位于淮北市西北部，村东部隔相山风景区与市区相邻，北部与宿州市萧县的徐里村、周洼、杨小洼接壤，西部与淮北凤凰山经济开发区的丁圩孜、河北村、张宋庄、小任庄相连，南接曲阳街道办事处的任井村。截至2015年年底，总面积约11平方千米，户籍户数4076户、户籍人口数13540人。全村有46个姓氏，以丁姓、田姓、程姓、李姓、南姓、张姓、高姓、牛姓、徐姓人口居多。

黄里村距江苏沛县50千米，同根同源，建置同属一类。先秦以前，黄里境域属楚地。秦统一六国，以相邑置相县，属泗水郡。黄里境域属相县。北齐天保七年（556），废相县为相城乡，并入符离县。元至元二年（1265），黄里为宿州所辖。清朝，黄里集为相城乡八大集之一。1912年，黄里属宿县。1950年，置濉溪县，黄里村属濉西区渠沟乡。1952年11月，增设黄里乡。1961年，设黄里人民公社，后并入钟楼人民公社。1980年12月，黄里人民公社更名为任土楼人民公社。1983年4月，任土楼人民公社改称为任土楼乡。1992年3月撤区并乡，黄里村改属相山区渠沟镇管辖。2011年，黄里村划归相山区曲阳街道办事处，撤销村建制，设后黄、黄里、下街、前黄4个社区，有16个村民小组。

黄里村境内地层隶属于华北地层区淮河地层分区中的淮北小区范畴，为标准的北相地层，地层时代为古生界寒武系、奥陶系。地势东高西低，村东部有十几座山，是相山的西延部分，南北狭长，绵延约7000米。凤凰山、拖拉山与市区北部的相山、鹰山、

① 选自安徽省淮北市相山区曲阳街道黄里村志编纂委员会编：《中国名村志丛书·黄里村志》，2017年出版。

老虎山等山体相连。黄里村境内的山的山势、山体独特，有缓坡、陡壁以及三处山隅，群峰叠嶂、风景秀丽，最高峰寨墙山海拔327.9米。村境大部分属于近代黄泛冲积平原，土壤质地主要有潮土和棕壤土。萧濉新河、湘西河穿境而过，山环水绕。

黄里村地处中纬度地区，气候属于暖温带半湿润季风气候。气候温和，日照充足，雨水适中。四季分明，春秋季明显短于冬夏季，年平均气温 14.8℃。全年主导风向为东南风，冬季主导风向为东北风。适宜种植粮食、经果林等。

黄里区位优势明显，交通便捷。101 省道在黄里和萧县徐里村交界处汇入 202 省道，由西向东经过黄里境内共 2000 米；202 省道由北向南从村西穿过，过境 7500 米。黄里距江苏省徐州市 63 千米，距高铁淮北北站 10 千米。东距京台高速 20 千米，南距泗许高速 30 千米，西距济祁高速 30 千米，北距连霍高速 20 千米。

黄里资源富集。矿产资源主要为石灰岩，分布在黄里村东南的相山山脉，储量丰富，品位高、杂质少，是生产水泥、石灰、毛石、石子的建筑原材料。黄里有野兔、野猪、刺猬、松鼠、黄鼠狼和狐狸等野生动物上百种；有斑鸠、花喜鹊等鸟类 24 种；有蛇、青蛙、蟾蜍、蜥蜴等两栖爬行类 24 种；有鲤鱼、草鱼、鲫鱼、鲇鱼、青鱼、鲢鱼等鱼类 17 种。有杨树、柳树、椿树等乡土树种近 20 种；有梨树、葡萄树、石榴树、杏树、桃树等经济树种十多种；有薄荷、面条菜、蒲公英等可食用花草二十多种；还有各类杂草植物数十种。另有柴胡、野菊花、麦冬、小茴香等可入药植物花草近四十种。

二

黄里历史悠久，林木葱郁，文物古迹众多。村东有寨墙山、刘山头、妈妈山、黑山、程山、犁子山、石佛峪、桃山峪、葛拉峪等十几座山峪。寨墙山的山顶地势较为平坦，有人工垫垒的平台 3 处；山顶南部、北部、西部都有石墙基址遗存，相传是寨墙。淮海战役期间，华东野战军在青龙集一带围歼杜聿明部队时，粟裕曾经登临寨墙山，用望远镜观察地形和战况。建于春秋时期的天藏寺饱经沧桑，燃灯古佛天然石佛像供在寺内，形神肃穆。佛像之上的三块砖是后墙，前墙砌石大约七米，成为一处殿堂，故有“三砖高的庙，一丈二尺高的佛”的说法。天藏寺前的千年银杏树闻名遐迩，至今仍留有“深山藏古寺，白果镇乾坤”的楹联。远处连接天藏寺的崎岖山路，犹如一条龙盘桓在相山之上。每月的农历初一、十五都有香客到此上香礼佛。还有每年都举办的规模宏大的古庙会更是人山人海，人们在庙会期间祭神、购物，进行各种交流活动。山下的石佛峪，过去麋鹿成群，桃红柳艳。白云洞、祭雨台、凤凰山“量日古晷”、天然钟乳石溶洞等几十处景观隐逸在山中。漫山遍野的花草树木，显得格外幽静。

黄里既有令人流连忘返的人文景观，又有让人陶醉的自然原生态风光。它依山傍水，素有“淮北市后花园”之美誉，是城市天然的大氧吧，越来越成为人们生态观光和休闲旅游的好去处。它是钟灵毓秀的风水宝地，是远离世俗喧嚣的“杏花源”。成片的杏园、石榴园、柿子园、葡萄园、苹果园，春季杏花、桃花、梨花次第绽放；夏季树木翠绿如滴，清凉舒适；秋季彩林遍野，果香四溢；冬季寒风凛冽，松柏傲然挺立，别有一番情趣。黄里村东部还有皖北地区罕见的面积最大、株数最多的古柏树群，占地3.6公顷，树龄都在300～600年之间，树干挺拔，参天覆地，华盖连绵，生机盎然。2017年3月13日，央视新闻频道特别节目《春天里的中国》摄制组到黄里采风，直播黄里杏花盛开的美景。

黄里景区依托相山国家森林公园的自然资源，包括地貌、水系、山体、植被及自然景观等，以保护自然、保护生态为目的，努力建设一个具有自然特色的生态旅游区。2006年，相山区渠沟镇组织编制《淮北市黄里旅游风景区规划》。2007年，黄里作为淮北市生态旅游项目，编制《瓜果黄里，山水家园》概念规划。根据2010年10月《安徽省淮北市相山风景区旅游发展总体规划（2010—2020）》，黄里景区是其重要组成部分。2016年，组织编制《淮北市黄里风景区建设项目》及概念性规划，项目占地面积约10平方千米，主要建设内容有景区大门、景区游客中心（次中心）及停车场、山体绿化、道路建设、河道治理、古柏林、凉亭、观景台、花世界、天藏寺景区修复等，努力建设“城山一体化、景区一体化”国家AAAA级旅游景区。

三

黄里村基础设施完备，宜耕宜林宜居。中华人民共和国成立后，黄里村在里山河上建成北大桥、西桥、里山河闸，及湘西河上的2座水漫桥。1983年后，加大基础设施建设力度，道路、桥梁、供电、供水等设施逐渐完备。村民个人修建了通往石佛峪、天藏寺的砂石路。1989年8月，修建环山路2000米，建设振兴桥、惠民桥2座桥，以及蓄水800立方米的水塔1座，护林房4处。1998年12月20日，后黄村新桥至前黄村交界处约1000平方米的水泥路竣工。1999年，村委会决定全面禁止开山采石。2002年6月，淮北市人民政府发布通告，在黄里封山育林；7月，规划安排绿化黄里山场。

中华人民共和国成立前，黄里村民吃水、菜园浇水都依靠水井。为解决吃水问题，黄里村先后打井72眼。1955年，华东地质局三二五队、煤田地质勘探公司第三勘探队为勘探煤田打一口井。1956 年，加强农田水利建设，挖井 34 眼。1969 年 7 月，打小眼机井 28 眼。20 世纪 70 年代初，因坐落在黄里村附近的淮北发电厂大量使用地下水，井水水位不断下降，群众吃水困难。1980 年起，前黄、后黄等处挖掘 30～60 米的机井，同时利用淮北发电厂的两眼备用深水井，维持村民用水。90 年代，村民吃水则要到外村去拉，严重影响了正常生活。2013—2015 年，先后建成启用两口深水井，深度均在 300 米左右，村民用水需求得到保证。

村内田间道及生产路之前多为土路，下雨天道路泥泞，几乎无法通行。后在相山区人民政府的主持下，陆续修通丁圩孜土公路、环山路、天藏寺东登山石阶、天藏寺水泥路、萧濉新河东岸水泥路、后黄村主街道等道路。

2008 年，黄里村开始注重生态建设，制定并实施《相山区渠沟镇黄里生态村建设规划实施方案》。按照“高起点规划，高标准建设，高效能管理”的原则，创建良好的投资环境，营造舒适的居住条件，对全村的道路、供水、供电等各项村政设施建设进行全面规划，并针对脏、乱、差的现象进行大力整治。先后建成村内 4 条水泥路，并对其他村内道路路面进行硬化。2008 年起，新建、扩建村委会、社区居委会等办公场所，建设村民活动中心、村级社会服务中心、文化活动中心、远程教育室、计划生育服务室等。加大村庄绿化整治力度，美化民房，修整下水道，种植行道树。每年组织清理河道、沟渠的杂草、污泥、废物等。按照“河边柳、路边花、房前屋后经果林”的要求，大量种植树木和经果林。在美化环境的同时，增加了村民的经济收入。渠沟镇投资 20 万元，恢复黄里村受损供水管网及部分配套设施 2000 米。大部分村民使用太阳能、电能、沼气、液化气等清洁能源，清洁能源普及率达 85% 以上。2010 年，以“清洁乡村、美化家园”为切入点，大力开展农村环境卫生清洁工程，修建存放垃圾周转箱和垃圾箱，基本覆盖全村每个角落，并对所收集的垃圾进行无害化处理。全村的居住和生活条件得到极大的改善，生态环境大为改观。2011 年，黄里村被评为“省级生态村”。2013 年，黄里社区第一书记丁仰振出资 100 多万元，陆续修建了桥头六角凉亭、和谐路、水冲厕所等，完善黄里社区的基础设施建设。

截至 2015 年，黄里村村庄面积由原来的 2 平方千米外扩到约 11 平方千米，北到宿州市萧县徐里村界沟，南至凤凰城小区，延绵 7.5 千米。村内主要道路全部实现硬化，卫生、体育、娱乐等基础设施基本健全。2016 年，为配合黄里打造国家 AAAA 级风景区建设，相山区人民政府在黄里实施农村道路畅通工程近 5 千米，改善村中道路交通状况。

四

黄里土地肥沃，物产丰富。果蔬的栽培历史悠久，至今仍流传着“黄里石榴笆斗杏，清汤菠菜都进贡”的说法。老濉河西岸为淤黏土区，是农作物主要种植区。村东为红土山坡荒地，适宜经果林种植。

黄里是中国软籽石榴基地，相传始栽于南宋，有2000多年的栽植历史。明嘉靖年间，吴梦骞所著《随年》一书中对黄里石榴有“颜色鲜美、气味芬芳、粒大籽软、汁甘而浓”的记载。清代，石榴是宫廷贡品，也是全国珍奇果品之一。中华民国时期，有成龄石榴树12万余棵，石榴远销南京、上海等地。1958年秋，黄里石榴被安徽省林业厅鉴定为全省石榴佳品，被寄往北京向中共中央报喜。1966年，销售到香港、澳门地区。黄里石榴曾被安徽省农业展览馆作为地方优良果品连年展出。20世纪80年代，由于开山采石损毁一些石榴树，时有石榴树不足6万棵。1999年，黄里大力发展石榴经济，改造老石榴园2000亩，建设优质高效益石榴园3000亩。至2015年年底，改良扩植的黄里石榴已近万亩。2001年，在首届中国石榴主产区科技协作会上，黄里石榴被评为优质果。2002年12月，注册“黄里”牌商标。2006年，黄里石榴被中国绿色食品发展中心认定为绿色食品A级产品。2013年，黄里软籽石榴荣获中国国际农科会名优特产品金奖。2014年，获淮北市知名商标认证。2015年1月，获安徽省著名商标认证。

黄里笆斗杏同黄里石榴可谓是姊妹果，栽培历史悠久。笆斗杏的发源地是陕西临潼，原本口味并非如此。当年黄里丁姓祖上颇有资财，好走南闯北搜罗各地奇珍异果，栽植于自家园中。曾在临潼品尝此杏之后，就决定将此树移栽自己园中。为使笆斗杏口味更佳，富户出身的技师丁仰斋又将本地杏树品种与之嫁接，形成今天口味独特的笆斗杏。笆斗杏个大，形状似笆斗，果皮光滑，色红黄，肉质厚，香味浓，酸甜适口。杏树主要栽植在渠沟镇前黄村、后黄村、山坡沿地，以及村民宅院的房前屋后。1962年，种植面积达1200亩。2010年，面积达2000亩。后由于荒山治理，种植面积不断扩大。2015年，笆斗杏种植面积约3000亩。

黄里是盛产蔬菜的地方。黄里菠菜的优点是叶片肥大、肉质厚，不涩不染汤。民间有顺口溜称，“苗桥的白菜，瓦子口的葱，黄里的菠菜一茂青”。中华人民共和国成立前，村里的好地多用来种菜，共集聚七大块菜园地200多亩。20世纪40年代，黄里菠菜远销江苏省徐州，安徽省蚌埠、宿县，以及河南省永城。特别是春节前后，黄里人端着木炭火盆，在雪窟下挖菠菜，景象尤为独特。1950年土地改革后，家家户户都分有或多或少的菜园地。1958年成立人民公社以后，大队将土地划归各生产队管理，每个队都有 20 多亩的大菜园。这一时期，蔬菜种植发展较快。1980 年以后，分田到户，生产队的菜园被拆分，村民盖新房也占用不少原来的菜园地，菠菜等蔬菜的种植面积逐渐缩小。

五

黄里的教育文化事业较为繁荣。早在 1919 年，黄里就建有私塾，1925 年宿县州试时，前 13 名全部为黄里的学生。二十世纪四五十年代，方圆十几里的学龄儿童依然到该私塾求学。民国时期宿县督学丁仲选、中国工农红军独立师副师长丁茂修、原上海市劳改局局长丁仰军，幼年时均在该校就读。黄里小学为普通中学输送了大量的优秀学子。如今，黄里小学有四层教学楼，有现代化的教学设施，图书室、电脑室、操场等俱全。50 年代初期，黄里村戏剧爱好者成立黄里梆剧团，唱响了十里八乡。文化宣传队、篮球队常年活跃在群众身边，丰富了百姓生活。1954 年，黄里篮球队获第一届濉溪县农联篮球赛第一名。80 年代末至 90 年代初，看大戏、听说书、祭祖等传统文化逐渐淡出人们的视野，听广播、看电视、打扑克、搓麻将、看电影等新休闲娱乐方式得到广泛接受，村民一度单调的文化生活渐渐变得丰富多彩。进入 21 世纪，黄里人逐渐接受城市的休闲娱乐活动，妇女们跳起了广场舞，中老年人做起了中老年保健操。2014 年，建立黄里社区文化站。2015年，举办首次元宵节联欢会。随着电脑及互联网的普及，网上游戏、网上聊天、网上观影等成为村民休闲生活的组成部分。

黄里卫生医疗事业基础较好。中华人民共和国成立前，黄里村依靠几个自学成才的郎中，利用黄里村的草药资源，为黄里百姓免去了流行疫病的痛苦。50 年代初，利用原火神庙的房子建立黄里诊所，方便村民就医。村妇王文华按新法为产妇接生，大大降低了黄里村新生儿死亡率。截至 2015 年年底，黄里社区等 4 个社区卫生室全部达到规范化标准。全面实施新型农村合作医疗，村民参合率 100%，黄里实现医保全覆盖。但在村级医疗、防疫、保健方面，还远未满足村民的需求，发展空间依然很大。

中华人民共和国成立初期，村民生活水平不高。直到 20 世纪 80 年代农村实行家庭联产承包责任制后，村民生活水平才有了较大程度的提高，衣食住行得到极大改善。一部分村民穿上了毛料服装和西服套装，95% 以上的家庭建起砖瓦房。1988 年后，不少村民建造楼房，有的还在城市购买商品房。拥有各种大型农机，施工机械，农用三轮车、四轮车的家庭占到了全村的三分之一。家家都有彩电，冰箱、洗衣机、热水器、空调、电脑等被广泛使用，移动电话得到普及。1980—1985 年，黄里人均收入翻了两番。

1997 年，人均纯收入增加至 2000 元左右。到 2000 年后，农村税费改革以及农村综合改革激发了农民生产的积极性，耕地逐渐改成果园，加上少数农民成为养殖专业户以及不少剩余劳动力到城里打工，特别是近年黄里人到就近的淮北凤凰山经济开发区务工，人均年收入增加到 6000 多元。2015 年，人均年收入达 7000 多元。生活质量逐渐变好的黄里人的消费观念开始走向多元化，档次逐渐上升，逐步由温饱向小康过渡。

六

黄里山川秀美，人杰地灵。清朝时涌现大批忠义之士。据古籍记载，有忠厚老实、乐善好施的丁瑜，有孝老敬亲的沭阳训导丁煋，有临危不惧、威武不屈的丁南，有泽被乡里、义薄云天的丁长庚，有忠厚仁义、坚贞不屈的丁广中，有文采飞扬、耿直善良的丁鸿磬，有精忠报国、保一方平安的丁训庄等。民国以后，有萧、宿、永三地农民运动领袖丁茂修，有捐资修寨、舍财抗匪的丁训镔，有抗日战争时期砍杀日本兵的木匠金明月，有积极创办实体、乐善好施的田学珍，有精通园艺、造福黄里的丁仰斋，有无私奉献、不辞辛劳的王文华，有热爱家乡、支持抗日的丁仰宽。乡里贤达，不胜枚举。黄里丁氏一门，为人忠义，家学绵延，春风化雨，传承中华民族优秀美德。历史上，也有不少文人雅士到黄里游览。明朝两任知县、一任知府宿州人徐学益，被黄里美景所吸引，留下著名的“桃花生客屐，鹿子忆僧衫”的佳句。

1948 年 12 月底，淮海战役第三阶段，华东野战军指挥部驻扎在相城（今淮北市人民政府驻地）近 10 天。相城西、北、东北三面环山，比较隐蔽。西南距淮海战役总前委驻地小李家，西北距杜聿明驻扎的青龙集、陈官庄地区各 20 多千米，指挥作战比较方便。华东野战军在青龙集一带围歼杜聿明部队时，粟裕、张震等曾登临寨墙山山顶，远察青龙集、陈官庄地区战场，酝酿围歼杜聿明部队作战计划。后顺山脊从饮马池下山，粟裕在相山庙召开高干会议，研究作战方案，制定华东野战军第十四号令。

黄里氏族文化底蕴深厚。明朝初年，明朝政府先后 18 次组织从山西南部向华北、江淮地区移民。黄里村几个较大氏族均是在这一时期迁徙至此定居下来的。其中，田氏家族于洪武元年（1368）由山西迁徙至黄里；牛氏家族于明朝洪武二年（1369）由陇西地区迁到黄里；丁氏族人先从山东阳谷迁至蒙城北檀城集，又于明朝天顺年间（1457—1464）由蒙城迁到黄里；张氏家族也是在明朝迁徙至黄里。程氏家族属宿州程氏族系，由宿州迁到黄里。李氏家族于明朝弘治年间（1488—1505）迁萧，其后代在石林及黄里周边一带繁衍生息 500 余年，已传二十三代。几大姓氏宗族均注重编修家谱，并大多延续下来。黄里最大的氏族丁氏家族每年清明节均举行祭祖仪式，族人在宗祠向祖先跪拜，到黄里古侧柏群参拜祖坟。通过祭祖活动，促进族人和睦相处、血脉相亲，形成了邻里团结、孝敬父母、勤俭守业的良好风尚。

优美的环境，丰富的物产，深厚的文化积淀，良好的家风传承，滋养着勤劳智慧的黄里人。如今，幸福的黄里人正朝着全面建成小康社会的宏伟目标开拓进取，努力将家园建设成宜居、宜业、宜游的生态园林旅游名村。

中国谜语村①

文化名村　源远流长

中国谜语村——青林寺村隶属湖北省宜都市高坝洲镇，是清江高坝洲水电站库区里的一个小村落。距离宜都市政府驻地陆城 20 千米，距宜昌市主城区 32 千米。东邻高坝洲镇白洪溪村，西临清江，与长阳土家族自治县磨市镇柳津滩村隔江相望，北接红花套镇南桥村，南连高坝洲镇陈家岗、白鸭垴村。全村总面积 9.1 平方千米，2016 年总人口 1004 人。

青林寺村的得名，源于村中一座寺庙——青林寺庙。

相传，四川有个官员因官场失意、妻子难产，便出家当了和尚。一年春天，他云游到清江柳津滩，见东岸山清水秀，景色迷人，且呈青狮白象之势，便在半山修了一座寺庙。其时正是唐贞观元年（627），庙宇竣工之后，只有一僧人、一伙工。宋治平四年（1607），苏东坡奉旨督学江南，曾到寺中。当时，由了空法师担任住持。苏东坡观赏了村中的美景，临走时去向了空法师道别。适逢了空法师正在诵经，听童子报告，便道："诵经诵佛诵圣人，缘逢东坡才子。"苏东坡听后即应声道："青山青水青林寺，幸会了空大师。"苏东坡走后，了空法师即请人制作匾额，上书"青林寺"三个大字。从此，寺庙有了"青林寺"的大名，香火也随之兴旺起来。据《夷陵州志》记载，青林寺曾于明正统年间（1436—1449）重建。村中老人们讲，寺庙中原有好几块碑，有一块碑上刻有"青林祖庙"字样。而今，寺庙已不复存在，只留下青林寺村的村名。

青林寺村四周遍布古人类遗址，近者三四千米，远者三四十千米。紧邻的红花套城

① 选自湖北省宜都市高坝洲镇青林寺村志编纂委员会编：《中国名村志丛书·青林寺村志》，2017 年出版。

背溪新石器时代遗址，距今已有7500多年，与宜昌周边的诸多古遗址一道构成长江上游文化带，是新石器时代早期文化的代表。青林寺村清江河对岸的南岸坪遗址，经发掘清理，有夏、商及两周时期的文化遗存，被证实为清江流域最大的古文化遗址。考古发掘表明，青林寺村及其周边地区早在新石器时期就有人类活动，是长江流域古人类的重要繁衍生息之地。

青林寺村原是两个小的自然村落，一个叫赵家坪，一个叫廖家湾。赵家坪土地肥沃，临近清江河岸，早有赵、邓等姓氏聚族而居，形成青林寺村落的早期雏形。而廖家湾，形成于明朝初年。据《廖氏族谱》记载，明成化年间廖姓由四川迁入，所居之地多为河洲、山谷贫瘠之地。清末民国初，人员流动增多，清江航运进入鼎盛时期，各种商号、客栈应运而生，逐渐形成一个以游士坡为中心的近百户人家的村落。陆路通恩施、四川的官道穿村而过，设驿站于游士坡，形成集市自然村落。而以农耕为主、聚族而居的廖氏、胥氏，形成小的自然村落。两个村落不断繁衍发展，逐步形成现在青林寺村域。

青林寺村是古代巴楚文化的交融之地，紧邻土家族、苗族聚居区，土家族、汉族民间往来交流频繁，促进了青林寺村民间文化的多元发展。青林寺村有崇文重教传统，人们把识文断字视作一种荣耀，民间流传有"穷不丢书、富不丢猪"的谚语，走出了吴林伯、廖贵仁、骆志明、郭学珍等一大批杰出人士。中华人民共和国成立后，青林寺村每二十人中就有一名大学生，明显多于邻近村落。

青林寺谜语的流行，与当地的文化氛围密不可分，民歌、薅草锣鼓、栽秧锣鼓、采莲船、踩高跷、丧鼓歌在这里祖辈相传，尤以谜语为盛。青林寺村方言生动活泼，谚语、故事丰富多彩，谜语、谜歌经久不衰。

谜语谜歌　历久弥新

青林寺村是清江河畔的一个普通村落，也是一个谜语文化的迷人世界。在这个千余人的小村落里，沉淀流传着上万则民间谜语。该村是中国第一部关于一个村落的谜语集和谜歌集的诞生地。2003年，青林寺村被中国民间文艺家协会命名为"中国谜语村"。2006年，青林寺谜语入选第一批国家非物质文化遗产保护名录。

青林寺谜语数量众多、内容广泛、形式多样，根植于民间，活跃于大众，具有较强的知识性、趣味性和娱乐性。该村不论男女老少，个个喜欢猜谜。据贾芝、杨亮才、冯志华等专家现场考察确定:"在青林寺村，除了尚不懂谜语的婴幼儿，参加谜语活动的人数占全体村民的95%以上，不分男女，老少皆有。其中掌握谜语1～10则的村民约占50%，11～30则的约占30%，31～100则的约占15%，100则以上的约占5%。”宜都市民间文艺家协会专门设有青林寺村分会。村中现有中国民间文艺家协会会员2名，湖北省民间文艺家协会会员6名。

在青林寺村，谜语已经进入艺术的生活化和生活的艺术化境界。在青林寺谜语中，从天地日月、飞禽走兽、花草树木到人体器官、饮食服饰、日常用具、生产生活，凡是人们感官所及均有涉及，可以说包罗万象。村民们猜谜成风，平日里闲谈聊天，离不开谜语；村子里办红白喜事、乡亲聚会，猜谜是少不了的娱乐活动；甚至在两支迎亲队伍“狭路相逢”之时，也会采用猜谜斗智。猜谜活动已经融入村民一切生活之中。深厚的群众基础，为谜语的繁茂生长提供了肥沃的土壤。

青林寺谜语一般分为物谜、事谜、字谜三大类。物谜，是人们常用常见的物品。事谜，是以人类和动物的活动为谜底的谜语，如“一条乌梢蛇，牙齿有几百，去时呼呼响，转来落大雪”（割锯）。字谜，就是以汉字作为谜底的谜语，如“上八不是八，下八才是八，十字穿心过，救命活菩萨”（米）。

青林寺谜语作为一种民间传统文化表现形式，影响广泛，传承不衰。其独特的文化现象，引起专家学者的高度关注。中国民协、湖北省民协组织专家到青林寺村考察，开展研讨，积极推动青林寺谜语的采录、搜集和抢救工作。经过丁开清等一批采录者常年挖掘整理，收录了3000余则谜语，在宜昌市文联、民协，中共宜都市委宣传部，宜都市文联、移民局大力支持下，1999年由大众文艺出版社出版了《青林寺谜语选》。2001年，中国文联出版社出版了《青林寺谜语选（续编）》。2002年3月，贾芝为青林寺村题名“中国谜语村”。5月，赵兴寿采录的《青林寺谜歌选》由中国文联出版社出版。至2016年年底，青林寺村民已公开出版谜语、谜歌书籍27种。

宜都市委、市政府历来重视青林寺谜语的保护与开发，重视弘扬青林寺谜语文化。2002年11月举办了湖北青林寺谜语学术研讨会，全国50多位专家学者汇集宜都，专题研讨青林寺谜语文化现象，充分肯定青林寺谜语文化为中国民间文化所做的贡献，认为“青林寺谜语具有世界意义，是值得我国和国际组织予以认真关注的非物质人类文化宝贵遗产，无论是从民间文艺学、民俗学，还是从文化学、社会学、美学、伦理学的角度研究，都有独特的价值”。

青林寺谜语的传承、传播、研究、宣传方兴未艾。青林寺村所在的高坝洲镇中心学校，编制了《青林寺谜语校本课程实施纲要》，开展“谜语进课堂”传授活动。青林寺谜语引起新闻媒体和民间文艺工作者、学术界持续关注，到青林寺村采访、调研、考察的记者、学者络绎不绝。中央电视台、中国国际广播电台、人民日报社、新华社、台湾三立电视台等知名媒体纷纷录制节目，刊发文章，进一步扩大了青林寺谜语的社会影响，彰显了其文化品牌的价值，助推了青林寺谜语的保护、研究与开发。青林寺村正在着手建立青林寺谜语文化博物馆。

山水画廊　颐养天堂

青林寺村风景优美，气候宜人。地处长江三峡向江汉平原过渡地带的长江南岸与清江北岸之间，属低岗丘陵地段，呈北高南低“七山二水一分田”的地形特征。北临长江，南依清江，水量充沛，土地肥沃。青林寺村属于亚热带季风气候，四季分明，春暖秋凉，冬冷夏热，年平均气温 16.8℃，年平均降雨量 1350 毫米。

青林寺村水陆相连，江岸线达 7 千米，胥家龙洞溪水横贯东西，长达 3.5 千米，为村域唯一溪流。2000 年，清江高坝洲电站蓄水，形成了三面环村的水面，陆地则形成半岛，而青林寺村正处在半岛的岛尖之上，依山养志，临水纳祥，天然的山水资源，赐给了青林寺村灵秀与清幽。

青林寺村自古以来以农耕为主。中华人民共和国成立后，通过土地改革，农民获得了土地及其他生产资料，生产有了一定发展，生活相对稳定。1980 年以前，由于政策体制的局限，生产力受到束缚，经济仍是低水平运行，村民仍然把温饱作为奋斗目标。改革开放后，实行家庭联产承包责任制，生产力获得解放，经济面貌发生很大变化。2016 年，全村经济总收入达 3769.53 万元，可分配净收入 1968.73 万元，人均纯收入 19608 元。随着农业种植结构调整和高坝洲库区蓄水，水产养殖和柑橘种植成为两大支柱产业，村民过上了“山上种橘、水中养鱼”的富足生活。

青林寺村山水相依，林深木茂，负氧离子富集，是一个长寿村。据统计，全村 80 岁以上老人占 4.6%，远远高于联合国长寿乡标准。

凭借天然的山水资源，青林寺村正从种植养殖向康养产业转型，建设青林寺村康养小镇。青林康养小镇是清江（宜昌）康养产业试验区的核心区，是国家发展改革委认定的第一批康养小镇，临江而建的欧美别墅，伴湖而居的中式院落，依山而立的居家公寓，为青林寺村休闲度假、康养旅游带来新的蓬勃生机。

青林古镇，位于青林寺村大道两侧，占地 500 亩的人文生活街，既有酒店、超市、银行和物管中心，满足居民生活需要；也有谜语博物馆、观山翠巷、滨湖水街、桐树院街，让人们近距离感受谜语村的魅力。

滨水欧陆康养镇，占地 200 亩，环绕青山湖，三面邻水，包含法兰西、西班牙、英格兰、瑞士四个风情小镇。

天龙湾国际高尔夫俱乐部，紧邻青山湖南侧，占地 1200 亩，集商贸、休闲、健身、度假于一体。美国设计师吉姆利用原始地貌，别出心裁，设计出适应国际锦标赛级的 18 洞 72 杆球场。练习场有 26 个打区，长度 250 码，有专业教练指导。

特警训练基地依傍青山碧水，是宜昌市公安局投资建设的训练基地和半开放式军事文化主题公园。

青林寺村的区位交通优势明显。该村紧邻 318 国道，距宜（昌）岳（阳）高速、沪渝高速宜都北出口 9 千米，距宜昌三峡机场 20 千米，距长江红花套港口 6 千米，交通网络四通八达。

青林寺村物产丰饶，尤以清江鱼和宜都蜜橘闻名。清江鱼产于清江水域，肉质细嫩，食用安全，深受国内外客商青睐，其系列产品先后荣获“中国名牌农产品”和第八、九、十届中国农交会金奖。宜都蜜橘栽培历史悠久，长达 2000 多年。杜甫诗云：“春日清江岸，千柑二顷园。青云羞叶密，白雪避花繁。”宜都蜜橘已成湖北宜都特产、中国地理标志产品。

耕读古村寨　土家马头溪①

张家界市东南边陲的大山深处，有一座土家族村寨，村内因有一条马头溪自北向南穿流而过，得名马头溪村。两汉时期，土家先民在此开荒斩草，依山造田，拓荒种粮，临溪建房而栖，择水而居，筑坝灌溉，繁衍生息。民居从草木结庐到明清时期的木构小瓦、飞檐画栋的吊脚楼。明清时期，特别是清代，村民借助水道之便贩运木材，交换盐巴、布匹等村寨缺乏的物资，结束了长期与外界隔绝的历史。凭借大庸、慈利、沅陵、桃源四县交界之地的区位优势，马头溪村成为湘西北贸易古道的枢纽之地。频繁的商贸活动，过往的移民囤军，使这片土地快速崛起，加上明洪武年间江西大量移民的落地，多种文化在此碰撞交融，文化经济进入有史以来的巅峰时期，时称“小南京”。时至今日，马头溪村一带留下了大量山坡梯田、古沟老渠、过河石礅，2014年后，先后获得“中国少数民族特色村寨”“中国美丽休闲乡村”“中国宜居乡村”等多项荣誉。

马头溪将整个村庄分成东、西两部分，经洞庭溪注入沅水，形成“两山夹一水”的亚热带山川地貌。境内山川壮美，林奇谷秀，森林覆盖率达96.8%。南武当山脉的西边界和百老界古树群落，是植物王国和飞禽走兽的天堂；观音堂山脉的天然双拱自生桥，与风雨桥浑然天成，自成一景。出水洞梯级瀑布飞泻而下；鱼洞溪大峡谷与烟雨溪交汇，刚柔并济。马头溪如玉带环绕马头溪村庄，顺流而下，河床平坦，两岸绿树成荫，渔业资源丰富。省级公路沿马头溪东岸通向沅陵。公路两旁水杉如织，形成十里水杉大道，被央视《穿行古村落石堰坪村，土家古寨的斗诗文化》记者称赞为“中国最美的乡村公路”。每到春季，马头溪两岸油菜花盛开，形成百亩油菜花长廊。

马头溪两边地势平坦，有粮田千丘。因远离城市，村寨无工业，没有环境污染，水

① 选自湖南省张家界市永定区王家坪镇马头溪村志编纂委员会编：《中国名村志丛书·马头溪村志》，2017年出版。

质优良。居民遵循日出而作、日落而息的生活规律。种田不打农药，耕地不施无机肥，承袭传统养殖方法，产品备受市场青睐。水碾米、木榨油、老糖干、剁辣椒、腊肉、香肠等传统食品，致富广大群众。这里民风古朴，仍然沿袭着杀年猪、推豆腐、炒炒米、打粑粑、熬猪头、炖猪脚、炕腊肉、灌香肠、贴春联等年俗，以及拦门下马、讲茶告祖、旗锣帐伞、花轿迎亲、闹洞房等土家婚俗。马头溪村村民热爱诗词，喜好歌舞，村里成立了 3 支土家民间艺术传承队伍，通过诗词歌舞传承民间艺术，抒发生活情怀，化解民族纠纷，增强民族团结与认同。马头溪村歌舞形式多样，来了客人唱迎客歌，结婚唱喜歌，生日唱寿歌，上坡唱山歌，放排唱放排歌、喊号子，插秧兴“糊仓”，薅草唱薅草锣鼓歌，秋收跳“扬叉舞”。

马头溪是一个历史悠久的土家族古村寨，千年的历史文化积淀，留下了丰富的村落文化遗产。有明清以来的土家吊脚楼 488 栋，沿溪而下两里一碾坊、三里一油坊、五里风雨桥，土家吊脚楼傍山临溪而建，与大自然和谐相处。有 200 多年历史的由老屋坪、两重槽门、88 间厢房组成的郑国祥“进士楼”，两河口“天上街市、云中古城”；太平天国时期的寨子抹、大垭湾古城堡，南武当山寺、济公庙、玉皇庙；有 300 多年建筑历史的马头溪风雨桥，湘西北贸易古道驿站；李尧故居吊脚楼，郑国祥、李尧墓碑等文化古迹。马头溪村历来有“家有钱财万贯，不如薄艺在身”的谚语。马头溪村是土家工匠之村，村民勤劳好学，技艺精湛，传统的民族工艺虽遭现代机械化的冲击，土家老人仍守住清贫，坚守技艺，有传统的瓢瓜匠姚小光、家椅匠张官学、罐匠欧胜周、木匠郑启兵、榨木匠张胜华、老糖干制作人员李根雄等能工巧匠。但这些技艺因缺少后辈传承，已处在濒危状态。

马头溪村历来有耕读育人的良好风气，清朝康熙榜眼、《康熙字典》参与编纂者郑国祥为勉励族人题“耕读为本，益国益家”的族训；光绪进士、湖南五大才子之一的李尧创办“天香书院”，传经授道为家乡培养了一大批文化人才。中华人民共和国成立后，全村有清华、北大等全国重点大学学生 398 人，国家公职人员 286 人。为弘扬这一学风，恢复创办了国学学前教育班，加强道德礼仪和爱国爱乡爱家教育。

进入 21 世纪，马头溪村 3000 名土家儿女，大力弘扬民族文化，成立了 3 支土家民间艺术团，在乡村大舞台上传承着土家族的歌谣和舞蹈。为与现代乡村旅游接轨，村民与游客一起参与“土家杀鱼、花轿迎亲、土家年俗、土家狩猎节、原始农耕”等民俗体验活动。铿锵的锣鼓声，高亢的薅草歌在群山回荡。马头溪村借助丰厚的历史文化，良好的生态环境，全力打造张家界市土家文化核心景区，中国土家族文化旅游目的地，书写千年古村落的新传奇。

北上去青岛　南下到大京①

大京，有一个大气的村名，也蕴藏着一段厚重的历史。据清乾隆《福宁府志》载：“有客宿山下，明早遗金而去。主人兄弟追还之。客谢曰‘得金不取，异日声价当比南金’。”由此得名“大金”。1940 年，改称“大京”。大京秦属闽中郡，晋为温麻地，史载唐天宝二年（743）前已有先民在此繁衍生息，唐宋时村民多散居在龙岩山、保老山、王山头的山坳和陈桥巷海滨。北宋熙宁年间（1068—1077），各宗族村民渐聚居大京，掘井而饮，耕田而食。明洪武二十年（1387），建城以御倭，至明万历年间（1573—1620）城内军民逾 6000 人，据民国《霞浦县志》记载：“崇墉屹若，不亚于小县之城矣。”中华人民共和国成立后，属福建省霞浦县长春镇辖地。2016 年，大京村常住人口 7000 多人，是有着 1700 多年建县历史的福建省霞浦县最大的行政村。

这里山海川岛兼备，村域自北向南，山、城、垅、滩、海、岛呈带状铺展，层次分明。村落三面环山，地域呈畚箕状，箕口面海，箕内田园阡陌，素为膏腴之地。

大京诸山之美，美在群峰耸秀，云蒸霞蔚。山有七景：海上笔架山、龙岩山仙洞、八仙岩、狮球山、峻岩风动石、三十六石门洞、巨石龟岩。其中，笔架山却是一岛，清乾隆《福宁府志》称其“三峰矗立海上。形如笔架。远望浮空，最为奇特”。景有七奇：凤髻山形如螺髻，翠黛凝云；天瓢山上有风动石，硕大如屋，摇摇欲动，周围三岩兀立，犹如三头雄狮，人称“三狮抢球”；龙岩山奇石怪洞，相传仙人曾居住于此，丹灶犹存；龟山绿雾氤氲，宛如巨龟匍匐；马耳山形同骏马，峰、岩、壁、岭、岗、洞、石、阶、墓景致并存；八仙岩犹如八大罗汉并立，神态各异；登凤山之巅，东引诸岛清晰可见。山中有水，山水灵趣，形成多级碧绿涧潭，农人墒田，村妇浣衣，依水而居。

① 选自福建省霞浦县长春镇大京村志编纂委员会编：《中国名村志丛书·大京村志》，2017 年出版。

如今，更添一道亮丽的风景线，28 台 75 米高的双馈风电塔如擎天巨柱，矗立于沧海群峰之巅，引无数游客登临，迎风向海，流连忘返。

大京民居之美，美在街巷纵横，建筑古朴，大京主村皆建于城堡中。村虽不大，却不乏“京味”，以东西城门为中轴线，明代石板铺墁的千米长街直贯东西，街巷因城就势，高墙与通道构成的空间，幽深曲折而又贯通，曲街头等 11 条古街呈“井”字形相连，著名的老巷有横弄、许厝弄、黄厝弄、林厝弄等。郑鹏、郑君老和江夏侯母宅等 20 多处明清古厝至今犹存。众多老宅灰墙黛瓦，飞檐翘角，雕梁画栋，斗拱雀替，鳞次栉比，枕海而建，俨然一幅闽东围城人家图。

大京滨海之美，美在沙滩色泽如金，岛礁林黛含烟，岸线千回百转。大京沙滩全长 3000 余米，沙滩西倚沙垅林带，北衔窑后鹅卵石滩，东临浩瀚东海，遥对笔架诸岛，相映成趣，甚为奇特。蜿蜒的沙滩呈新月形，浩然平坦，海沙细如粉，柔如毯。有诗赞曰：“此地莹沙细如尘，轻车驶过了无痕。”滩前海天一色，为天然海滨浴场，有“闽东北戴河”之称。沙滩之后另有沙垅，历经沧海变迁，海沙在村前堆成 2000 余米长、数米高的巨垅，民国《霞浦县志》载：“大金坞沙垅屹立高丈余，厚亦如之，望之俨若城墉，屏蔽大金全乡 。”中华人民共和国成立后，在垅上遍植木麻黄防护林，如今沙垅、林带浑然一体，蔚成绿色长城奇观，衬得垅前沙滩金黄迷人。沙滩之北，数百米长的窑后鹅卵石滩更为沙滩锦上添花，卵石色彩斑斓，玲珑剔透，光润如玉。伫立沙滩，只见鸥鸟翔跃，船帆点点，岛礁环布。明嘉靖年间（1522—1566）和万历年间（1573—1620），大京滩海曾两度显现海市蜃楼，有诗赞其“幸有瑶台真境界，何须白昼去升仙”。在这里，阳光、海浪、沙滩，都是挡不住的诱惑。

大京古为福建沿海北口战略要地，“执全闽之喉舌，巩福宁之藩屏”。元末明初，海盗、倭寇屡屡侵扰福建沿海，大金首当其冲，倭寇来若奔狼，去似惊鸟，倏忽千里，烧杀抢掠。明洪武二十年（1387），江夏侯周德兴奉檄兴建的“福宁卫大金守御千户所”城堡，居当时福建沿海 12 个千户所之首，下辖高罗、下浒、延亭、车安、西臼 5 个寨堡和长门等 17 个烽燧，成为福宁卫巡司衙门所在地，官兵寓兵于农，屯守结合，巡防海上。洪武三十一年，倭寇入侵大金所辖古县堡，千户吴真率兵奋勇抗击，战死沙场。明正统年间（1436—1449），倭寇攻寨，村民林应丰等 7 人奋勇迎敌，以身殉国。明嘉靖三十五年（1556）十二月，倭寇进攻大金千户所辖内间峡堡，军民同仇敌忾，拒敌海上。明隆庆二年（1568）四月二十一日，千户所参将李超率军，将倭寇千余人追至西路歼灭。

大京人保家卫国的精神代代传承。1937 年 10 月，日本侵略军军舰封锁海域，发炮轰炸沿海村庄，多次侵扰大金沿海。1941 年 10 月 12 日，日伪林义和部 600 余人，调集大炮、机枪、汽艇，大举进攻大京，大京壮丁队 10 余次御敌，以死相搏，毙敌 13 人。同年 10 月 14 日，日伪军再度进攻大京，大京抗日壮丁义勇队以寡迎敌，奋起杀敌 4 人，郑宽安等 8 人壮烈牺牲，史称“大京抗日八壮士”。1950 年 2 月，国民党股匪 200 余人登陆大京，大京民兵顽强抵抗，奋力围剿，击退股匪。

千百年来，大京的御外历史留下了丰富多彩的海防文化遗产。人称“海涯屏藩”的大京明代城堡西挹北山，紧锁海口，与南京明城、崇武古城一样历史悠久，为现今福建省保护最完整的古城堡之一。城垣依山而筑，周长 1940 米，万历元年（1573）再拓出，城墙以花岗岩乱毛石砌就，内夯硬土，最高达 9.2 米，8 个城墩均为长方块石砌，沿城掘有 900 多米长的护城河，东门为双重城，即瓮城，城上窝铺、敌台、炮位等御敌设备齐全，与外海烽火门、南日山互为表里，结为犄角。如今，大京城堡内外还留存有跨街亭、八角井、旗杆夹柱石等大量海防文化古迹，对研究明代防御倭寇侵扰，探究当时的历史、军事、文化、建筑内涵，进行爱国主义教育，具有重要意义。1982 年，大京城堡被列入第一批县级文物保护单位。1991 年，被列入第三批省级文物保护单位。2009 年，由霞浦县人民政府向上申报第七批全国重点文物保护单位。自 1984 年开始，多次对大京城堡进行修葺加固。

大京文化在岁月的绵延、嬗递中，逐渐多元丰富，形成的民俗风情颇具特色。大京节俗，沿袭唐宋古制，至宋以后尤盛，并多有创新，诸如元宵节花灯竞赛的“讨烛”、正月二十九日的吃“拗九饭”、二月初二的祭龙活动、四月初八的“牛歇节”、立夏节气的吃“夏粿”等。“宗者，尊也”的孝悌思想，深深地渗透于节俗活动中，除了清明节、中元节及每逢冬节、除夕的祭祖活动，村中还有正月初五刘姓人家的春祭、九月初九林姓人家的秋祭、腊月二十四日张姓人家的冬祭，而周家更是在曾祖父、祖父、父三代的逝世之日都要逐一祭祀。

大京的节俗活动有着鲜明的抗倭御外的印记。每逢中秋，便有反映抗倭题材的“铁机台阁”巡游和寓意镇倭太平的“糖塔”展示，其中“糖塔”印制模版被福建省博物馆收藏展出。中秋之夜，还要举办纪念戚家军抗倭摆“空城计”的“曳石”活动，以绳缚石，人坐石上，众人拖动，奔跑于村中千米长街的光滑石板上，隆隆作响，声势浩然，时人头攒动，争相观看。次日，在村外设坛祭奠抗倭御外功臣、祖宗，而寓意倭贼的熟乌贼却是大京独特的坛上祭品。此殊俗自明末开始，村中十甲轮流举办，每甲一岁，规模盛大。

大京境内寺庙堂观祠堂林立，佛教、道教、天主教、基督教四教并存，并有诸多民间信仰，这种情况在一个村里是极罕见的。建于唐初的宝岩寺自明嘉靖年间（1522—1566）毁于倭患后，虽几经灾毁，重建后的寺内仍留有唐宋时期的石槽、石柱、础石、石臼等文物，其中的石槽长 3.3 米，分长短两节槽床，为霞浦县内迄今发现最长、最具特色的石槽。马耳山后的法华寺，建于北宋乾德年间（963—968），宋代理学家朱熹到此留下“地别九重天，碧水丹山青世界；门当三益友，苍松翠竹白梅花”的佳句。该联现已逐字成为县域佛教南禅五宗之一临济宗下的支提寺系法师法号的延续名称。

临海的大京极信仰妈祖，每逢农历三月二十三日妈祖诞辰，村中盛行祈福妈祖的“走水步沙”活动，时妈祖銮舆由八名壮汉抬出天后宫，八名童男童女引路，数百名信众跟随，队伍每到一个澳口，妈祖銮舆便被抬着冲入海水中疾走颠轿，浪花四溅，煞是好看。每到农历八月十六日，大京村民都要举行一年一度盛大的城隍爷巡游“驮枷还愿”活动，成百上千的村民身穿红白衣裤，肩架“囚枷”，跟随着八抬城隍爷銮舆巡游村内外，意为“还愿”，还邀戏班演出，时十里八乡、外地游人蜂拥而至，争相观看。这一传统民俗是大京村的独特民俗，自洪武年间始延续至今，成为闽东地区最为盛大的节俗活动之一。

大京素有重教兴学之风，自宋代创私塾始，经民国时期兴乡塾、设初小、办公立小学，至中华人民共和国成立后开办初级师范学校、九年一贯制学校，教书育人独秀南乡。日本侵华战争期间，大京创办“战时民众学校”，进行抗日教学，校董会主任周锡茂于学校大厅题写对联:“大海望台澎，恨倭寇虎咽狼吞，此日野心犹未已；金城坚武汉，愿诸生节衣缩食，他年凯唱定堪期。”

随着大京教育事业的发展，一代代学子科场折桂脱颖而出，孕育了郑明、林元孙、郑君老、周廉、林隶、郑轙、郑鹏等众多名人。宋至清代，科第蝉联，簪缨奕叶，仅林、郑两族就出了进士 7 人、举人 8 人，有秀才、武将各上百人，在外仕宦 30 多人。其中，郑君老 17 岁时考得进士，著有《五经解疑》《梅壑集》，逝后被谥为“靖节先生”；清末郑鹏为官清廉，离任之际湖北利川县父老为之立“去思碑”，宁德市纪委将其收录《闽东古代廉政人物》一书。今逢盛世，实施全民教育，多人考入清华大学、北京大学等重点大学，获得硕士、博士学位的有 50 多人，其中有中国科学院植物研究所研究员、同济大学教授、航天部火箭研究所专家和诸多厅处级领导、文教科技精英、经济能人。

约定俗成的大京方言，成为大京悠久文化的特质，是闽江下游旧福州府“十邑”的共通语。大京方言有 44 个韵母、7 个声调，与有 39 个韵母、4 个声调的普通话相比，大京方言更加鲜活、古朴，独有的熟语、成语、谚语、俚语、歇后语生动隽永，且深受古汉语的浸润。如你称汝，他称伊，吃称食，脸称面，黑称乌，锅称鼎，绳称索，怕称惊，图章称印，筷子称箸，房子称厝。与大京人对话，仿佛进入了时间隧道。

旅游到大京，“吃”当居首位。大京海域处闽东渔场中心，西接中国大黄鱼产卵之地官井洋，有鱼、贝、甲壳、藻类等传统水产资源380余种，唐代就使用渔网捕鱼，宋代多“扈业”，明代兴“渔箔”，清末民国初期常见渔具有定置网等10余种，故《闽书》对此地有“鱼盐螺蛤之属，不贾而足，虽荒岁不饥”之说。这里毗邻晚熟荔枝、龙眼生产基地，民间小吃有肉糕、蛎包、婆菠粿、拗九粥等，是美食家的天堂。

大京天泽地润，宜农宜渔，自古以农为本，靠天吃饭，旱涝台风频繁。1966年9月3日的超强台风，数百年榕树被连根拔起，学校课桌被抛上安福岭，房屋、渔船、农作物损毁无数。中华人民共和国成立后，相继修建岭头、对面山阁、黄土溪水库，植造连片成带沿海防护林，建立长春镇首个海带养殖场、盐场，开办县级国营茶场，精细加工的元宵茶被称为“中国第一早茶”。改革开放后，首开海峡西岸与台湾船民开展小额贸易的先河，调整产业结构，改农耕为主为牧海为先，海水捕捞、养殖并重，试养节孔扇贝和发展外海网箱养殖获成功，建立国家级鲍鱼养殖基地，发展的200多公顷海带、紫菜养殖场，是霞浦获得“中国海带之乡”“中国紫菜之乡”称号的重要因素。进入21世纪，大京人再次将目光投向大海，完成滨海景观的村道硬化和输电线路的架设。2005年，大京海滩被霞浦县人民政府列为县域八大景点之一。2007年，福宁海湾被列为福建省第七批省级风景名胜区。2011年，国家斥资4亿余元开发大京临海风电场，惠及大京，自此大京进入跳跃式发展时期。大京绚丽多彩的生态人文景观相继展现在中央电视台《走遍中国》、东南卫视《神州发现》节目中。2014年，大京成为霞浦县“国际滩涂摄影胜地”重要摄影点之一。2016年，大京旅游景区被纳入霞浦县“旅游产业建设年”重点建设项目，景区规划总面积17.94平方千米，目标定位是打造以滨海滩岛、古城堡、农家风俗为主题的AAAAA级海滨休闲娱乐旅游景区。

海阔纳万物，山远断九穹。如今，大京正从封闭沉寂的古老渔村变为聚四方之气的宝地，为子孙，为后代，许下大美山海，绘就锦绣家园。

乔李村志概述①

山西省临汾市尧都区乔李镇乔李村地处临汾盆地中汾河二级台地上，在临汾城区东北10千米处。至2016年年底，共有1188户、5244人。耕地面积5643亩。乔李村是山西省委、省政府表彰的全省农业战线“红旗单位”，是中宣部和中央文明办授予的“文明村”，是全国林业“千佳村”，是临汾市小康建设示范村。1994年2月1日，中共中央总书记、国家主席、中央军委主席江泽民曾到乔李村视察农村工作。

乔李村历史悠久，古称白马城，汉高祖元年（前206）西魏王豹在此建都城。至南北朝时期，北魏神䴥元年（428）魏太武帝拓跋焘擒获夏主赫连昌，为记其战功，广筑禽昌城，在白马城置禽昌郡，后罢郡为县。禽昌为郡、为县自北魏起历东魏、北齐、北周至隋，共178年，其中白马城为郡治14年，为县治84年。隋开皇初年在白马城置西河县，唐贞观十七年（643）并入临汾县，白马城为西河县治62年。

明代“晋商”兴起，据乔李现存孙、李、王、乔等家的家谱记载，这几家都是典型的晋商。他们以经营“盐务”起家，把生意做到扬州、临清、安阳、内黄、顺德、长芦以及天津、京师等地。这些家族在外经商赚钱后，回乡大兴土木，修房建院，并兴办书院教育子弟入仕为官，也有投资公益改良民风者，使乔李益加繁荣起来。至清末民国初，乔李一带农民大量种植棉花、烟叶，有乔李人在天津做棉花生意，在村里建起轧花厂，收购棉花，脱籽打包运往天津，使乔李成为棉花集散地，因此乔李有了“棉花乔李”的称号。村里建有烟叶烤房五处，卷烟作坊制成卷烟或“青条”烟丝，远销上海、江浙一带，乔李成为临汾县与洪洞县间一大集镇。

乔李村有光荣的革命传统。乔李村青年知识分子李少卿于1926年春加入中国共产

① 选自山西省临汾市尧都区乔东镇乔东村志编纂委员会编：《中国名村志丛书·乔李村志》，2017年出版。

党，成为临汾县最早的一批共产党员之一，并当选为临汾县第一个党组织——中共临汾地方执行委员会领导成员。此后在艰苦的环境中，坚持为党工作。1936年，红军东征到乔李，乔李村进步青年高维昆带领大家欢迎红军，并第一个报名参加红军。在他的带动下，乔李20多名青年参加了红军。在抗日战争和解放战争中，乔李村130余人参加了八路军、牺盟会和决死队。有18人以身殉国，谱写了乔李历史上可歌可泣的英雄篇章。

乔李村属纯农业区，地处旱垣，十年九旱。20世纪60—70年代，乔李党总支带领全村群众大搞农田水利基本建设，建成高灌泵站4座，人工打井160眼，修防渗渠10000余米，建蓄水120万立方米水库一座。80年代，临汾县涝河水库建成，乔李实现了水利化。粮棉产量大幅度提高。同时大力发展林业，实现了大地林网化；先后建成果园4座，总面积达980多亩；大搞平原绿化，栽植杨树速生丰产林2000亩；建苗圃3个，林果业成为乔李的支柱产业，乔李村成为山西省“林业先进单位”，全国造林绿化“千佳村”，王运康和李敬白两位书记先后荣获全国绿化奖章。在此期间，乔李的畜牧业和村办企业也得到长足发展，先后办起马场、牛场、驴场和猪场。大力发展村集体经济，自力更生办起农机厂、机制砖厂、木器厂、面粉厂、纺纱厂和洗煤厂。农村改革中，稳定家庭联产承包，完善双层经营体制，不断壮大集体经济，实现了共同富裕，村民生活逐步迈向小康。

90年代，乔李村党总支从山西省农科院请来5位专家，促进农业科技开发。山西省农科院把乔李村确定为全省第一个“农业科技综合开发示范村”，帮助群众建成50个日光温室，发展40户笼养鸡专业户，新建100亩规范化果园。经过四五年的努力，全村小麦亩产由原80千克达到400多千克，不少农户产量超500千克；棉花产量从亩产40千克提高到75千克；日光温室种植蔬菜面积发展到100多亩，其中韭菜名扬临汾；笼养鸡发展到10万只，仅此一项一年可为农民增收40万元。1994年9月21日《人民日报》头版头条刊发《乔李的诉说》，报道乔李村农业科技开发的成果。国务委员陈俊生指示印成单行本，发给基层县、乡、村干部，将乔李村农业科技开发、兴村富民的经验在全国农村宣传推广。

乔李是有名的文化村。村里的业余剧团至今已有八十余年历史。最早在30年代，由担任村长的地下共产党员李少卿组织创建，当时叫“家戏”或“秧歌班子”。日本侵略军占领时期停办。解放战争期间，乔李村业余剧团成了临汾县民主政府的专业剧团，被民主政府命名为“民兵剧团”。解放后，村里成立俱乐部，业余剧团每年农闲时间集中排练、演出。1966年后称“毛泽东思想文艺宣传队”，以村林场为基地，一面劳动，一面排练文艺节目和样板戏，红遍了临汾地区，还到省城太原演出。进入 21 世纪以后，特别是近几年来，农村文化活动出现群众性、多样化的新局面，群众自发组织起文化剧社、中老年舞蹈队、青年广场舞队等组织。全村文化活动出现了群众广泛参与、多种形式并存的新局面。

威风锣鼓是临汾市被列入第一批国家级非物质文化遗产名录的项目。乔李威风锣鼓队是尧都区的一支代表。解放前，乔李村各街有五支威风锣鼓队，各街曲谱有所不同。解放后全村统一管理，共创新谱统一训练，每年春节后参加县里举办的文艺活动，都以人数多、鼓点铿锵、变化多样、整齐划一，博得观众阵阵掌声。改革开放后，乔李威风锣鼓队逐步发展成 160 人的队伍，成为当时全市人数最多的一支队伍，参加各类表演，多次拔得头筹。市里召开劳模大会、举办“尧都区锣鼓艺术节”，乔李威风锣鼓队都被特选作开幕式表演。乔李威风锣鼓队骨干曾被聘为“尧都威风锣鼓艺术学校”教练，多次应邀赴外市、外省传授技艺，使威风锣鼓这一国家级非遗项目远播外省市。

乔李村自古崇教尚学，人文蕃盛。明朝末年王师旦即在村里创办心溪书院，书院在封建时代堪称高级学府，在乡村创建书院是非常少见的，且心溪书院坚持办学 200 多年，至清嘉庆年间还在办学。仅据现存孙、李、王、乔等家的家谱统计，明末至清代就有 200 多名庠生、46 名贡生、7 名举人、2 名进士。相传村南印台岗上文庙周围，村里每中一名秀才，必手植松柏一株，久而久之，满岗上下松柏成林，郁郁葱葱，足见当时乔李人文繁盛的景象。辛亥革命后，1919 年，临汾县在乔李创办县立第六高小，至 1938 年因日军入侵而停办。1945 年，乔李解放，政府在村恢复了小学。1949 年 3 月建临汾县第四高小，1968 年升格为七年制初中，1975 年又升为九年制高中。现村里有幼儿园、小学、初中各 1 所，共有学生 900 多名，教师 80 多人。解放初期村民文盲率达 80% 以上，现村民初中以上文化程度达到 90% 以上，且有高中、大专文化程度者 900 余人。几十年来全村考入大中专者 450 余人，取得硕士、博士学位及出国留学者 50 余人，使乔李成为名副其实的文化教育高地。

乔李村钟灵毓秀，人才辈出。元代乔彝操守高洁，不畏强寇，阖家殉难，其事载入《元史》。明清两代供奉乔彝于府、县乡贤祠中。明末王师旦“急国难，助军饷”，战事中英勇殉国。清代康熙雍正年间李埰曾先后任云南浪穹县（今洱源县）、邓川州（今洱源境内）、江西宁都县、瑞昌县知县，“课农桑、轻徭役”，浚渠筑堰，发展教育，朝廷嘉其“清白良吏”，士民颂其“实政行仁”。其侄李奇龄曾任贵州镇远府知府、江南淮扬河务道。乾隆嘉庆年间王之藩从教三十年，遂成一方大儒。近代乔李村第一位共产党员李少卿是临汾县第一批共产党员之一，也是临汾县第一个党组织的主要负责人之一，终生宣传革命，在白色恐怖下隐于乡下，担任乔李村村长，为民办实事。乔李青年高维昆在太原参加学生运动时被捕，组织营救出狱后潜回家乡，适时红军东征到乔李，他带领群众欢迎红军，第一个报名参加红军，并带动 20 多名青年参加红军，奔赴延安。乔李六高青年教师张光亚在乔李沦陷后，毅然辞别老母、贤妻、幼子参加八路军，后英勇殉国。全国解放后，王运康响应党的号召，带领群众走合作化道路，发展集体经济，改善群众生活，1975 年当选为全国劳动模范、全国第五届人大代表。1989 年，许锁子两次当选省人大代表，并当选省第八届人大常委会委员，后又荣膺省特级劳动模范。1989 年，李敬白当选为全国绿化劳模。1996 年，王张虎被评为全国优秀村委会主任并荣获民政部孺子牛奖。1975 年，梁玉珍当选为全国三八红旗手。1985 年，李秀珍、郭文明的家庭被选为全国五好家庭。

解放后，在党的培养下，乔李村涌现出一批高级知识分子。首先发现中国独有的翅果油树的高级工程师李大章，中国美术家协会会员、中国工艺美术家学会理事、高级工艺美术师王有宗，病理学专家、主任医师、教授杨龙泉，中国大学生排球协会理事、山西排球协会常委、山西省体育科学学会体育理论分会副主任、全国体育学报研究会理事、山西师范大学教授吕天赦，山西省优秀教师尤慧珍，山西省中学特级教师王效菊等，他们都是乔李的光荣和骄傲。

2012 年后，乔李村实施美丽乡村建设工程。一是把全村大街小巷路面全部重新硬化、美化，硬化面积共计 12.8 万平方米，同时铺设 4.5 万米排污管道；并重新整修了农贸市场。二是对全村自来水管道全面改造，满足群众生活用水和工业用水需求。三是全村接通天然气，结束了全村“燃煤时代”。四是新建两个住宅小区，共 7 栋楼房、276 套、面积 29610 平方米，解决村民和外来经商务工人员的住房需求。五是新建白马城文化广场和城南公园；并将舞台和剧场修葺一新，为村民提供休闲娱乐场所。六是拓宽改造环村公路 2.7 千米，解决集市贸易时村内道路不畅通等问题。七是新建村史馆、乡村文化记忆展示馆和老年活动中心，重新整修了图书阅览室和村档案馆，形成系列化的村民文化活动中心。

经过几十年的卓越奋斗，乔李人真正过上了富足的生活，村民生活质量、精神面貌发生了深刻变化，一个社会主义新农村的乔李正在变得越来越美好！

凌庄子村概述 ①

凌庄子村名，起始于明初立村的传说。村庄历史悠久，地处天津“老城厢”正南方的城乡接合部，村民生产和生活都带有城郊特征。随着现代城市的扩张，凌庄子被划入市区，成为名副其实的“城中村”。

历史上，凌庄子村非常贫穷。由于地洼土碱，水灾频繁，饥寒和逃荒成为凌庄子人的沉重记忆。村域附近河道交汇，村头是连通海河运输的码头，后来成为出入天津的货物集散地。凌庄子人祖祖辈辈靠驶船、挑运、装卸、当窑工为生，付出无尽的辛劳，却只能得到微薄的收入。

现在的凌庄子村，走出一条创新发展之路。这些乡土气未脱的农村人融入大城市，并在天津创建了创意产业园，成为天津市新型业态的开拓者。经过十几年的努力，凌庄子人取得了巨大成功，凌庄子村成为天津市经济强村和社会主义新农村建设的典范。

回顾凌庄子的发展历程，在计划经济时代，村子里经济基础薄弱，发展速度缓慢；改革开放后，发展工业，村集体经济状况得到好转。进入 21 世纪，村里的大量土地被征收，村庄进行了拆迁改造，凌庄子面临发展的抉择。新一届两委会班子决定，说服村民将征地款集中使用，使之成为发展集体经济的第一桶启动资金。在得到大多数村民同意后，创建凌奥创意产业园，使之成为村经济发展的基石和起点。2007 年，成立产业园实体——凌奥集团，全面整合集体财产，并迅速形成以房地产开发为龙头、以房屋租赁为主导，广泛涉及工业制造、商业运营、投资管理、物业管理、市场服务、文化交流等全方位架构的经济实体。此后，立足于凌奥创意产业园平台，实现了大跨度的飞跃，村集体总收入、主营业务收入、企业工业总产值、利税总额连年突破亿元。至 2016 年，

① 选自天津市西青区李七庄街凌庄子村志编纂委员会编:《中国名村志丛书·凌庄子村志》，2017 年出版。

凌奥创意产业园先后获得“国家创业促进就业实验园”“国家级科技企业孵化器”“国家AAA级旅游景区”等10项国家级称号和认证。村集体资产总值达到30亿元，村集体总收入2.3亿元。凌庄子村一跃成为天津市高经济总量和高人均收入村庄之一。

村庄富裕后，改变村民的精神面貌，提高村民的文明程度和生活品位，成为凌庄子人的追求目标。他们把“创建全国文明城区”纳入村庄发展总体规划，制定《创建“全国文明城区”活动实施方案》，不遗余力地开展文明城区创建工作。从改变内部环境、扭转脏乱差现象做起，最终使村庄环境优美，面貌一新。在“文明村镇创建”活动中，实行“外整环境，内置硬件”，为建立区、市和全国文明村镇打下坚实基础。其间，注重对村民实行文明生活方式引导，鼓励人们“奉献、友爱、互助、进步”，建立良好的家风村风。在村中开展志愿者活动，组建各种志愿者服务队，为建造文明温馨的社会而服务。经过几年的努力，不仅村容村貌大为改观，村民的文明程度和生活品质也大为提高。原来一个被视为不文明村的凌庄子，一跃成了和谐文明的先进村。2014年，凌庄子村被评为天津市文明村镇。2015年，又被中央精神文明建设指导委员会命名为“全国文明村镇”。

在实现转变期间，不论是村务还是企业管理，凌庄子人摸索和建立起一套系统的制度。“用制度施政，靠制度管人”是凌庄子人取得经济和精神文明建设成绩的成功经验之一。2003年新班子上任之初，村里穷、乱、散，干群关系尖锐对立，村务纷乱无序。在极为棘手的局面下，新班子决定用制度作为管理的“利器”，使村民行为有章可循，以改变村庄的混乱局面。通过几年的时间，陆续制定和完善了76项制度。制度确立后，他们坚守一个铁的原则，那就是“在制度面前人人平等”。村民们遵纪守法、严格按制度办事，制度成了日常生产和生活的行为准则。也因此，使凌庄子村从一个“乱村”变成社会安定和谐的先进村。一项项制度，不仅规范了村民的行为，也成为驱动经济发展和精神文明建设的发动机、驱动器。

富裕后的村支部、村委会不忘曾承诺的“共同致富”的初心，一边把资金用于扩大再生产，一边把红利回报给“第一桶金”的参与者：实行与城市职工一样的退休制度，并且每个家庭都有物业等各种补助。另外还有城市居民没有的福利：免费住宅楼分配，高中以上学段都有相对应的学费补助金，待业者也能领到一笔自主创业补助金。逢年过节，每个家庭都会收到一笔不菲的“年节费”。最暖心的是对劳作一生的老年人，不仅提供免费的老年公寓，集体缴纳医疗保险，还为他们上社会保险，使传统的靠儿女养老的人们不再有后顾之忧，相反，有的还能贴补儿女的生活。如今的凌庄子，人人脸上洋溢着欢愉的笑容……

魅力双街①

漕运盛地　京津要道

双街村历史悠久，位置非凡。村域古为退海地，地表为古河道冲积而成，地势平坦，土质肥沃。早在6000年前的新石器时代已有先人在此生息劳作。战国时期有聚落。宋辽时期为争战之地，宋辽隔潞河（今北运河）对峙。村庄周边水草丰盛，曾为辽军养马地，后为长期屯兵据点。元至元十六年（1279）开通潞水漕河，京杭大运河实现真正意义的全线贯通，双街村境地成为江南粮物赋税运京的必经之路。元代，朝廷在南北运河交汇的三岔河口至杨村间置“直沽广通仓”，双街村附近有皇仓、义仓多处，成为囤储、转输皇粮的重地。北运河两侧堤岸辟为驿道，沿途渐有村落。明永乐初，朝廷大批徙民，充实畿辅，有山西管、鲍（亦说吴、刘）两姓结谊，持龙票在此圈地建村，拓荒耕耘，村民渐增。村落呈正方形，自然形成东西向和南北向两条街式格局，故名“双街子”，后简称双街。元、明、清代600多年间，半天下之财赋皆经此路运往京城，每年有上万艘漕船往返于运河之上，樯帆云集，水盛船繁。双街与沙庄子、柴楼村屋舍接壤，村稠路达。沿河堤岸曾为古驿道，十里桃花，景致怡人。康熙、乾隆御驾临经，文人墨客流连忘返，自古即为津门胜地。

双街村地处京津咽喉要道，交通四通八达。清光绪二十三年（1897）修通的京津间铁路过境。1917年，在双街村东修建京津大道，中华人民共和国成立后逐步拓宽，修成京津公路。2000年后，双街建设跨越发展，修建村级干道10条，全部为柏油路面，纵横交错，宽阔畅达。2016年，京津、京福、津榆、津围等12条国家级干道形成网络，联通各地。天津地铁四号、五号线在域内设站。公共交通607路、610路、611路、

① 选自天津市北辰区双街村志编纂委员会编:《中国名村志丛书·双街村志》，2017年出版。

725 路、810 路、961 路等多条线路在双街设站，通达市中心。

城郊经济　服务城市

双街村在历史上为农业生产区域，村民多以垦荒种植、打鱼捉虾和服务漕运为生。土地为永定河与北运河挟带泥沙淤积而成，土质肥沃，种植品种以大田作物玉米、高粱、小麦为主，山芋、豆类、棉花等亦有种植。沿河辟有园田，种植蔬菜。清末修通京津间铁路，为保护铁路堆埝阻沟，造成排水不畅，土地大面积盐碱荒芜，“冬天一片白花花，秋天一片水汪汪”。由于灾害频繁，战乱纷纷，生产落后，村民极为穷困。

中华人民共和国成立后，双街村在党和政府的领导下，艰苦创业，发展经济。由于基础薄弱，经济发展缓慢。1962 年恢复北郊区建制时，全村耕地 133 公顷，粮食总产 51.9 吨，平均亩产 26 千克；蔬菜种植 10.67 公顷，总产量 1165.6 吨；全村总收入不足 10 万元，农民人均纯收入 50 元。在计划经济体制下，郊区经济发展粮、菜为纲，种植品种、面积、产量均由政府下达。20 世纪六七十年代，通过大搞农田基本建设，兴修水利，开辟园田，发展蔬菜种植，服务城市，双街村成为天津市蔬菜供给的重要基地之一。每年粮食总产保持在三四百吨、蔬菜 2000 余吨。双街村所产大白菜闻名天津全市，品种为大、小“核桃纹”，尤以“小核桃纹”最佳，特点是清甜、无筋、易熟。

改革开放前，村中工业始终限制发展。中共十一届三中全会后，按照“服务城市，富裕农民”的方针，双街村发展城郊型经济，“贸工农”是其主要特点。农业以生产“鲜、活、快”产品为方向，建设菜、蛋、肉副食品基地。1980 年，双街村建机械化养猪场，生猪饲养量达 900 多头；1987 年建万只养鸡场；80 年代末，建淡水鱼养殖场。根据当时养殖业发展较快、饲（饵）料加工业相对滞后的情况，双街村投资创建万吨饲料加工厂，所生产的“津宝”牌饲料很快占领天津市场。先是做到饲料自给自足，后又扩大外销，之后又开发生产鱼饲料产品。1990 年，双街村养鸡 2 万只，出栏万头良种仔猪，养鱼达到 400 亩精养水面，同时发展优质高产果园 200 亩。90 年代，蔬菜生产年总产量达到 3000 余吨，上市量、销售收入多年居双街乡第一位，获得“天津市蔬菜生产和支农先进单位”称号。

1995 年，双街村成立天津双街生态农业养殖公司，总资产 5000 万元，成为双街村农业龙头企业。公司坚持以科学技术为先导，探索开发生态型、立体化良性循环大农业生产模式。公司生产技术、经济效益均达到全市乃至全国同行业领先水平。1996 年，养殖公司被国家科委命名为“国家级星火示范基地”。万头仔猪繁育基地被立为市级星火计划项目。至1999年年底，养殖公司销售收入3489万元，实现利润200余万元。

村办工业一度蓬勃发展，成为全村的经济支柱。工业总产值1980年为756万元，1990年为1043万元，1998年达到1.33亿元，进入亿元村行列。双街村逐步成为全镇、全区的先进典型，1993年被评为市级明星小康村。

卫星城镇　强村富民

随着改革开放的逐步深入，双街村迎来阔步发展的历史机遇。1997年，进一步调整经济发展思路，坚定“强村富民”理念，坚持走发展集体经济道路，向农业科技化、工业园区化、经济规模化、居住城镇化的方向发展，确定用10年时间，建成以工业为主体、以农业为基础、以房地产及商贸服务业等综合发展为特征的亦工亦农开发型农村，全面完成都市家园建设的宏伟目标。

提升农业档次，实现农业科技化。双街村从改变单一种植结构入手，加大农业龙头企业建设，发展生态农业，促进养殖业发展。2000年，双丰科技饲料有限公司、万头仔猪繁育基地、万亩淡水养殖基地等项目达到国内先进水平，获市级科技成果奖，被列为“国家级星火示范企业”“天津市农业现代化示范企业”“天津市畜牧局科技示范基地”。2004年，投资2000万元，建设蛋鸡养殖基地，建筑面积2.7万平方米，蛋鸡饲养量达到20万只，年产鲜蛋2800吨，育肥出售淘汰鸡18万只。2006年，与日商合资，成立太阳食品有限公司，年产千吨蛋黄粉，消耗鲜蛋万吨，带动了500只鸡规模的养殖户2000户。同时，进行蛋壳粉、球蛋白及其他生物制药的研制开发，形成养殖、加工、生产、科研、销售一条龙的产业链。2009年，双街村结合北辰都市型现代农业示范区创建，启动千亩草莓园、千亩百果园、千亩休闲园和运河文化景观带建设工程，建成集引种试验、生产示范、产教结合、技术培训、产业研发、商业贸易、旅游采摘为一体的新品种、新技术、新成果应用的现代农业科技示范园。

开拓招商领域，实现工业园区化。随着人口的不断增多，可开发的土地资源逐年减少。如何利用有限的土地发挥更大的效益，成为双街村面临的重要问题。1998年，北辰科技园区为双街村拨付征用土地补偿金2400多万元。村领导抓住机遇，统一思想，用这笔款项“筑巢引凤”，出租招商。经积极筹集资金，共投资4500万元，在科技园区内购地8公顷建厂房，建成双盈工业园。双盈工业园建筑面积3.6万平方米，实现“九通一平”（通雨水、污水、电信、热力、电力、自来水、天然气、有线电视、道路，土地平整），能满足各类企业入驻要求，先后引进法国、意大利、韩国等国企业8家，年租金达 600 万元。至 2005 年，共兴建 3 个工业园区，总占地面积 66.67 公顷，先后引进 50 余家中外著名企业进驻，吸收外资 1000 多万美元、内资 1500 多万元，成为双街村的支柱产业。工业园区年销售收入 13 亿元，利税 1.3 亿元，每年为村集体增加收入 3000 余万元，园区为双街村的更大发展奠定了基础。双街村民就业率达到 100%，同时安置周边农村剩余劳动力 2000 余人。

成立集团公司，集体经济规模化。随着市场经济的发展，各自为战已不适应形势发展。为集中优势，形成规模，增强市场竞争力，双街村确立了走“工业化道路、城镇化道路、产业化道路”的发展目标，明确了“多元化、高端化、高质化、高新化”的发展方向。2003 年，双街村打破地域、所有制和产业界限，成立双街置业集团有限公司。后拥有天津双街农业科技开发有限公司、天津双街种养殖农业合作社、天津双街科技企业孵化器有限公司、中汇科技创业园、天津双街无缝钢管有限公司、天津双盈房地产开发有限公司、天津市双盈物业管理有限公司、天津双街盛兴经济建设开发有限公司、天津融耀置业发展有限公司、天津国耀置业发展有限公司等多家子公司。双街置业集团有限公司秉承“开拓创新、求实进取、和谐发展、惠泽于民”的理念，以“解决百姓关心关注问题、谋求民生民本福祉”为企业宗旨，致力于“实现经济腾飞和人民生活幸福指数的提高”，经营范围向园区运营、农业科技、房地产开发等多个领域逐步扩大。2004 年，集团参加竞拍收购位于天津市河北区律纬路上建筑面积近 3 万平方米的船舶大厦烂尾楼，投资 1 亿元将其打造成集商务、办公、商住、经济型酒店为一体的多功能现代建筑——中汇大厦，已成为河北区中山路一道亮丽的风景线。同时收购了精密钢管厂、欧格自行车公司、中国船舶华北公司等企业，实行全面开发。

2008 年，双街置业集团有限公司制定“2522”发展规划，即建成两个工业园区：双街工业区一区、双街工业区二区拓展区；五个社区：双街新家园、双街新城、双街新邨、城际美景、国耀 · 上河城；两个创业园：河北区中汇科技创业园、双街民营中小企业创业园；两条商贸街：京津公路汽车商贸街、双街新城商业街。是年，该集团销售收入 16 亿元，集体积累达 7 亿元，实现利税 1.6 亿元，农民人均纯收入 22000 元。

经过近二十年的建设发展，双街村彻底摘掉了穷困落后的帽子。一个由过去连电费都交不起的穷困村庄一跃成为全区、全市乃至全国的先进典型。双街置业集团有限公司也获得市级文明单位、学习型先进集体、五一劳动奖状，天津幸福城市企业贡献奖，以及全国壮大县域经济突出贡献企业等荣誉称号。

建设卫星城镇，农民住宅城镇化。2000 年年初，天津市政府着手推进农村城镇化建设，将双街镇定位为卫星城镇。双街村再次开拓新的领域，凭借超前的经营理念和雄厚的集体积累进军房地产业，首先实施“双街新家园”温泉小区建设。规划建设中，本着品位高、环境优、价位低、功能全的目标，配设双水双气（引滦自来水、温泉地热水、暖气、天然气），引入宽带网，采用地热采暖。配套建设了占地5000多平方米的中心花园广场和500个摊位的农贸交易市场，创造了集居住、休闲、文化、娱乐、健身、购物、经营为一体的现代化住宅小区。

2003年，双街镇被列为天津城市总体规划八大城镇组团之一。双街村抓住有利契机，借助国家的优惠政策，在全区率先进行旧村改造，规划建设了双街新城、双街新邨、城际美景、国耀·上河城等现代化居住社区。至2014年，共建成5个居民小区，总建筑面积100万平方米，配套建设了中心花园，以及具有仿古亲水园林特色的紫御园、千米商业古街，4500平方米的汽车城和银行、邮局、饭店、超市、学校、幼儿园、医院等商业、服务设施，有500多家商户和5家汽车4S店安家落户。村上下水道全部入户，有线电视户户接通；所有街道全部为宽阔平整的柏油路面，侧柏、路灯整齐美观。村民告别世代久居的平房陋屋，喜迁新居。双街村除解决了村民居住外，还以优越的地理位置、优美的社区环境、优质的服务质量，吸引市内及周边居民2万余人入住。

魅力乡村　都市家园

健全规章制度，营造民主双街。首先是加强村党组织建设，从抓班子入手，增强党组织的凝聚力和战斗力，创建坚强的领导核心。其次是重新修订村民自治章程，健全和完善各项规章制度，规范社区管理，落实“三级联创”，打造“民主双街”。充分发挥村民代表在“四个民主”方面的作用，做到村务公开及时、规范，群众的参与权、监督权、表达权、知情权得到有效的维护，通过营造民主氛围，树立民风正气。为促进和谐稳定，维护治安秩序，组织治安巡逻队昼夜执勤，营造安全宜居的环境。

提高村民福利，关注民计民生。20世纪90年代末，从解决村民困难、维护村民利益入手，为老百姓办实事，提高凝聚力。在经济发展的基础上，双街村以惠民为本，提高村民的福利待遇，建立健全看病就医、教育奖励、就业安置、环境管理、婚丧事管理及老年人生活保障、孤残人生活保障、优抚、低保等项制度，打造“和谐双街”。成立就业保障中心，安置本村富余劳动力500多人，就业率达到100%。村民全部参加农村新型合作医疗，医疗费用二次报销比例达80%以上；建立甲级卫生所，方便村民看病就医，村民小病方便治、大病看得起；提高群众防病和抵御大病的抗风险能力，防止因病致贫、因病返贫现象。建立养老、退休、新型助学奖励等10项福利制度，基本实现老有所养、少有所教、人人有工作的局面，广大村民共享改革发展的成果，双街村村民成为同时拥有股金、医保金、低保金、养老金的“镀金农民”，开始过上“平房变楼了，花钱不抠了，看病不愁了，好日子没头了”的美好生活。

完善配套设施，创造人居环境。从改善教育环境，创造教学条件入手，将提升人口素质作为创建文明社区的首要任务。2006 年投资 1000 万元，建成占地 5000 平方米，配备有微机室、钢琴室等设施的市级幼儿园；投资 3000 余万元，建成占地 3 公顷的市级模范小学，配套有高标准的教学楼、体育馆、科技馆、学生宿舍、餐厅、塑胶跑道等现代化的设施，可容纳 1800 名学生就读。

开展多彩活动，丰富文化生活。建设宽敞明亮、设施齐全的村文化活动中心、老年活动中心、健身文化广场等活动场所，开展一系列社区文化、体育活动。组建靓丽文艺健身团、戏曲班、秧歌队、八极拳武术协会、乒乓球俱乐部等文艺、体育队伍，坚持常年开展活动；组织广场舞、京剧演唱，创办“农家大舞台”，举办大型歌舞晚会，承办双街镇消夏纳凉晚会、北辰区计划生育专题晚会、天津全市“四下乡”启动仪式等活动，丰富村民文化生活。举办舞狮花会、“双街置业杯”全国武术大赛等大型活动。2008 年 2 月 21 日（正月十五），成功举办迎奥运——全国龙狮大联动启动仪式，被评为全国最佳活动组织奖、民族传统特别奖。双街鲍氏八极拳驰骋国际国内武坛，参加第三届国际武术比赛获金牌 54 枚，于 2009 年 6 月被列入北辰区非物质文化遗产。

双街村充分发挥村集体的智慧和力量，认真践行科学发展观，实现共同富裕，龙头带动、科技引领、示范推广，拉动周边贫困村发展，走出了一条率先发展、和谐发展之路。至 2016 年，双街村先后获得各种市（局）级及以上奖项 106 项次，其中全国奖项 26 项次。

今日双街村，综合实力雄厚，基础设施完备，楼宇壮观，环境怡人，老有所养，幼有所教，村民富庶，文明兴旺，各项事业成绩卓著，真正成为具有时代特色的社会主义都市新村。双街村先后荣获“全国精神文明创建先进村”“全国民主法治示范村”“国家级社区商业示范区”，以及“天津市红旗党组织标兵”“天津市文明村标兵”等称号。

前进只有起点，没有终点。双街人并没有满足已取得的成绩，而是在前进道路上脚踏实地，不断迈进。在国家“十二五”规划的指引下，双街村提出“高端定位，打造精品农业；高点运行，培育龙头经济；高质服务，营造优美环境；高优惠民，谋求民生福祉；高效管理，构建过硬队伍”的发展目标。2012—2015 年，销售收入逐年增长 20%，利税逐年增长 18%，农民人均纯收入逐年增长 15%。2016 年，双街村已建成“工业园区轴心带动，农业科技示范引领，优质服务业竞相发展”的新格局。

古堡村落　魅力梁堡①

梁堡村，宁夏回族自治区固原市隆德县奠安乡西部的一个传统村落。这里有新石器时期的齐家文化遗址，有保存完整的宋代古老城堡及明代古民居，有缠绕山梁的层层梯田，有一百多年的刘氏家传接骨术，有树龄500年的古老核桃树，有丰富厚重的传统文化。这里民风淳朴，崇文尚教，习武尚勇。这里生活着诚实守信、勤劳善良、耕读传家的一代代村民。

梁堡村历史源远流长，与华夏文明相始相伴。早在新石器时期，就有人类在这里繁衍生息。岴儿坪、崖上、夹耳子、马槽槽等新石器遗址出土的大量文物，足以证明它的历史源远流长。先秦时期这里为荒服，居西戎。战国时隶属秦，秦时属北地郡，汉时属安定郡，南北朝时属秦州，隋时属平凉郡，唐时属原州监牧地，宋时属德顺军，元时属德顺州。明朝属陕西布政使司平凉府静宁州隆德县，清朝属陕西省平凉府隆德县，民国时属甘肃省第二行政督察区隆德县，1949年属甘肃平凉地区隆德县，1958年10月至2016年，属宁夏回族自治区固原市隆德县。

明朝以前，有路姓人家住在这里，开荒种地。由于这里土地肥沃、水源丰富，又迁来毛姓人家，他们依山挖窑洞而居，于是一个小小的村落形成。光阴荏苒，时代变迁，梁堡村经历无数风雨沧桑。到明朝初年，从一个不起眼的小村庄，变成一个有董姓、柴姓、刘姓、梁姓、柳姓等众多人家的大村落。

这里曾经是唐制胜关西出陇右的孔道，是古丝绸之路东端中道上的一个驿站。随着丝绸之路的繁荣发展，优越的地理位置使梁堡村在历史的发展长河中，成为兵家必争之地和商贾云集的"旱码头"，历代均为货栈通衢、商贾云集、官吏驻跸之地。到了明代

① 选自宁夏回族自治区隆德县奠安乡梁堡村志编纂委员会编：《中国名村志丛书·梁堡村志》，2017年出版。

以后，梁堡演变成一个很大的贸易市场，商贸十分发达，曾经有世德堂、万义昌、福兴奎三家老字号药铺、商铺。来自陕西、甘肃等地的商贾、工匠、文人墨客不断汇集，使梁堡集市繁华、街道游人云集。清朝以后，随着战乱兵匪毁坏及官道位置改变，天水通往平凉、固原的道路避开梁堡，从唐山梁途经山河、隆德翻越六盘山，使得梁堡的街道渐趋衰落，道路由村南沿河改道北面。昔日繁华的梁堡街道现在变为一片粮田。

梁堡村距县城 20 千米，海拔介于 1800 ～ 2055 米之间，属黄土丘陵沟壑山地；属中温带季风区半湿润向半干旱过渡性气候。南有寺岴（凤山），北有北山（龟山），中间邸店河穿流而过，形成河谷川道区。20 世纪 50 年代至 21 世纪初，为改变贫穷落后面貌，梁堡人民开展筑坝、修梯田运动。从梁堡北山到南山沟壑台地，用背扛肩挑，用手推车、架子车推土，在梁堡后沟筑成了水坝，使山谷地带变成层层梯田。梁堡村梯田化建设的历程，对梁堡人民来说是一部气壮山河、惊天动地的创业史，是一场艰苦创业、再造山河的接力赛。可以说，20 世纪 60—70 年代梁堡村的青壮年都直接参与过筑坝修梯田的劳动，在层层梯田里洒下了他们辛勤的汗水。就是这个群体，用集体的智慧，在近 50 年的征途上，谱写了一曲曲感人肺腑的奋斗之歌。

梁堡村保存有完整的宋代古城堡，和隆德县其他以“堡”命名的村落一样，它的历史与宋代隆德县的笼竿城同时代，起到戍边作用。古城堡坐落在半山腰，城门朝西。城堡东西长 170 米，南北宽 70 米。由于便利的交通条件，在晚清至民国时期，匪患遍起，当地民众躲避匪患时常藏隐于古堡之中。古堡依山而建，地势险要，易守难攻，经历千年而保存完好。20 世纪 80 年代，曾有美国旅游考察团前往观光考察，对古城堡叹为观止。

古城堡内绿树成荫，静谧而洁净，民居比一般农村的建筑显得古老许多，青瓦木窗见证着这里的沧桑。而世事变迁，古城堡也经历着属于自己的变化。经过搬迁，堡子里的居民由原先的 60 多户减少至现在的 17 户。这里的农民勤劳善良，祖祖辈辈靠双手创造着属于自己的新生活。

堡子里最吸引人的，是一处至今仍保存完整的明代古宅——世德堂。古宅占地一亩多，坐北朝南，由门庭、左右厢廊、正殿组成。屋面盖有小青瓦，清水脊，门额上镶有“世德堂”匾额，匾额落款写有“岁在乙卯浦月上浣之吉”“表弟薛梦麟赠”的字样。古宅内仍摆放着祖传下来的明代太师椅、笔盒、古砚、锦盒、官帽架等文物。其中，三枚雕刻精美的印章、明代的水烟壶都显示出宅子主人曾经不一般的地位。世德堂的主人刘昌友、刘昌珀弟兄二人，传承祖辈接骨医术一百多年，声名远扬。

宁夏籍导演刘苗苗 1992 年曾在这里拍摄电影《杂嘴子》。影片《杂嘴子》全程背景以梁堡村及梁堡古城堡为主，并在城门额写上“吉祥”两字，群众演员大多数为梁堡村村民。《杂嘴子》作为刘苗苗创作历程新高度的标志，通过西北农村一个家庭的变故，融进了亲情、爱情、死亡、失落及儿童的独有心事，1993 年夺得了第 50 届意大利威尼斯电影节“国会议长”金奖。

经过数千年的历史演变，梁堡村保留了弥足珍贵的历史文化，积淀了深厚的历史文化底蕴。梁堡村蕴藏着丰富的历史信息和文化景观，是中国农耕文明保留得较完整的文化遗产之一。这里受中原农耕文明、北方游牧生活方式、陇右传统民间习俗、伊斯兰回族文化的相互渗透相互影响，民间艺人层出不穷，有木匠、毡匠、石匠、铁匠等。传统习俗特色鲜明，民风淳朴，饮食小吃地方特点突出。

梁堡村保留和传承了中华民族优秀的传统文化，教育文化事业繁荣。“耕读传家远，诗书继世长”，梁堡人崇文重教，开办私塾，民国时国民政府设立梁堡国民学校，中华人民共和国成立后设立梁堡小学。一代代读书人走出梁堡，为国家贡献自己的聪明才智。民间习俗和文化艺术发扬光大，有放社、马社火、皮影戏、地摊戏、秦腔、剪纸、刺绣、农民画等。

梁堡地灵人杰，习武成风，武生辈出。全村有 34 人参加青年远征军、中国人民志愿军、中国人民解放军特种部队等，先后涌现出一批保家卫国的忠勇之士。

2012 年 12 月，经中国传统村落保护和发展专家委员会评议认定，住房和城乡建设部、文化部、财政部公布，梁堡村被列入第一批中国传统村落名录。

2014 年 11 月，国家发展改革委、国家旅游局等七部委决定实施乡村旅游富民工程，梁堡村被列入第二批国家乡村旅游扶贫重点村名单。自 2015 年开始，由中央统筹、地方负责，整合资金支持梁堡村景区开发，扶持旅游业发展。该项工程的实施，将进一步推进民俗文化的传承和发展，提升梁堡村文化旅游业层次和水平，加快梁堡村群众脱贫致富步伐。

“东崖口”入崖第一村①

庙宫村是河北省承德市围场满族蒙古族自治县四道沟乡的一个小村。在清代，这一带是康熙、乾隆、嘉庆三位皇帝进入木兰围场行围肄武的东大门，时称“东崖口”。嘉庆十六年（1811），皇帝在此地敕建了“兴安大岭神祠”，又称“东庙宫”，庙宫村由此得名，并因这一独特的宫庙合一建筑而远近闻名。

2005 年后，凭借东庙宫等古迹，借助休闲观光农业的发展，庙宫村已成为木兰围场旅游区的一个重要组成部分。

“溯源九曲水，扼要两崖山。地限神仙境，天开虎豹关。锦屏围匼匝，琴峡泻潺湲。小猎宜新霁，诸藩喜动颜。”这是乾隆皇帝在《入崖口·丁亥》诗中对“东崖口”景色的描写，崖口所处的位置就是如今的河北省承德市围场满族蒙古族自治县四道沟乡的庙宫村。清代，康熙、乾隆、嘉庆三位皇帝带领满蒙八旗军从京城出发北上，经热河（今承德市北）进入木兰围场，举行声势浩大的“木兰秋狝”活动。此地既是入围的第一站，也是木兰围场七十二围之一的伊逊哈巴奇围，还是入围后举行第一场“甸猎”之地。由此，庙宫村便当仁不让地成为“东崖口”入崖第一村。

庙宫村位于围场满族蒙古族自治县南部，距县城 26 千米，距承德市 130 千米。全村以伊逊河为界，划为 3 个相对独立的自然营子，总面积 10.9 平方千米，人均建筑面积 31.31 平方米，人均住房面积 26.9 平方米。此地是清代皇帝从东线进入围场的天然门户，群山环抱，险峰壁立，一水中流，玉带缠腰，龙松接天，苇蒲摇风。从康熙二十年（1681）前后设立木兰围场，到嘉庆皇帝于嘉庆二十二年（1817）最后一次“木兰秋狝”，130 余年间，这里的一山一水见证了千骑列塞、万幕蔽野、百兽挺走、青骢驰

① 选自河北省围场满族蒙古族自治县四道沟乡庙宫村志编纂委员会编:《中国名村志丛书·庙宫村志》，2017 年出版。

猎的秋狝盛况，更见证了清代帝王通过肄武绥藩，巩固北部边防，团结北方各少数民族，维护多民族国家团结统一的大智大略。从有关文献来看，康熙、乾隆、嘉庆三位皇帝北巡秋狝曾10余次驻跸于此，在今庙宫水库上游两山之间的平甸举行“甸猎”50余次。同时，还多次在此地宴请外藩蒙古王公、处理政务。

历史的烟云已悄然散去，但这段历史却为庙宫村留存了国内独特的宫庙合一皇家古建筑东庙宫、《入崖口有作》诗碑和《木兰记》碑；留下了清代帝王和文臣行围咏志的诗篇百余首。清代皇家“木兰秋狝”文化的历史遗存，对研究清代皇家围猎以及政治、军事、民族、宗教、文化等具有重要的学术价值，也为庙宫村乃至全县、全市、全省留下了不可多得的宝贵的旅游财富，成为庙宫村文化、经济发展中的重要引擎。

庙宫村建村年代并不久远，在清同治元年（1862）放垦围荒之前，村域内只有驻防的满蒙八旗官兵及其家属。从此时算起，庙宫村建村距今也不过150余年。

庙宫村的自然生态在一定程度上得益于“木兰秋狝”期间的保护，加之中华人民共和国成立后的持续建设，使其水草丰美、风景秀丽。随着社会的变迁与历史发展，满蒙八旗的后裔在住宅、衣着等外在民族文化特征上已不再显著，但传统民俗文化则通过庙会、八大碗、二八席、蒸年糕等形式仍世代传承。

庙宫村村民世代以农业种植为生。中华人民共和国成立以前，由于耕地少、自然灾害多，村民饱受饥寒。尤其在20世纪30年代至40年代，纯朴善良的庙宫村村民不但经历了多年的匪患，更尝尽了日伪政府“集家并村”带来的苦难。

中华人民共和国成立后，庙宫村村民分得了土地和牲畜，生活日渐好转。在党和政府的领导下，他们积极追求幸福的生活，在传统种植业中不断尝试种植新的作物、新的品种，走过了一条从传统粗粮耕作到种植寒地水稻，从玉米制种再到观光农业的发展之路。

在不断调整与变化的过程中，庙宫村的发展道路并不平坦。20世纪60年代初，因为修建庙宫水库，村民无偿奉献了熟悉的家园；60年代末，在修建京通（北京—通辽）铁路时，部分村民再次经历了搬迁；1997—1998年，在修建承围（承德—围场）公路时，又有很多村民经历了迁建。那时，他们并不富裕，有的村民实在没有地方盖房子，只好经过当地政府和有关部门批准，找个山坡挖开一个断面，就着山体盖房子。

改革开放后，庙宫村村民走上了一条全新的发展之路。

依托退耕还林工程，他们充分发挥区位、气候等优势，紧紧抓住四道沟乡打造果品之乡的有利契机，积极退耕还果，打造千亩果品观光园、寒地果树观光采摘园、“开心农场”和红树莓采摘园，成立专业合作社，注册果品商标，培育采摘示范户，使果品生产、销售迅速成为全村经济发展的支柱型产业。种植的金红苹果、香果等果品不但畅销京、津、冀、鲁等省市，还远销越南等国家。春天，果花满山，姹紫嫣红；夏秋时节，红果满枝，果香四溢。果品之乡不但吸引了大批的游客前去观光、采摘，还助推了全村休闲观光旅游业的发展。

庙宫村的旅游业起步于2005年。10年来，依托域内的东庙宫、《木兰记》碑、《入崖口有作》诗碑和庙宫水库国家水利风景区等资源优势，庙宫村积极发展乡村旅游事业，对东庙宫进行修复，先后引进燕军农家庄园、塞北生态园、旅游接待中心、仿古四合院、古崖口漂流、伊逊哈巴奇围场庙宫庄园等建设项目，并与休闲观光农业、果品生产采摘有机结合。借助丰富的历史文化遗存，将神奇优美的自然生态景观、浓郁的满族民俗风情相融合，全力打造独具特色的围场南节点景区。走进庙宫村，可寻觅古迹，研究探讨世界上独一无二的“木兰秋狝”文化；可观光采摘，在观赏优美风景的同时品尝新鲜美味的水果；可漂流，在伊逊河体验全程近两个小时的“激、平、峡、环”式漂流，享受激流勇进的快感，观赏崖口沿途的风光。2014年，制定围场满族蒙古族自治县全域旅游发展规划，提出在庙宫村一带打造独具特色的国家AAAA级旅游景区，与塞罕坝国家森林公园、御道口草原森林风景区、围场红松洼国家自然保护区，乃至围场县周边的各个景区连成一体，成为“水的源头、云的故乡、花的世界、林的海洋”。

2010年后，庙宫村紧紧围绕农村新民居建设、农村面貌改造提升行动、中国最美休闲乡村建设和少数民族特色村寨建设，集中开展“五清”（清垃圾、清杂物、清残垣断壁、清庭院、清圈舍）、“四化”（净化、绿化、亮化、美化）、“五改”（改房、改厨、改水、改能、改厕）工作，绘制文化墙，安装路灯，硬化道路，铺设巷道，建设停车场、文化广场和旅游公厕，进一步改造完善全村的水、电、路、通信设施，成立村民中心、农家书屋和文化活动中心，使全村的公共服务功能进一步提升，村庄绿化率达40%，有效地改善了村容村貌，村民的生活环境实现质的飞跃。为了实现村容整洁的常态化，庙宫村还结合村情实际，制定村规民约、卫生管理、门前三包、监督保洁等工作制度，购置垃圾车和垃圾箱，设立卫生清洁队，确定卫生保洁员、卫生监督员，完善“日清洁、周检查、月评比”的工作机制，确保村庄环境干净整洁。在村组干部、包片负责人的带动下，全村村民自觉加入维护环境卫生的队伍，保持干净整洁已经成为全村村民的自觉行动。

积极组织村民参加市、县举办的文明创建活动，并自行组织开展一系列文明家庭、文明村民评选活动，倡导朴实自然的民风，营造和睦相处、生活和谐的环境。通过成立秧歌队、舞蹈队，开展“双文明示范户”“十星级文明户”“美丽家庭”等评选活动，树立了一批文明美德、幸福家庭、成才能人的典型。2014 年以来，庙宫村先后入选首批河北省美丽乡村、河北省文明村、河北美丽田园，被农业部评为中国最美休闲乡村，并被河北省民族宗教事务厅确定为重点推进建设的全省少数民族特色村寨之一。

走进这一飘荡着古典气息的村落，清澈的伊逊河水环村而过，平整、干净的路旁绿树成行，布局整齐的村居粉刷一新，散步和健身的村民笑容绽放。生活在庙宫村的人们，正在用自己的生活演绎着社会主义新农村的幸福与美丽。

绿色山村　高山峡谷谱华章①

兰英村拥有极具视觉冲击力的兰英大峡谷和阴条岭国家级自然保护区，青山绿水，生态优美。村民因地制宜，长期过着自给自足的农耕生活，流传并保存了丰富的原生态民俗文化，其中婚丧节俗礼仪隆重，而五句子山歌、民间故事等被列为重庆市非物质文化遗产。改革开放后，国家加大了精准扶贫力度，兰英村的经济、基础建设得到了长足发展，村民过上了幸福生活。

兰英村隶属重庆市巫溪县兰英乡，位于巫溪县东部，南部和西部与巫山县当阳乡、巫溪县兰英乡西安村毗邻，东部与湖北大九湖相依，北部与巫溪县双阳乡接壤，距离巫溪县城 30 千米。村境地处渝鄂要冲，山高林密。当地一直流传着《薛刚反唐》的民间故事，相传薛刚、纪鸾英夫妇反唐时，曾在兰英村的高山草地上厉兵秣马，长久活动。因当地方言“鸾”“兰”不分，故将纪鸾英称为纪兰英，村名即源自民间故事中这位巾帼英雄的名字。2016 年，兰英村有高坪社、同兴社、牛郎社、双坪社、兰英社 5 个社，286 户 1006 人。全村总面积 54.6 平方千米，其中兰英大峡谷占 15.9 平方千米，阴条岭国家级自然保护区占 38.7 平方千米，同时拥有大峡谷和原始森林风貌，是环境优美的生态名村，与周边的神农架、巫山、大官山、云台寺等旅游名胜连为一体，已成为重庆市巫溪县、巫山县、奉节县金三角旅游重要景点区。

青山绿水　生态美

兰英村的低山部分在兰英大峡谷里，峭壁耸立，水响瀑鸣，高山部分属阴条岭国家

① 选自重庆市巫溪县兰英乡兰英村志编纂委员会编:《中国名村志丛书 · 兰英村志》，2017 年出版。

级自然保护区，莽莽原始森林一望无边。村内海拔高差大，十里不同天，植被层次分明，四季风光迷人，珍禽异兽出没其间，无空气、水、噪声和固体废弃物等污染，森林覆盖率高达 80% 以上，人与自然和谐相处。

走进兰英村，一条蜿蜒远走的巴岩子河，清波荡漾，将地形切割成幽深的大峡谷，两岸的溪流、瀑布从天坠落，声响远播。奇峰怪石直插蓝天、姿态各异，悬崖绝壁宛若刀削，猿猴不及，阴晴朝暮云蒸霞蔚滚雾流岚，寒来暑往青红紫绿色彩斑斓。地貌百变景万千，一步一景，步步皆景。

当海拔直上 1300 多米后，方能见到山上之山。进入平缓的台原地带，可以看到许多纵横交错的浑厚山峦，植被茂盛，饱满的山峦之间是平坦的高山草场。这就是阴条岭国家级自然保护区，藏有大量珍稀濒危物种，是难得的“天然物种基因库”，拥有重庆市唯一的原始森林和无污染的高山草场，被誉为“三峡第一园”。主峰阴条岭海拔 2796.8 米，是重庆市最高峰，被称为“重庆第一峰”。园区内珍贵动植物随处可见，风光与兰英大峡谷迥然不同。一望无际的原始森林，春天深深浅浅的嫩绿在枝头摇曳，充满了无限生机；夏季绿涛翻滚，空气里弥漫着各种花与药的香味，沁人心脾；秋日里艳阳高照，瓦蓝瓦蓝的天空中，飘浮着几朵白云，下面是道不完的色彩，那层层叠叠的黄和红，是秋风、秋霜染成的各种乔木的容颜，常绿树木和翠竹是绝佳的点缀；冬天白雪皑皑，玉树琼枝，鸟兽无法隐身遁迹，是绝妙的风景。

山歌小调　原生态

兰英村被群山深谷包围，村民长期过着自给自足、自得其乐的乡野生活。大山隔阻了外界的侵扰，使兰英村形成了独具魅力的民俗文化，不少传统民居、传统技艺、民间奇术、山歌小调、传统民俗等至今保存完好，原汁原味。兰英村五句子山歌作为巫溪县五句子山歌的一部分，兰英村民间故事作为巫溪县民间故事的一部分，被列为重庆市非物质文化遗产。

兰英村民因地制宜，发挥聪明才智，灵巧地选择、利用当地资源，建房时土、竹、木、石结合，做到了温暖、透气、美观、节约。农家火塘（地下挖的四方小坑，用于烧火）四季不熄，吊锅炖腊肉土鸡，香味袭人，爽口益胃。

兰英村传统医药中的推拿、烧灯火、接骨斗榫、中草药方等，简约且行之有效。教育上的“肉口传”，强调用“心”记，多实践。一些民间工艺，如刺绣、编织、石雕、漆工、木工等，独具匠心，展现了兰英村人心灵手巧的一面。

走在兰英村的土地上，高亢悠长的山歌在峡谷山林里穿梭。兰英村人爱唱山歌，尤其喜欢唱“五句子山歌”。五句子山歌与诗词相比，在语言上不要求避“俗”求雅，而是广用村言俗语，清新、朴实、自然，富有浓郁的生活气息和地方色彩，易懂易记、朗朗上口。五句子山歌没有太多的哀怨忧愤，而是以欢快直露、纯朴真挚见长。形式上多是自由对答和往来，男女感情直接交流，充满着男欢女悦之情。兰英村的五句子山歌反映了村民生活的方方面面，歌词以七字句为基础，每首五句，内容生动形象，请听：

对面河边一树桃，
桃树下面架铁桥，
郎走三步溜溜闪，
妹走三步闪溜溜，
闪不断铁桥情不丢。

兰英村人干活时，尤其是妇女们做针线活时喜欢唱民间小调。过年过节或下雨天休息时，人们也喜欢聚在一起唱或听别人唱。小调歌词通俗，音调优美，抒情性强，唱法简单，普及性强。兰英村的民间小调历史久远，以反映爱情和劳动的居多，至今仍保留并传唱的有《探妹歌》《探郎歌》《十把扇儿》《采茶歌》《绣荷包》《十送》《十想》《帕子歌》《十劝》《十杯酒》等。

兰英村由于长期生活在幽谷深山中，人们深受传统观念、信仰、生产生活方式的影响，形成和保存了种种古老、淳朴的节俗、婚俗、丧俗、酒俗、食俗。村民们普遍崇尚自然，尊重生命，认为婚姻是孕育生命的开始，丧葬是生命的终结，所以婚丧仪式异常隆重，各有一套传承久远的典礼程序，幸运地保存了下来，并成为巫溪县非物质文化遗产。兰英人尤其重视春节、清明、端午、月半（中元）等节日，逢期都要接已出嫁的姑娘回家吃饭。生产中遇农历“戊”日休息，不动土。

靠山吃山　共脱贫

兰英村山高坡陡，沟壑纵横，耕地少，土质差，自然灾害频繁，农业生产条件和农民生存条件恶劣，长期以来都属经济落后地区，贫困面大，贫困人口多。中华人民共和国成立之初，国家就下发救济粮和救济衣帮助困难户。1955 年，兰英村 40% 的人口接受救济，是历史上接受救济人口最多的年份。

1987 年，巫溪县下达第一批扶贫项目专项贴息贷款，其中兰英村获得 6000 元，主要用于药材种植和经济林种植。这次贴息贷款使兰英村的药材种植普遍发展起来，1990

年兰英村人均年收入400元，从此解决了温饱问题，但全村仍未脱贫。

1997年，兰英村开始大力发展烤烟，前期生产成本从银行贷款，县烟草公司贴息，贴息贷款连续实施15年，全村年均贷款15万元。村民收入开始大幅度增长。同时兰英村人开始修建村内第一条土石公路，修建时困难重重，政府仅提供购买炸药费用，其他费用村民自筹，运送修路设备、器材全靠人力，修路还要经过兰英大峡谷，而兰英村段从峡谷底到峡谷顶，垂直距离1600多米，要急拐好几道弯才能上去。于是兰英村人男女老少齐上，不分白天黑夜地干，用简陋的工具挖、刨，开山碎石来砌路基、填地面，花了三年多时间，终于在1999年建成通车。这一年成为兰英村人出行的转折点，兰英村民迎来了以车代步的时代。

2005年，兰英村有“五不通”（不通路、电、水、电视、电话）窎远户76户，根据高山移民政策，村里组织村社干部将这些户的耕地、林地、宅基地进行核实登记，完成了搬迁的基础工作。2008年6月，兰英村正式启动易地扶贫生态移民工程，逐年有计划地实施搬迁。

2010年，在巫溪县、兰英乡政府的领导下，兰英村实施三年项目增收工程，依托扶贫政策，确定了以烤烟、山羊、土鸡为主的增收产业。县畜牧兽医局对兰英村给予项目扶贫资金补助，山羊每只补助100元，土鸡每只补助10元。并积极探索林下种草养畜、林下种药、林果发展（核桃、板栗）等多种复合型发展模式。

2012年，三年项目增收工程完成时，兰英村成功实现户均增收12355.14元，人均增收3426.25元。全村种植烤烟1000亩，产烟约150吨，均价10.97元，位列全县第一，达到历史最高水平，村民烤烟年人均收入从1997年的700元上升到3400元。

兰英村通过贴息贷款、高山生态移民搬迁、项目增收等，成功带领部分贫困户脱贫致富。但兰英村致贫原因复杂，如因病致贫、因学致贫、因残致贫、缺技术致贫、缺劳动力致贫、交通条件落后、缺土地、自身发展动力不足等。此外，特殊困难群体如五保户、低保户、60岁以上老人、部分或全部失去劳动能力者较多，脱贫难度大。

2014年，兰英村被巫溪县确定为整村脱贫村，全村286户1006人，有建卡贫困户66户241人。在扶贫政策的支持下，兰英村实施房屋改造，全村掀起了建水泥砖房的热潮，100多户新建了砖房，全村50%的家庭住上了砖房，不少家庭还是小洋楼。

2015年，兰英村整村脱贫工程全面展开，全年脱贫9户31人，新增1户4人。

2016年，由乡村干部对贫困户实施“一对一”结对帮扶，为帮扶户制定脱贫方案，争取产业发展资金，实施精准扶贫，开发新项目，全年脱贫41户154人，新增24户82人。

截至 2017 年，兰英村共实施高山生态移民搬迁 55 户 182 人；在境内修建了 31 千米的公路；实施了人畜安全饮水工程，95% 的村民喝上了清洁的自来水；建立了移动通信基站和电视卫星接收站，移动信号、广播电视信号、4G 网络全覆盖；植树造林成绩显著，全村绿化面积达 80%，成为生态保护区。村民生活条件大大改善，家用电器、新式家具、小汽车等走进了兰英村民家。

兰英村为了达到整村脱贫致富的目的，在新时代又开始了新一轮的精准扶贫、脱贫攻坚工作。以绿水青山就是金山银山的理念，走“基础强村、产业富村、旅游活村”之路，坚持扶贫开发与生态保护并重。在因地制宜强化传统种养经济的前提下，充分利用境内丰富的自然生态优势和民俗文化优势，打造峡谷人家，建设养生休闲兰英，发展旅游经济，让村民一步步坚实地奔向小康生活。

兰英村钟灵毓秀，不乏杰出人物，如威震敌胆的抗日英雄曾庆益，靠勤劳致富广施仁爱的乡绅向国美等。兰英村境内的巫盐古道，是以前巫溪县大宁盐厂到湖北神农架和房县的必经之地，来来往往的盐背子在陡峭的山路上用汗水书写了生命的赞歌，留下了许多生动感人的故事。历史上许多豪杰枭雄也在兰英村留下了深深的足迹，如张飞在兰英刘和尚洞剿匪、张献忠出川过兰英、贺珍屯兵兰英寨、王聪儿在兰英寨建白莲教后方大营等。丰富的动植物资源也吸引了知名科学家前往考察，如英国植物学家威尔逊在阴条岭兰英寨考察植物等。

望得见山，看得见水，记得住乡愁。灵秀的山水、灵动的文化、灵巧的生活、灵慧的生命，组成了高山峡谷里灵妙的韵律，不断奏响时代强音，创造着兰英人最本真、最幸福的生活。

千载灵秀地　烟台古现东[1]

古现东村是胶东半岛一座滨海小村，位于山东省烟台经济技术开发区古现街道。她坐落于凤凰山下，北怀黄金河，西依磁山，东望大海，地灵人杰，向有“出斗米官之村”和文化名村之誉。

一

古现东村的历史最早可追溯到2700年前。商周时期，古现一带属莱国；春秋时为牟子国迁徙地；战国时为齐康公食邑；秦时为齐郡腄县地。

《史记》载，公元前219—前215年，秦始皇曾三次东巡，均途经古现一带，“登之罘，立石颂秦德”，涉水“柳林”，畅饮“圣水”，造访“古城”，展风“崀岦”，夜跸磁山，并于山半建“阴主祠”。其后，汉武帝为求长生不老之药，也屡屡造访此地。

西汉元朔三年（前126）至北齐天保七年（556），古牟平县治所设此，故后称“古县”，后演为“古现”。在长达近700年作为县治的时间里，古现东村经济、文化日渐繁荣，最终发展成为胶东重地。

二

明洪武年间（1368—1398），登宁盐课司大使王忠卜居河北村，繁衍生息，渐成望族；王忠“再传之后以明经登仕，版官县令者踵相接”，及八世王道增移居现址，更是声望日隆，科第绵绵。明清两季王氏家族先后考中二十七进士、六十三举人、

① 选自山东省烟台市经济开发技术开发区古现街道古现东村志编纂委员会编：《中国名村志丛书·古现东村志》，2017年出版。

五百一十五生员。其中为督抚者三，为翰林者六。

在这些科举英才之中，有敢于为民请命，为国分忧的“养素尚书”王鹭，有被百姓称为“白面包公”的王柔，有“清廉总督”王检、经学家王兆琛、金石学家王祖源、文学家王照圆等，而被誉为甲骨文之父、民族忠魂的王懿荣更是其中最杰出的代表。

今天，漫步古现东村，依稀可见燕山堂、有棣堂等王氏家族的居落遗迹，透过数百年历史烟云，尚且感受到其家族文化的厚重，同时也引发更多的思考和感悟。

三

“要想吃好饭，围着福山转。”古现还是鲁菜之一——福山菜的发祥地，这里依山傍海，物产丰饶，特别是小海鲜久负盛名。在古现，家家户户都做得一手好饭菜，“葱烧海参”“油爆海螺”“清炒花蛤”“全家福”等，名目繁多，不一而足。也正是这块烹饪热土孕育了一代又一代名厨高手，明清时期古现名厨就被宣旨入宫，为帝王烹制菜肴。其后，“古现帮”声名鹊起。中华人民共和国成立后，烹饪业快速发展，“古现帮”领头人王义均在老一代厨师的引领下，跻身中国烹饪界名厨高手行列，先后出任北京丰泽园饭店技术总监、丰泽园饭店高级技术顾问，2000 年被国家国内贸易局授予“中国烹饪大师”称号。受其影响，“古现帮”日渐壮大，古现一带村庄往往过半人口从事烹饪业，涌现出一批代代相传的烹饪世家和名师高手。

四

山华水秀，灵气所钟。千百年来，在这块古老的土地上，勤劳智慧的古现人胼手胝足，创造了一个又一个辉煌，而当外敌入侵，民族危亡关头，他们又表现出卓尔不凡的勇敢和强烈的爱国情怀。甲午战争期间，古现人在王懿荣带领下，办团练，筑堡垒，众志成城，及至北京城破，懿荣慨然投井殉国，展示了高贵的民族气节；抗日战争期间，古现民兵配合胶东八路军，出奇制胜，给日本侵略者以沉重打击，最终将其赶出家园。

中华人民共和国成立后，古现人民在中国共产党领导下，发展生产，重建家园，土地改革、农业合作化运动、农业基本建设、推行农村联产承包责任制等各项工作都走在前列。

中共十一届三中全会之后，古现人乘改革东风，调整产业结构，狠抓工商经济，开出一片新天地。2002年划归烟台市经济技术开发区后，再次迎来发展机遇，全村经济迅速崛起。今天的古现东村已顺利实现产业转型，全面融入烟台临港经济发展板块，一个富裕、文明、现代化的社会主义新农村正向着美好未来阔步前行。

黑龙江右岸的璀璨明珠——八岔[①]

黑龙江省同江市八岔赫哲族乡八岔村，位于同江市东北部的黑龙江右岸，为八岔赫哲族乡政府所在地。南毗同江市银川乡与八岔赫哲族乡新强村、新颜村、新胜村，北与俄罗斯隔黑龙江（俄罗斯称阿穆尔河）相望，边境线长 32 千米。全村 198 户，502 人。村域面积 144.33 平方千米。八岔村是全国美丽宜居村庄、中国少数民族特色村寨、全国文明村、全国美丽休闲村庄。

2013 年 8 月，八岔村遭遇超百年一遇的特大洪灾。11 月 4 日，李克强总理亲临八岔村视察，慰问受灾群众，部署灾后重建。李总理到赫哲族群众家中，坐在炕头上和大家唠家常，嘘寒问暖，无微不至。2014 年，在党中央和国务院的关怀部署下，大庆油田公司无私援建，只用了不到两年的时间，就在天赐湖畔建起了一座现代化的赫哲族别墅式新区。以此为支点，八岔村形成了以农耕渔业为基础，以特色旅游为动力，以渔牧养殖为补充，以生态保护为根本的经济发展新格局。2016 年 5 月 24 日下午，习近平总书记冒雨来到八岔村，走进赫哲新区，深入赫哲人家和八岔村伊玛堪传习所，关心特色文化的传承和发展，为八岔赫哲族经济发展、人文进步、文化传承指明了前进的方向。之后，八岔赫哲族群众撸起袖子加油干，大力开发民族特色旅游资源，仅用了不到一年的时间，就初步形成了以八岔赫哲新区为中心的八岔民族产业和旅游业小型经济圈，乡村经济迅速崛起，赫哲族群众生活水平不断提升，精神面貌焕然一新。

八岔村是中国六个人口较少民族中赫哲族的主要发祥地和聚居区之一。赫哲族是中国东北地区一个历史悠久的少数民族。赫哲族文化和三江平原上的新石器时代文化存在着悠久的渊源关系。“赫哲”有“下游”或“东方”之意，主要分布在黑龙江省同江市、

① 选自黑龙江省同江市八岔赫哲族乡八岔村志编纂委员会编:《中国名村志丛书 · 八岔村志》，2017 年出版。

饶河县、佳木斯市郊区。少数人散居在抚远、桦川、依兰、富锦四县（市）的一些村镇。因分布地区不同，从而有不同的自称。居住在富锦市大屯沿松花江中游的，称“那贝”；居住在嘎尔当屯至街津口村的，称“那乃”；居住在勤得利村沿黑龙江下游至乌苏里江的，称“那尼奥”。八岔，赫哲语为“八陈”，即“柳条通”[①]“夹芯子”[②]的意思，后逐渐演变为八岔。八岔村的赫哲族是明代野人女真一个分支的后裔，世代在黑龙江下游沿江生活，繁衍生息，以渔猎为生，因穿鱼皮制衣，被称为“鱼皮部”，因擅长使用猎犬狩猎，又称“使犬部”，信仰萨满教，有自己的语言——赫哲语，属于阿尔泰语系通古斯语族满语支，无文字，早年削木、裂革、插草、结绳记事。因长期与汉族交错杂居，通用汉语。

赫哲族民俗风情带有传奇和神秘色彩。千百年来，赫哲族人民在黑龙江、松花江、乌苏里江流域繁衍生息，依山而猎，沿江而渔。这是一个饱经沧桑和磨难的民族。中华人民共和国成立前，赫哲族人民饱受帝国主义和反动势力的欺凌和压迫。清宣统二年（1910），英国在当时的临江州（今同江市），设立了拉哈苏苏海关，对过往船只收取关税，盘剥生活在困苦之中的赫哲族人民。日伪统治时期，日本军国主义对赫哲族实施了种族灭绝政策，到解放初期，赫哲族仅存 300 余人。中华人民共和国成立后，党和政府高度重视赫哲族政治、经济、文化和社会发展。根据 2010 年第六次全国人口普查统计，中国赫哲族人口已达 5354 人。

八岔赫哲族人为赫哲族文化创新和传承做出突出贡献。赫哲族文化是中华民族璀璨的艺术瑰宝。经历千百年的世纪风雨，赫哲族不仅创造了丰富的物质财富，还创造了鲜活的精神财富。在漫长的渔猎生产、生活中，八岔赫哲族群众为传统民族文化的创新和传承做出了不懈的努力，涌现出众多具有代表性的说唱俊才。八岔村民吴进才、吴连贵、董凤喜、尤德顺、付兴春、付喜凤说唱的伊玛堪、说胡力、特仑固、嫁令阔堪称经典。赫哲族是个崇尚莫日根[③]的民族，千百年来创作了几十部以歌颂英雄为主题的史诗伊玛堪。伊玛堪在三江流域赫哲族群众中广为流传，成为民族的赞歌。1964 年，付兴春代表赫哲族在北京人民大会堂表演说唱伊玛堪。特别是八岔赫哲族人吴连贵和吴进才留有多部伊玛堪长篇和片段。伊玛堪已被联合国教科文组织列入濒危文化遗产名录。

赫哲族人能歌善舞。早期的舞蹈多是模仿飞鸟、游鱼，模拟狩猎活动。由于他们尊

① 柳条通：东北方言，指江中岛上柳条集中生长的地方。
② 夹芯子：东北方言，指夹在两条河流之间的小岛。
③ 莫日根：赫哲语，意为英雄。

崇萨满文化，请神、祭神、以歌舞娱神亦成为赫哲族舞蹈的另一主要形式。赫哲族舞蹈独具特色，多姿多彩，有狩猎舞、捕鱼舞、生活舞、萨满舞、篝火舞等。八岔村的舞蹈作品主要有《天鹅舞》、《鱼鹰舞》、《神鼓》（萨满舞）、《天鹅家乡的姑娘》、《冬渔姑娘》、《跳路神》等。其中，大多数作品在赫哲族乌日贡大会上演出并获奖。一些舞蹈作品和业余舞蹈演员在黑龙江省少数民族文艺会演中崭露头角，参加了全国乃至国际文艺交流活动。1959 年，八岔村的吴进才、尤桂兰等把新编的《天鹅舞》带到了省会哈尔滨市，参加全省少数民族群众业余文艺演出，并获得大奖。八岔赫哲族人制作的鱼皮画、鱼骨画、桦树皮画，工艺精湛，堪称“赫哲三绝”，名扬海内外。

八岔赫哲风俗具有浓郁的地域特色。丰饶美丽的八岔岛是赫哲族人世代居住的故乡。在漫长的渔猎生产、生活中，赫哲族人创造了独特的历史文化，积淀了区别于其他民族独有的民族风情。八岔渔乡里，黑龙江惊涛骇浪中闪现着赫哲族人划着桦皮船，用鱼叉捕鱼的身影；百里雪乡上，映衬出赫哲族人脚踏滑雪板疾驰，用激达狩猎的雄姿；朝霞掩映，青年男女在江面彩船中迎送新人的习俗；春暖大地，赫哲族人开江捕鱼祭江的场景；乌日贡大会民族喜庆的欢悦；长期狩猎、捕鱼中形成的塔拉哈、刹生鱼、炒鱼毛、和和饭……成为独特的赫哲族饮食文化；八岔赫哲族人新居的建筑艺术展示了从撮罗子到社会主义新农村的历史巨变。浓郁的赫哲风情，给人以聆听赫哲族历史脚步与时代新潮融合的回声之感。2014 年 11 月，赫哲族婚俗经国务院批准，被列入国家级非物质文化遗产保护名录。

八岔网滩是世界名曲《乌苏里船歌》的主要编创地之一。1962 年秋，黑龙江省歌舞剧院青年作曲家汪云才带着创作歌颂中华人民共和国、歌颂人民新生活的任务到八岔村体验生活。他一头扎进当地赫哲族群众的家中，融入赫哲族人的生活里，每天在网滩上与赫哲族渔民哼着嫁令阔小调，说唱着伊玛堪，吃着塔拉哈，喝着“小烧”酒，赫哲族人那豪爽的性格和火一般的热情深深地感染着这位年轻的音乐人。一个月朗星稀的夜晚，身在八岔赫哲族人捕鱼地白灯滩的汪云才，忽然听到远处飘来一曲悠扬的乐曲，曲调欢快清朗、优美酣畅，这是著名赫哲族民歌手吴连贵用箫吹奏的赫哲族民歌《想情郎》。汪云才在与赫哲族渔民的相处中积累的音乐素材和激情在这首多情的民间小曲撩拨下瞬间迸发，一段歌颂赫哲族人翻身解放的主旋律音乐跃然纸上。还是在这一年，青年词作家胡小石也来到赫哲族聚居区，也是带着歌颂赫哲族人民幸福生活的任务而来。他先后到过同江县街津口赫哲族乡、八岔村、饶河县四排赫哲族乡，登上街津山钓鱼台，踏上八岔岛大湿地，站在大顶子山上回望乌苏里江，脑海里不断呈现出“乌苏里江水长又长，蓝蓝的江水起波浪，赫哲人撒开千张网……”的灵感画面，一首对党、对赫哲族人民无限深情的精品词作油然而生。汪云才和胡小石两位音乐俊才的词曲作品不谋而合，几经推敲琢磨，传世之作《乌苏里船歌》终集大成。后经著名歌唱家、八岔村荣誉村民郭颂的深情演唱，这首歌曲迅速红遍大江南北。1980年，《乌苏里船歌》被联合国教科文组织选为亚太地区音乐教材，并把它送入太空。《乌苏里船歌》的词曲作者及演唱者都与八岔村结下了不解之缘，八岔村正是这首世界名曲的主要编创地之一。

八岔村域内嵌有比较完整的国家级自然保护区。黑龙江八岔岛国家级自然保护区80%以上都在八岔村境内。保护区位于黑龙江省同江市东北部，北纬48°08′～48°18′，东经133°40′～134°01′，距同江市区150千米，东与抚远市接壤，西与勤得利农场临界，北与俄罗斯隔江相望，边境线长40余千米，大小岛屿50多个。黑龙江横贯保护区全境，使区内形成大大小小的内河、湖泊和泡泽，成为野生动植物繁衍、生息和进化的天堂。2000年，经中俄双方谈判决定，将俄方巴斯达克保护区原生态的11座岛屿划归中方所有。保护区于2003年晋升为国家级自然保护区。保护区总面积320平方千米，主要岛屿有八岔岛、二道江子岛、三道江子岛、雪那洪岛、男女岛、红灯岛、青鳇鱼通岛等。保护区内野生动植物种类十分丰富，有维管束植物593种，其中蕨类植物22种，隶属10科14属；种子植物571种，隶属94科292属。脊椎动物311种，隶属5纲35目80科。其中，国家一级保护野生动物有东方白鹳、白尾海雕、金雕、丹顶鹤等，国家二级保护野生动物有黑熊、马鹿、猞猁、水獭、黑琴鸡、大天鹅、小天鹅等。

黑龙江八岔岛国家级自然保护区拥有黑龙江省也是中国保留比较完整的内陆湿地和水域结合的生态系统。区内既有大面积的芦苇沼泽和小叶樟草甸，又有森林和灌丛，植被的多样性和自然资源优势，吸引了大量的水禽在该地区繁殖和多种旅鸟在迁徙途中在此停歇。其丰富的湿地资源，也为多种候鸟创造了良好的觅食、栖息和隐蔽场所。保护区内湖泡、沼泽星罗棋布，鱼类资源丰富，共有9目6科72种，其中以“三花五罗”（鲫花、鳌花、鳊花，哲罗、雅罗、法罗、铜罗、胡罗）最为著名，数量多，分布广。保护区江面开阔，岛屿众多，是鳊、鲢、草、鲤、鲇等鱼类的栖息和越冬场所，也是特产鱼类大马哈鱼和鲟鱼、鳇鱼繁殖、生长的水域。得天独厚的地理位置使保护区成为黑龙江省重要的鱼类分布区。每年秋季，大马哈鱼由北太平洋溯河洄游至中国水域内产卵。9月上旬，在黑龙江群体数量逐日增多，下旬，群体数量达到高峰。20世纪初，由于过度捕捞，江中鱼类资源越来越匮乏，随着八岔岛国家级自然保护区的成立以及对边疆少数民族实施的限捕限捞涵养资源政策，保护区内鱼类资源特别是青鱼、细鳞鱼、鲟鱼、鳇鱼等20多种濒危鱼类得到有效保护，鱼类的种群逐渐恢复，数量不断增加。一个少数民族村域内拥有一个近乎完整的国家级自然保护区，这在全国几十万个行政村中也不多见。这里不仅动植物资源丰厚，而且自然风光无限。大界江烟波浩渺，水天一色；八岔岛多样湿地绿茵含黛，林苔交错；天赐湖、莲花湖、十里泡，湖泡错落，莲花盛开；江边垂钓，河中撒网，泡中捞虾，美不胜收；晚霞篝火，渔歌唱晚，“乌日贡”欢歌，独享民族风情……八岔村奇特诱人的旅游资源，令无数游人流连忘返。

八岔村历史传奇，人文神秘，文化独特，风景瑰丽，人杰地灵。她以赫哲族人粗犷豪放、热情好客的纯朴性情，向世人展示着边境渔村的秀美和无限发展生机，展示着全新的八岔赫哲之风。八岔赫哲族人在习近平新时代中国特色社会主义建设征途上，奋发图强，锐意进取，开拓创新，为实现中华民族伟大复兴的中国梦而奋勇前行！

人居福地陶家夼[1]

陶家夼社区位于威海市区四方路西段（统一南路以西路段）两侧，地理坐标为北纬37°47′17″，东经122°11′41″，面积约3.5平方千米，隶属山东省威海市环翠区竹岛街道。

陶家夼社区地处威海市[2]金融、商贸、文化、教育、旅游中心地带。北距威海市政府驻地3.8千米，周边有中国人民银行威海市中心支行、中国银行威海分行、中信银行威海分行、中国农业银行威海市分行、中国人寿财产保险股份有限公司威海中心支公司等10余家金融机构，有大润发超市、银座家居、国美电器等大型商场和众多商贸经营网点，有威海国际会议中心、威海文化艺术中心、威海市人力资源和社会保障局、威海市住房公积金管理中心等便民服务机构，有威海二中、塔山中学、威海十中、塔山小学、翠竹小学、北竹岛小学等中小学校，有威海市中医院、威海卫人民医院、威海口腔医院、威海市儿童医院等医疗机构，有华夏城旅游风景区、仙姑顶名胜风景区、金线顶公园、威海公园、塔山公园、“侨乡号”游轮等旅游景点和设施。

陶家夼社区交通便利。四方路向东直通威海市区南北主干道——青岛路和海滨路（G228）。社区东南距威海港7.3千米，东北距威海旅游码头2千米，南距威海火车站和威海长途汽车站6.2千米，距威海国际机场33.3千米。社区西部青烟威城际铁路和环山路（S201）穿境而过，西距青烟威城际铁路威海北站和威海长途汽车北站7千米，距G18烟威一级路入口13千米，距烟台蓬莱国际机场102千米。社区内设有威海市5路公交车大川东、大川西（终点站）两个站点。

陶家夼社区自然环境得天独厚。社区地处里口山山脉东麓，依山面海，地势西高东

① 选自山东省威海市环翠区竹岛街道陶家夼社区志编纂委员会编:《中国名村志丛书·陶家夼社区志》，2017年出版。

② 《陶家夼社区志》中的“威海市”，1987年8月24日前为县级威海市，1987年8月24日后为地级威海市。

低，南、西、北三面群山环抱，东面濒临威海湾，社区内陶家夼河自西向东潺潺流过。生活区西面峰谷相间，山谷密布，山谷内林木繁茂，百草丛生，鸟语花香，奇石星布，泉水叮咚，空气清新，是人们假日休闲健身和游览的好去处。陶家夼社区冬暖夏凉，气候宜人，历年年平均气温 12.4℃，1 月平均气温 -1.6℃，7 月平均气温 24℃。平均日照时数 2538.2 小时，平均无霜期 230 天。

陶家夼社区基础设施完备，便民服务精细。1993 年，陶家夼村根据威海市城市建设规划，开始实施旧村拆迁改造，在建设居民楼的过程中，按照《威海市陶家夼村规划设计》，同步配套进行道路修筑与改造、管网与线路改造、生态环境建设等市政基础设施建设。将社区内道路拓宽硬化，改造成四通八达的街道网；沿街道铺设供电、通信、供水、排水（雨污分离）、供气、供暖地下管网，并接通威海市市政主管网；实施生态环境建设，在楼宇间和街道边因地制宜建设小巧精致的花园、绿地、公园等，实现住宅小区园林化；开辟建设全长 24 千米的健身步道、4680 平方米的文体活动广场、10 余处健身活动场地等，方便居民休闲健身和开展文体活动；兴建占地 4333 平方米、总建筑面积 3853 平方米的社区服务中心，开设“一站式”多功能服务大厅、居民活动中心、妇女之家、阅览室、书画室、会演中心等，为居民提供全方位的便民服务；实行现代物业管理与服务，为居民生活提供精准、细致的物业服务。至 2009 年，经过 18 个批次的拆迁建设，陶家夼村旧貌换新颜，由一个郊区山村变成基础设施完备、环境整洁优雅、人人向往居住的城市社区。

陶家夼民生保障体系健全。陶家夼人深悟发展经济是改善人民生活的真谛，富裕起来的陶家夼不断建立和完善民生保障体系。1965 年，陶家夼村实行“二八”分配制[①]，为缺少劳动力的农户提供生活保障。1969 年后，陶家夼先后实行公费医疗、合作医疗、社会统筹医疗保险和威海市居民基本医疗保险，为居民提供医疗保障。1980 年后，陶家夼先后实行劳保金、社会养老保险制度，为居民提供养老保障。1998 年，陶家夼村设立奖学金和促学金，用于鼓励本村在校学生努力学习，不断进步。

陶家夼民风淳朴，社会安宁祥和。陶家夼人崇尚“邻里一家亲”，有尊老爱幼、和家睦邻、热心公益、扶危济困的优良传统。1982年后，陶家夼村在精神文明建设过程中，开展“五好家庭”“文明家庭”“模范家庭”“文明楼”“文明单元”等系列评选活动，使陶家夼的优良传统进一步发扬光大，居民道德素质和文明程度进一步提高，为建设祥和安宁的宜居社区夯实思想道德基础。1993 年后，为强化公共安全，陶家夼村深入开展

① “二八”分配制：社员分配总额的 20% 按人口平均分配，80% 按工分分配。

社会治安综合治理，设立治安警务室，安装治安监控网络，实行网格化管理，逐步建立健全人防、物防、技防、心防“四位一体”的治安防控体系，陶家夼社区社会治安环境得到进一步优化，为居民安居乐业提供了公共安全保障。

陶家夼文化生活丰富。一方水土养一方人，陶家夼优美的环境和富足的生活激发了陶家夼人的文化追求。早在1973年，陶家夼村就购置了电影放映机，每周1～3天免费为社员放电影。1992年开始举办庆“七一”文艺演出，1997年开始举办广场纳凉晚会。至2016年，这两个大型群众文艺活动分别举办了23届和18届，成为陶家夼社区参与面最广的群众文化活动。2013年，陶家夼社区为更好地开展庆“七一”文艺演出和广场纳凉晚会等群众文艺活动，在2003年成立的大川艺术团的基础上成立陶家夼金色桃源俱乐部，下设文艺节目创作组、舞蹈队、器乐队等10支文艺创作和演出队伍，有会员360多人。2004—2006年，陶家夼社区投资500多万元建立威海市首家村级艺术馆——秋色赋艺术馆，收藏和展示威海文化艺术成果，成为威海文化的重要标志和名片，进一步增强了社区文化氛围。陶家夼浓郁的文化艺术氛围，不但催生孕育了陶遵和、陶洪涛等本土艺人，也吸引了李强、柏荣春等客籍艺人。

陶家夼原本是一处人迹罕至的荒山野夼。清朝初年，明威海卫第二任指挥佥事陶敞的后世子孙因明亡官绝，失去俸禄，被迫搬出威海卫城，四处谋生。18世纪初至19世纪初，威海陶氏族人中的3户相继迁此居住生活后，逐渐繁衍成由下疃、大坟、野鸡夼3个群落组成的村庄，因陶氏族人居此，故名陶家夼村。

陶家夼村曾是闻名全国的“苹果村”“葡萄夼”。农业合作化前，由于一家一户的小农经济生产力低下，陶家夼人面对“山高石头多、出门就爬坡”的自然环境，有心无力，只能在贫瘠的土地上艰难“刨食”，在“食不饱腹、衣不暖身”的生活中艰苦度日。为谋生，许多村民不得不外出到威海卫城里打工，到威海湾做码头搬运工、英国军舰的“帮船”，甚至“闯关东”“闯崴子[①]”“下南洋”。1956年陶家夼村实行农业合作化后，陶家夼人团结一致，齐心协力，发扬“敢上九天揽月，敢下五洋捉鳖”的精神，用自己勤劳的双手和智慧，依靠集体的力量“战天斗地”，“向果园要收入、向农田要粮食”。人们在山腰广建果园，栽植果树；在山坡、山脚，利用冬闲，冒严寒、战风雪，整地改土，兴修水利，将昔日零散贫瘠的山薄地改造成“清清渠水绕山转”“山坡呈现‘大寨田’”的水浇良田；在村内街道、河边、庭院搭起葡萄架，遍栽葡萄。经过十几年的艰苦奋斗，陶家夼由一穷二白的小山村变成一个花果遍山、葡萄满夼的社会主义新农村，

① 崴子：指海参崴，即俄罗斯符拉迪沃斯托克。

到处呈现一派生机勃勃、蒸蒸日上的景象，成为闻名遐迩的“苹果村”“葡萄夼”，成为远近闻名的“富裕村”。国家、省、市领导人多次到陶家夼村考察、调研，《人民日报》《大众日报》《山东画报》等多家新闻媒体多次到村采访报道。著名作家峻青到村采访后，写下著名的《秋色赋》，山东电影制片厂到村拍摄专题纪录片《山村新貌》，全国各地慕名到陶家夼村参观学习者络绎不绝。

陶家夼人善抓机遇，勇立潮头。改革开放后，陶家夼顺应形势，乘势而起，及时将经济发展由以果业生产为支柱调整为以工业为主导，大力发展村办工业，谱写“秋色赋”新篇章，先后建起十几家村办企业，为村域经济发展注入新活力。至 1992 年，全村实现集体经济总收入 803 万元，上缴税金 29 万元，实现集体公共积累 84 万元，农民人均纯收入达 1788 元。1993 年后，随着旧村拆迁改造的实施，陶家夼村在巩固已有的村办集体经济基础上，积极发展房地产业和楼宇经济，兴建商品楼、商贸服务业经营网点房、工业园等，招商引资，拓宽村域经济发展之路。2005 年，全社区实现集体经济总收入 14850 万元，上缴税金 960 万元，实现集体公共积累 660 万元，农民人均纯收入 14200 元。2016 年，全社区实现集体经济总收入 25480 万元，上缴税金 1865 万元，实现集体公共积累 968 万元，居民人均纯收入 24862 元。

物华天宝，人杰地灵。20 世纪 40 年代至 70 年代末，陶家夼村在农民果树专家陶遵祜的带动下，走出一条依靠果业发展经济之路，谱写了社会主义新农村建设的“秋色赋”。1993 年后，陶家夼村在村领导带领下，逐步将陶家夼村建设成为人人向往的人居福地。

彰往察来，明为今承。秉承艰苦奋斗、勇往直前优良传统的陶家夼人，在实现中华民族伟大复兴中国梦的新征程中，必将用自己的勤劳和智慧谱写出“秋色赋”的新华章。

雁鸣闻三国①

防川村位于吉林省东南部图们江下游中、朝、俄三国交界地带，隶属于延边朝鲜族自治州珲春市敬信镇，素有“雁鸣闻三国，虎啸震三疆，花开香三邻，笑语传三邦”之美誉。

清康熙十六年（1677），清政府封禁东北。19世纪中叶，朝鲜垦民违禁越江开垦。光绪七年（1881），清政府废除封禁政策，朝鲜垦民成为中国朝鲜族，防川逐渐成为朝鲜族村落。

中华人民共和国成立后，防川村民开发边疆、建设边疆、建设社会主义新农村。2002年，国务院批准防川为国家重点名胜区。2013年，防川风景区被国家旅游局批准为国家AAAA级旅游景区。2014年，防川村被国家民委评为“中国少数民族特色村寨”。2016年，被农业部评为“中国美丽休闲乡村”，被誉为“东方第一村”。

战略要地

防川村地处中国东北边陲，位于图们江下游中、朝、俄三国交界地带，吉林省珲春市东南部敬信镇，东南与俄罗斯的哈桑区接壤，西南隔图们江与朝鲜民主主义人民共和国罗先市相望。防川村为边关重地、水陆冲要、军事管区。村域东临张鼓峰、张其峰、沙草峰，峰峦叠嶂；西临图们江天然界河，江水经中、朝、俄三国边界注入日本海。

清咸丰八年（1858）以前，防川村为中国东北地区腹地。咸丰十年十一月十四日，沙皇俄国通过《中俄北京条约》将乌苏里江以东包括库页岛在内约40万平方千米土地

① 选自吉林省珲春市敬信镇防川村志编纂委员会编:《中国名村志丛书·防川村志》，2017年出版。

划入俄境，防川村变成中国边境。

历史上防川村一带通江达海，地势险要，为兵家必争之地，见证了朝代更迭、时局变换。清康熙五十三年（1714），设珲春协领，满族镶黄、正黄、正白三旗驻守防川一带边疆。光绪十二年（1886），吴大澂勘界谈判，补牌立柱。光绪二十六年，沙皇俄国侵占防川，烧杀掠抢，留下屈辱的见证。20世纪30年代初，中共珲春县委领导抗日联军抵御日本侵略军侵略。1938年7—8月，日本和苏联在防川制造“张鼓峰事件”，中断中国图们江出海权，形成防川村与内地狭窄通道。1945年8月，日本宣布无条件投降，防川光复。中华人民共和国成立后，国家派军在防川驻防，保卫中国东北边疆。

航线起点

历史上防川村江海交汇，是唐代东北亚“海上丝绸之路”的起点，被誉为东北亚“黄金水道”。唐渤海国第二代王大武艺在唐开元十五年（727）开辟环日本海古为龙原之地的一条重要通道。《新唐书·渤海传》记载：“龙原东南濒海，日本道也。”龙原东南即指防川一带。

中国与日本一水之隔，在相互往来之前，双方处于“天涯路阻，海汉悠悠，音耗未通，吉凶绝问”的隔绝状态。唐渤海国建立初期，大武艺提出：“通使聘邻，始于今日。”开元十五年，大武艺首次派遣宁远将军高仁义等24人，携带国书和300张貂皮从防川一带入海，到达日本奈良（时为日本国都），开创渤海国和日本经贸往来之先河。

翌年秋，日本圣武天皇派大使携带国书和礼品回访。日本天皇表示“苍波虽隔，不断往来”。在开元十五年及之后的193年中，中国使团恪守“永敦邻好”信念，不怕牺牲，劈波斩浪，利用防川至新潟“海上丝绸之路”航线，出访日本34次，日本使团回访13次。

日本海风大浪急，一年要刮20多次台风，每次台风都会带来很长时间大暴雨，巨浪滔天。中国使团开始从防川入海，向东南横渡时，因缺乏海上季风气候和海洋气流知识，使者们不能按时到达日本京城附近港口，时常遇到海难或向北漂流到日本出羽（今日本北海道）一带。为开辟这条海上通道，渤海国和日本很多使者都付出了宝贵的生命。通过这条航线，将盛唐文化、经济、宗教和带有东北浓郁民族特色的舞蹈、音乐、诗歌传到日本。五代十国时期，渤海国灭亡后，辽国将防川一带居民全部迁至辽东一带，防川空旷荒凉，水路经贸航线废弃1000多年。清宣统二年（1910），清政府开通珲春河、图们江近海航线，防川一带再次成为唐代东北亚“海上丝绸之路”的起点。从防川开往俄罗斯符拉迪沃斯托克（海参崴），朝鲜清津、罗津、雄基，日本新潟的船只频繁往来。1938 年，“张鼓峰事件”爆发后，日本侵略者封堵图们江口，中国图们江出海航线被迫停止通航。

1990—1993 年，中华人民共和国外交部、国家海洋局和吉林省人民政府先后 3 次组织人员从防川图们江下游入海，进行图们江复航考察、科学考察和友好访问，研究图们江的开发历史、现状、问题、前景。

开放前沿

防川村地处中、朝、俄三国交界地带，东北亚几何中心，与俄罗斯、朝鲜山水相连，与韩国、日本隔海相望。距俄罗斯符拉迪沃斯托克港口 180 千米，距哈桑区重镇库拉斯基诺 46 千米；距朝鲜罗津港 93 千米，距清津港 171 千米。防川一带是中国到俄罗斯、朝鲜东海岸、日本西海岸的最近点。历史上防川一带是中国同俄罗斯、日本、朝鲜半岛乃至东北亚国家“海上丝绸之路”起点。防川优越的地理位置，开发前景受到党中央和国务院的高度重视。

1992 年 3 月 9 日，国务院批准珲春为进一步对外开放的边境城市，珲春先后设立边境经济合作区、出口加工区、中俄互市贸易区和国际合作示范区。

2009 年 8 月，国务院批准实施《中国图们江区域合作开发规划纲要——以长吉图为开发开放先导区》。

2012 年 4 月，国务院批准设立中国图们江区域（珲春）国际合作示范区。随着中国“一带一路”开放进程加快，防川备受关注，成为东北亚地区改革开放新门户，吸引国内外人士前往观光旅游、投资兴业。

改革开放后，经过 20 多年的开发建设，防川乡村面貌焕然一新，旅游事业蓬勃发展，成为集边境风光、历史文化、民俗文化于一体的国家 AAAA 级旅游景区。游客在这里春看雁阵奇观，夏赏碧叶红莲，秋观漫山绚丽，冬览素裹银天，欣赏和体验中、朝、俄三国风情。

生态乡村

防川村依山傍水，河湖连片，土地富饶，是生态之乡。当春回大地时，溯河洄游的滩头鱼、大马哈鱼、梭鱼逆江而上，在阳光照射下，各种野生鱼的鳞片金光闪闪；南方迁徙候鸟蜂拥而至，遮天蔽日，在防川湿地栖息数月，继续北飞；成群海鸥和数不尽的珍禽在防川湿地栖息盘旋，构成一幅人与自然和谐的美丽画卷。

清明过后，防川村山坡上、灌木丛中盛开着粉红色的金达莱花，给防川村披上盛装。到五六月采集山菜的季节，婆婆丁、小根蒜、柳蒿芽、刺老芽、猴腿、猫爪子、蕨菜、牛毛广等漫山遍野，吸引无数国内外游客到此采摘和品尝，天然无公害的山野菜深受喜爱。

防川村域土壤多为沙地，河沙经风吹扬，形成一座座高矮不平的沙丘景观。进入6月，生长在防川村沙丘的野玫瑰花竞相开放，香气扑鼻，枝头蜂飞蝶舞，树下落红缤纷，与金黄色沙丘相映生辉，成为防川又一道亮丽风景。

在防川村图们江边的茂密树丛中，生长着一种落叶灌木，名为“扦扦活”，俗称“马尿骚”。夏秋两季，树枝上结出一串串红色小浆果，树干上长出一簇簇硕大皮耳，是防川村著名土特产品，十分珍贵。防川村民只有在招待尊贵客人时，才舍得将其作为佳肴摆放餐桌。

秋季是防川村山花烂漫的季节，蓝色桔梗花、紫红色胡枝子花、黄色山芝麻花和白色伞形花以及很多不知名的山花，组成万紫千红美景；漫山遍野山里红、山丁子、野生枸杞、山核桃、山葡萄挂满枝头；莲花湖里更别有一番绚丽景象，湖面上红、白、粉三色辉映，图们江野生红莲竞相开放。

防川一带湖泊众多，有莲花湖、张鼓湖、五八零泡子、防川泡子、黑鱼泡子、艾家泡子等。每片湖泊里都有着肥美野生的鲤鱼、鲫鱼、鲢鱼、老头鱼、泥鳅等，各类野生鱼是生态之乡防川村的美味。

防川村地处中国边疆，地广人稀，自然生态良好。1969年3月珍宝岛自卫反击战后，防川成为禁区，村外人出入防川需要出示县级以上公安部门发放的通行证，防川的生态破坏现象得到遏制。1992年4月对外开放期间，防川自然生态得到重点保护。中共十八大以后，围绕“大生态、大旅游”发展理念，采取退耕还林、保护湿地、计划性捕捞、维护生态平衡等措施，展示村民关注自然、保护自然所做出的努力和成效，全村上下争当生态环境建设的助推者、宣传者，保护和传承这份大自然的馈赠，防川生态文明建设成果丰硕。

中国当代典型的城中村①

石牌村，位于广东省省会广州市天河区石牌街道，2016年村址面积（村民居住范围）0.313123平方千米，本村人口9747人，外来暂住人口5.64万人。

古老之村

这里有悠久的历史。新石器时代，这里已经有人类活动，至今还保留着古人类使用过的石斧、石刀、石锤等磨制石器。隋代，这里成为广州城的墓葬区。宋代形成村落，明清时期发展成广州东郊的大型村落。

这里有稳定的姓氏宗族。村内有五大主要姓氏：董、池、潘、陈、冼。他们从南宋时期至明代中期先后迁至石牌村。至今，仍主要是这些姓氏宗族居住于此。

这里有多样的文物古迹。石牌曾经建有宗祠38座、庙宇11座、社坛17座，各大街有闸门，村口还有接官亭。至2016年，尚存宗祠7座、庙宇2座、闸门2座。其中，列入天河区登记保护文物单位的有8处：董氏宗祠、池氏宗祠、潘氏宗祠、玉虚宫、善平书室、瑞藻家塾、朝阳里旧闸门、朝阳里新闸门。此外，还有清代状元林召棠、进士刘彬华、进士何荣楷、进士江孔殷等名人题写的门额，以及清代和民国的碑刻等。

这里有丰富的风土民情。村中流行粤剧、粤曲。端午节扒龙船是村中的盛事。逢年过节舞狮是不可缺少的节目，这里的舞狮注重技巧，讲究礼节。这里的乡音、土话自成一格，还有流传数百年的民谣、民谚和掌故。

历史名人在这里留下印迹。孙中山于1924年亲笔题匾“为国杀贼”赠送给石牌，

① 选自广东省广州市天河区石牌街道石牌村志编纂委员会编：《中国名村志丛书·石牌村志》，2018年出版。

选择石牌兴办广东大学（今中山大学）。

这里走出了众多名人。池氏家族显赫，池耀廷一生行医济世，医术精湛，其长子池博是孙中山的侍从医官，其孙女池元元是女高音歌唱家，其孙池元又是全国劳动模范。此外，多次获得世界击剑冠军的董兆致、当代书画家董应流、董应钊兄弟和众多古代功名人物都出自石牌村。

这里发生过重要的历史事件。如，1928 年广州市政府在石牌创办的大型贫民教养院，1931 年建成赛马场，1934 年建成石牌机场，1936 年始中山大学进步学生在村内开办农民夜校，1949 年 5 月建临时总统府，1950 年叶剑英在此创办南方大学，1959 年暨南大学重建与东石牌村搬迁，1988 年实行股份制改革，1997 年实行撤村改制，等等。

终结之村

农耕时代的终结。石牌原是地道的农村，20 世纪 80 年代初，石牌村仍有耕地逾 5000 亩，是广州市重要的蔬菜供应基地，俗称“菜篮子”基地，其中蔬菜名优品种有香芋、柳叶菜心、黄瓜（又名青瓜）、荷兰豆、苦瓜、卷心菜（又名椰菜）等，除销往内地及港澳地区外，还销往东南亚各国。石牌藿香品质优良，自清代闻名。改革开放后，广州城区建设突飞猛进，而石牌村地处广州老城区东面，成为广州城市建设东进的重点。1985 年 5 月广州市天河区成立，1987 年 11 月第六届全国运动会在石牌西侧的天河体育中心举行。石牌地区城市化进程也就此启动。1985—1999 年仅 14 年时间，石牌村土地全部被征用完毕，农耕时代结束。为此，村建有农具展览馆，用来缅怀历史和教育年轻一代。

农村体制的终结。至 1995 年，石牌村的耕地全部被政府预征，成为没有耕地的农村。农村的管理体制已经不适应当时的发展状况，并且成为社会和经济发展的严重障碍。1997 年，广州市天河区率先在石牌村实行撤村改制，撤销村民委员会（以下简称村委会）建制，成立广州市天河区石牌三骏企业集团，其核心层企业为广州市天河区石牌三骏企业集团有限公司。随后，天河区政府推广其经验，在全区开展全面的撤村改制工作。至 2005 年，天河区 23 个行政村全部完成撤村改制，完成农村组织的城市化建制转变。

农民身份的终结。1995 年起，村民已经没有耕地，但仍然是农业户口。为了适应社会的发展，在 1997 年撤村改制的同时，实行村民市民化。首先是成立居委会，原有村民分别归属到石牌街道的 5 个居委会，成为市民。第二是履行正规手续。由公安部门将原有农业户口簿全部换发为居民户口簿，法律上正式成为城镇居民。

村落的终结。2002 年，社会学家李培林在石牌村等广州市“城中村”调研后出版了《村落的终结——羊城村的故事》一书，记录和分析了中国发达地区村落终结的过程。当代著名社会学家费孝通为本书题写了书名。

新奇之村

新兴繁荣都市中的旧村。2000 年，广州市政府确定新城市中轴线，天河区位于新城市中轴线中央，成为广州新城市中心区。石牌村位于天河区的中心地带，古老的街巷、密集的房屋被四周迅速城市化的现代高楼大厦、宽阔马路所包围，成为典型的“城中村”。2006 年，石牌村被中国社会科学院国情调查研究中心定为广州市 138 个城中村中最大的一个，是“典型的城中村”。

外来暂住人口成为村庄主体。通常村庄的人口分为男女老幼，但这里的人口分为当地人和外地人，即房东和租客。由于石牌村耕地全部被征用，村民没有农田可耕，转为经营出租屋，成为房东。20 世纪 90 年代起，石牌村人纷纷扩建住房，将原来的三四层楼房扩建成七八层，用作出租，自己则搬到村外小区居住。而租客则是外来暂住人员。位于石牌的天河科技街、太平洋电脑城等科技市场从 90 年代起便名噪一时，外来打工者和电脑城中的创业者，纷纷入住石牌村。石牌村廉价的房租，成为许多高科技产业创业者梦想开始的地方，同时也成为许多囊中羞涩南下打工人群的栖息之所。2016 年，石牌村方圆 0.31 平方千米的村庄里居住着外来暂住人口 56351 人，当地村民 1 万人中仅有 1000 人左右居住在村内。

社会问题较多的村。由于街巷狭窄，外来暂住人口较多，流动性较大，20 世纪 90 年代石牌村曾经是社会治安问题的复杂区、“黄赌毒”的泛滥区。经过多年的整治，2011 年起情况得到根本好转，村庄环境也逐步得到美化。

多元化的村民收入。这里的村民不再务农，自然也没有农业经济收入，但有村集体经济的分红。1988 年，石牌村进行股份制改革，将村集体的财产折价分为若干股份，分配给村民。因此，村民每年都可以从村集体经济中分得自己的一份红利，一般为每人每月一千多元。出租屋租金成为村民的主要经济来源，一般每户村民都有两三栋楼房，每月租金收入两万多元。此外，村民还有务工收入、社会保障收入等多种收入。

收取租金的村集体经济经营方式。20 世纪 80 年代初期，逐渐失去耕地的石牌村与其他村一样兴办乡镇企业，先后办起红星锁厂、服装组、洗衣粉包装加工场等工业企业。但几年后，集体经营的企业多数出现亏损，而且工业企业污染大，难整治，不适宜在人口密集的城区发展。石牌村及时进行产业调整，转为“退二进三”，即退出第二产业，进入第三产业——兴建物业、出租物业。根据周边商业繁华的状况，石牌将巨额的征地补偿款用来投资，先后兴建太平洋电脑城、科技园工业区，以及五星级的嘉裕国际酒店和云来斯堡酒店、四星级的华威达酒店、三星级的石牌酒店、两星级的南国会酒店等一批不同类型及档次的物业，将石牌东路建设成为百货商业街，将石牌西路建设成为电子高科技产品专业街。在仍处于农耕时期的 1984 年，石牌村总收入仅 745 万元；在 10 年后城乡过渡时期的 1994 年，石牌村总收入已经突破亿元大关，达到 1.4 亿元。2015 年石牌村（石牌三骏企业集团有限公司）总收入达 2.9059 亿元。经济数字在不断攀升。

改革之村

石牌，一个有八百年历史的村庄，在二十世纪八九十年代仅仅不到 20 年的时间里，经历了三次重大改革。

一是经济发展方式的改革。1985 年天河区建区后，广州市城市建设重心东移，天河区成为广州市新中轴线的中心，城市建设突飞猛进，石牌村耕地被迅速征用。为解决村集体经济发展出路问题，村委会先是实行“退一进二”的做法，即退出农业生产，转为工业生产，于是大兴乡镇企业，开办工厂，经营合资企业。几年后，工厂纷纷倒闭，亏损严重，村及时调整做法，改为“退二进三”，即退出工业，转为第三产业。于是利用数亿元的征地补偿款，兴建太平洋电脑城、华威达酒店（四星级），后来更是兴建多家五星级酒店，改造商业街。村集体经济依靠出租这些高端物业，实现经济发展方式的飞跃。

二是集体产权制度的改革。20 世纪 80 年代中期，石牌村集体经济在“退二进三”后，得到较大的发展，村民收入大幅增加，失去耕地的农民不愿意被招工，已经被招工的农民强烈要求回乡。为解决耕地被征用后，农民的去留问题，1988 年石牌村实行股份合作制，将村集体财产折价为人民币，分成若干股份分配给村民。村民不管是否被招工，均可以根据自身在生产队务工的工龄等各种条件，获得村集体不同数量的股份，从而实现以分配制度体现的产权制度重大改革。

三是管理体制的改革。自 1958 年人民公社运动后，石牌村成为石牌生产大队，下设生产小队。1987 年，公社改为镇政府，生产大队改为村委会。1995 年，石牌村耕地被全部预征，农村的管理体制已与现实情况不适应，村委会与街道和居委会在社会管理上产生矛盾。1997年，中共天河区委、区政府在石牌村实行“撤村改制”试点，即撤销村委会，改组为企业集团，实行现代公司的独立自主经营；村民取消农民身份，全部更换居民户口簿，成为市民。企业集团党委根据属地管理的原则，接受石牌街道党工委的领导。

石牌是一个特殊的村。说它是村，因为它虽然处于四面现代化城市建筑之中，但还保留完整的村落，有宗族、祠堂、庙宇和村落传统文化。说它不是村，因为这里已经没有农田，没有农民，也没有村委会。于是，有人说这是一个终结没落的村，也有人说这是一个当代中国典型的“城中村”。石牌村正是在没落和终结中孕育着新生，凤凰涅槃，浴火重生。

文明花开荷花村[①]

荷花村，以境内古宅“荷花村”而得名，是重庆市巴南区接龙镇东部一个面积 10.9 平方千米、人口 3682 人的小山村。境内山重水复、坡塝沟坝相兼，亚热带气候，土地肥沃，居民历来以农耕为主业。荷花村民风淳朴，传统文化底蕴厚重，是十余个国家级、市级、区级非物质文化遗产的重要留存、传承地。中华人民共和国成立后，荷花人在中国共产党的领导下，充分发扬艰苦创业、探索进取精神，改变了一穷二白的山村面貌，生活水平逐年提高，社会事业全面发展，先后创建为重庆市的文明村、生态卫生村、美丽乡村，还打造了“院坝体育”这一全国农村体育品牌。2015 年，新修编的接龙镇总体规划中，荷花村被定位为中心村，产业布局上属休闲农业观光养老区、仙鹤湖养生旅游度假区。

一

荷花村四周为山。东山名龙头山，海拔 1111 米，是重庆市巴南区第二高山。

荷花村四周山内侧自上而下，被前人开垦成层层叠叠的梯田，梯田级数多的被当地人称为“塝”。全村大、小塝很多，大塝如观音塝、千坵塝、土墙院塝、杨家塝、后朝湾塝等。由山外侧急下而形成的陡直地形被称为“坡”，其中的西边坡横跨 8 千米，坡陡且高，无数的坡脊形似龙鳞。“塝”和“坡”下是开阔的“坝”。坝上多田，是荷花村的“粮仓”。坝与坝之间往往有小山阻隔，但并未完全隔断，未隔断处形成狭长的沟，沟似将坝串连成一体的线。四面高山，塝、坡、坝、沟相间，整个荷花村地形貌似一

① 选自重庆市巴南区接龙镇荷花村志编纂委员会编：《中国名村志丛书 · 荷花村志》，2018 年出版。

个不太规则的自然天成的平底大锅。境内峰峦叠翠、绿树苍苍，以仙河为主流形成溪河网络。

荷花村平均海拔 750 米，气候舒适，有数百种动物生存繁衍、上千类植物繁育生长。有猞猁、野猪、獾、狐狸、黄鼬等珍稀野生动物，还有白鹭、鹳鹤、苍鹰等珍稀鸟类。

二

荷花村有 104 项民间艺术，其中仪式戏剧、民间吹打乐、梆鼓舞、薅秧山歌、绕棺舞、民间故事、绣花、神轴画像等十多项分别被列入国家级、市区级非物质文化遗产项目内容。丫溪锣鼓是国家级非物质文化遗产“接龙吹打”的唯一本地乐种。荷花仪式戏剧是重庆市非物质文化遗产“接龙傩戏”的独有道家门派。20 世纪 70 年代，四川电台开播曲就是荷花村的高腔薅秧山歌调。荷花绣花作品于 1985 年进京展览。荷花村是民间故事富集之地，神话、童话、笑话、地方传说等脍炙人口的故事众多。全村男女老少皆会讲故事，不少人能讲上百、数百个故事。1984 年，陈棋在 3 天之内讲了 500 多个故事，成为当时重庆市命名的 20 个民间故事讲述家之一。在荷花村，家家户户能够酿造醇而清香的“小酌酒”。小酌酒是荷花村的“茅台”“五粮液”，其酿造工艺源自古代巴人“巴乡清”酿造技术。荷花老腊肉也是名声在外。

随着城镇化进程加快，现代化生活方式对农村居民影响渐广，许多乡村民俗风情已经消逝或难见真容，但在荷花村，至今仍保持着数十类祭天祭地、祭神祭祖习俗，通过种种祭祀活动，表达对大自然、祖先的崇敬和感恩。荷花人并不排斥现代文化，也崇尚新风，但对传统的礼俗文化总是念念不忘：从简繁不等的现代婚嫁程序中，总能够折射出“六礼”框架下的 28 道传统婚俗的神韵；60 岁以上的老人做满旬酒，只要是乡亲近邻，哪怕是在千里之外奔忙，届时也得赶回携礼祝福。

当今机械化已经基本上取代传统农耕方式，民俗专家学者们也欲弥补过去研究、记录的缺失，遗憾的是当前难以寻觅实证。荷花村专门设有“土墙院传统农耕技艺保护区”，对“四犁四耙”的牛耕和人工栽培等传统农耕技艺实行有效保护，家家户户的农具被当作宝贝珍藏。

三

2011 年 1 月，荷花村被中共重庆市委、重庆市人民政府命名为文明村，同年又被重庆市爱国卫生运动委员会命名为生态卫生村；2013 年，被重庆市农业委员会命名为美丽乡村。荷花村民早在 1991 年就创建了影响遍及全国的“三家三室”和“院坝体育”。

自 20 世纪 80 年代中期开始，全国各地以村为单位相继建立青年之家、妇女之家、民兵之家、文化室、老年活动室、计划生育协会会员活动室这“三家三室”，各村办公室挂了整整齐齐的 6 块牌子。当时竹林村（今荷花村竹林合作社）党支部、村委会的年轻领导班子，大胆地用“三家三室”一块牌子替换 6 块牌子，同时对“三家”和“三室”的机构、人员、资源进行整合，并对阵地设施、组织队伍建设和活动开展实行合同管理制度，把农村精神文明建设“软任务”变成“硬指标”“真实力”。在短时间内便建起村图书室、娱乐活动室、广播室、幼儿园、科研组、青年林等实体、园地，还建起 20 多个有篮球场、乒乓球台、室内舞厅的院坝文化活动场所……巴县县委书记到竹林村调研、开现场会，重庆市也大力推广，后来还得到中央领导赞誉。

借“三家三室”平台，竹林村人又打造出一个“院坝体育”品牌，使大的农家院有了乒乓球台、简易篮球场、羽毛球场。竹林村的院坝体育推进了凉水乡、接龙区、巴县、重庆市的农村体育建设，省、市、全国的新闻媒体广为宣传，《四川体育报》评论称:“院坝体育为中国农村体育开创了一条新路。”1992 年，国家体委在厦门召开群众体育工作会，重庆市体委交流了“院坝体育”建设经验。

2008 年，荷花村启动以做文明人、争创文明家庭、传承优良家风为内容的文明建设工程。并以此为契机，大力开展普法宣传教育、读书、树立优良家风等文明创建和评选活动，全村争创和谐邻居、文明户、五好家庭户，争做好媳妇、好儿子、优秀学生、优秀党员之风骤起。在开展文明村建设的同时，荷花村加强美丽乡村建设，将公路通达到 95% 以上的农户，水泥便道修到主要耕作地带，电视、通信网络覆盖全村，路道、庭院绿化率在 90% 以上，95% 以上的农房得到改造，有的还建起别墅型房屋，规模化、规范化的农民新村达 4 个。

四

荷花村属于重庆市非城市建设区域，2015 年编修的接龙镇总体规划中，将荷花村定位为镇中心村、休闲农业观光旅游区。按照接龙镇总体规划，在重庆市地理信息中心、旅游观光部门支持下，2015 年 11 月，荷花村结合境内丰富的旅游资源和旅游开发实践，修订 2008 年编制的观光农业发展规划，正式制定荷花村生态旅游发展规划，并逐步付诸实施。普丰高山葡萄园已成为巴南区甚至重庆市的知名生态旅游景点，荷花村生态旅游由此迈出成功的第一步。重庆市裕园农牧开发公司等众多旅游开发商家入驻荷花村，打造裕园生态农业园、仙鹤湖休闲养老中心、莲花山传统农耕体验区等高格调旅游观光景区。荷花村还有重庆市近郊唯一、全市少有的梯田美景。

荷花村历史文化厚重。5 处 14 个东汉崖墓墓穴证明荷花村开发历史久远，有成百上千个墓室的水口明墓群表明，早在明代，荷花村就是一个人口密集的地方，这些墓葬遗存还体现了那时的墓葬制度。随着城镇化进程加快，老街老井已鲜见，而荷花村的凉水场老街风貌犹存，凉水老井依然常年水溢，更有仙鹤桥一石跨河、满家洞别致洞天等充满神奇色彩的历史留存。在网络技术将世界变成一个小小地球村和农村城镇化加速的时代，部分地区传统文化逐渐消失殆尽，荷花村完完整整地保存着 104 项传统文化，包括婚俗、丧俗、师承习俗等，基本上沿袭的是传统的方式和程序。农家小酌酒、麻糖、老腊肉、烘青茶、泡咸菜、“九大碗”，让人既饱眼福也饱口福。

荷花村交通便捷。村子距接龙镇政府驻地 15 千米，距区政府驻地 60 千米，距渝湘高速公路接龙出口 12 千米。村与巴南区石滩镇、石龙镇和南川区神童镇连接的公路早已开通。境内，村与社、社与社、社与 80% 以上农家院坝已畅通公路。

改革先锋　文明乡村 ①

壮大集体经济

改革开放前，城畈是一个传统农业村，集体经济薄弱。1978年，村集体资产5万元，积累3.5万元。

改革开放后，城郊村城畈迅速融入京山县城。1983年，城畈村四组纳入县城新市镇1983—1990年总体规划，随之，四组变为城区。1990年，城畈村一、二、三组纳入新市镇1990—2010年总体规划，城畈全部融入城区。1978—2016年，村域先后建起幸福路、绿林路、云杜路、八一路、新市大道和轻机大道、人民大道、新阳大道等五纵三横新城区干道网络，大批机构、居民小区分布其间，昔日城郊自然乡村，变为城中村与城市社区。

城畈村开拓进取，在融入城市的进程中，大力发展村办工业和社区商贸服务业，壮大发展集体经济。

20世纪80—90年代，城畈村在京山县率先办起一批工业企业。1980年建成城畈纸箱厂，为湖北省出口包装定点厂，产品销往国内外。1985年创办京山县粉末冶金厂，跻身全国同行优秀单位行列。1986年建汽修厂。1989年，建成京山县麻棉纺纱厂，为全县最大纺织企业，后改制更名为京山伟嘉纺织企业有限公司，2016年主营业务收入7.6亿元，先后被评为“全国五一巾帼标兵岗”“全国模范职工之家”“湖北省再就业先进单位”“湖北省百家最佳成长型企业”。1994年，城畈村创办云杜制衣公司，吸纳村民100人就业，产品销往欧美。2006—2008年，城畈建成荆门市首个村级工业园城畈

① 选自湖北省京山县新市镇城畈村（社区）志编纂委员会编:《中国名村志丛书·城畈村（社区）志》，2018年出版。

工业园，占地8.57公顷，投资1022万元，招商入驻工业企业13家。2016年，城畈工业园完成工业总产值1.1亿元，入驻企业每年向城畈村交租金约120万元，工业园成为村里又一财源基地。

在大力发展工业的同时，城畈村抓住村域城市化契机，大力发展第三产业，创办商贸服务企业，建成一批市场、商住楼大项目。1985年，城畈村兴办县境第一家农民饭店云杜饭店。1994年，城畈村与县工商局合建的招商城商品市场开业，总投资1500万元，建筑面积4万平方米。1997年和2006年，城畈村先后参建、收购全县最大的蔬菜批发市场新市农贸批发市场，市场占地1万平方米，摊位150个，年交易额1亿元，每年为集体创收10万余元。2015年，城畈村招商开工建设未来城，总投资5.1亿元，总建筑面积34万平方米，建设住宅、商贸楼共71栋，是一个融居住、零售、办公、酒店、娱乐功能于一体的“城中城”。1978—2016年，村集体沿街开辟门店89个，建筑面积2799平方米，成为村里年年创收的优质资产。

在村域城镇化、村企民营化进程中，村（社区）支部（总支）、村（居）委会（以下简称“两委”）始终把壮大集体经济、保障失地农民长远利益、实现可持续发展放在首位。2000—2005年，京山县国有、集体企业全部实行民营化改制。在此项改革中，村（社区）两委从实际出发，因地制宜，独立思考，精明决策。鉴于城畈土地升值、失地农民增多的趋势，村（社区）两委决定：不将村办企业简单地一卖了之，而是从村集体和村民长远利益着想，村企实行民营，但只卖机械设备，不卖土地、厂房，将村办企业厂房、场地全部租赁给私营业主，实行租赁经营。同时，村集体沿街门店一律不卖，同样实行集体所有，租赁经营。2016年，城畈村28处厂房、场地出租，年租金收入142万元；89个门店出租，年租金收入85万元；村集体厂房、场地、门店年租金收入共227万元。

改革开放以来，城畈村集体经济由小到大，由弱变强。1978年与2016年相比较（当年价）：村集体资产由5万元增至1.68亿元，村集体收入由3.5万元增至年收入1900万元，村工业总产值由10万元增至9.26亿元，社会消费品零售额由200万元增至10.5亿元，村农民年人均纯收入由720元增至22230元。从1998年起，城畈村跨入湖北省村级综合经济实力500强。2010年，城畈村（社区）被湖北省政府评为“发展壮大集体经济模范社区”。2016年，被湖北省农村工作部授予湖北省“村级集体经济发展进步村”。

村集体经济壮大，改革发展成果惠及民生。村（社区）两委用集体积累为村民谋福祉，村民在享受国家惠民政策同时，还享受村里实行的多项惠民举措。住有所居，建安居小区，实行购房补贴。城畈村建利民安居小区共284套，供失地村民及子女成家居住；村里用集体积累对村民购房实行补贴，全村购房对象共享受购房补贴1500万元。学有所奖，奖励子女上大学。2005—2016年，138名居民子女上大学，获奖励资金12万余元。老有所养，发放老年生活补贴，补贴失地农民养老保险。按年龄段，村老年人每人每年补贴3000～5000元；1993—2016年，村里发放老年生活补贴557万元。2010—2014年，村集体补贴1189.85万元，为602名失地村民办理养老保险，解决了他们的后顾之忧。同时，村里投入1100万元用于建设文化广场和基础设施。2016年，全村农户安装电脑675台，购置小轿车145辆，98%的农户建有2～3层小楼，人均居住面积48.1平方米，社区文化、教育、卫生设施一应俱全。集体经济壮大，使城畈成为远近闻名的幸福（社区）村。

先行产权改革

2015—2016年，在中央统一部署下，城畈村在全国率先开展农村集体产权制度改革，成为此项改革的全国试点村和开路先锋。

中共十八届三中全会做出《中共中央关于全面深化改革若干重大问题的决定》，该决定要求：积极发展农民股份合作，赋予农民对集体资产股份占有、收益、有偿退出及抵押、担保、继承权。为贯彻落实这一精神，农业部、中央农村工作领导小组办公室、国家林业局，在全国选择29个县（市），先行农村集体产权制度改革试点。2015年12月，京山县作为湖北省唯一试点县，城畈村作为京山县先行试点村，在全国和全省率先实施此项改革。城畈开展此项改革的具体形式，为实施农村集体资产股份权能改革。改革中，城畈村将集体资产价值化、村民利益股份化、合作运行制度化、各方关系和谐化，建立起归属清晰、权责明确、保护严格、流转顺畅、监督有力的现代农村集体经济产权制度。改革经过清产核资、清人分类、配置股份、建立合作组织等实施阶段。核实城畈村实有经营性资产1.57亿元。全村设集体股和个人股，分别占股本金的5%和95%，即集体股784.5万元、个人股14905.5万元。核实全村集体经济组织成员1815人（含已迁出权益者），共配个人股49116.5股，每股量化经营性资产3043元，城畈村多数农户配股100股左右。2016年9月18日，召开第一届股东代表大会，成立京山县城畈经济股份合作社。10月26日，合作社将2014—2016年集体经济收益459.68万元作为首次红利，当场分给1815名股东，村民实实在在分享到改革发展红利。

农村集体产权制度改革，是继农村联产承包、土地三权分置之后，中央在全面深化改革进程中，推出的又一项事关全局的农村重大改革，真正赋予了农民对集体资产股份占有、收益、有偿退出及抵押、担保、继承等权利。城畈的改革，村民看得见，摸得着，得实惠，大家积极参与，由衷拥护。

城畈村在全国率先成功开展此项改革，在全国产生广泛影响与示范效应。农业部和湖北省委领导听取汇报，现场调研，要求总结试点经验，推广“京山模式”。湖北省农村集体资产股份合作制改革试点培训班在京山举办，城畈经验为培训重点内容。全国各地农村经济管理方面的负责人纷纷到城畈学习取经。《人民日报》、新华社、《湖北日报》等多家中央、省、市、县媒体予以充分报道。村民变股东、股东喜分红的现场图照，在腾讯、新浪等各大门户网站登载转发，人们纷纷点赞，一时成为热点，传为美谈。

建设文明乡村

城畈地处城郊，深受京山县城这座历史古城的文化滋养。京山县城新市镇，自西汉初设县治，迄今已有2200余年县治历史。官宦士子，先贤乡绅，人文风流，濡染城郊。城畈一带，是申包胥后裔申氏、清代布政使查文经查氏、辛亥革命先驱孙铁人孙氏等家族聚居地。这些家族世代耕读，科考为官，以先贤为榜样，重视文化教育和品格修养，奉行“修齐治平”传统，家族文化对后代影响深远。明代经学大家郝敬在此筑散心台，阐发经典，著书立说。现当代作家聂绀弩幼时，在城畈其外祖父申子舆家中，遍读经史子集，打下深厚古典文化基础。始建于北宋初年，迁建于明洪武年间（1368—1398）的多宝寺，矗立城畈，“多宝晓钟”为京山古八景之一。老一辈无产阶级革命家李先念、陶铸在这一带留下战斗足迹，解放后情系老区，关怀老区。城畈人珍视自己的乡土文化，收集整理古今诗文、民歌与民间故事，口述或撰写亲身经历。城畈“八盘十大碗”“灰塘瓦罐鸡”等美味佳肴，“出天方”“赶毛狗”等乡间民俗，富有地方特色。这一切，构成城畈较为完整的乡土文化谱系。

在这片深厚的文化沃土上，城畈人与时俱进，全面推进社会主义物质文明、精神文明、政治文明、生态文明建设，建设文明乡村，呈现生机勃勃、乐观向上精神风貌。

建设物质文明。如前所述，全体居民共享物质文明发展成果，幸福指数提升。

建设精神文明。城畈继承传统美德，弘扬社会主义核心价值观，涌现一批乡村能人、好夫妻、好儿媳、好女婿等乡村楷模，形成文明乡风。城畈敬重老人，弘扬孝道传统，发放老年人生活补贴，办理社会养老保险，建成老年活动中心、老年人日间照料中心、养老公寓，成立助老志愿者队伍为老人服务。2013年，城畈村（社区）被全国老龄工作委员会授予第一届全国“敬老文明号”称号。城畈奖励学子，弘扬尊师重教传统，为国家输送博士、硕士、学士等共300余人。崇尚科学，开展科普活动，反对封建迷信，拒绝毒品、传销，举办健康、环保、优生讲座，提升居民科学素质。2013年，城畈被省科协、省财政厅命名为“湖北省科普示范助力新社区”。强化社区服务功能，妥善安置失地村民，引导居民充分就业，警民结合营造平安社区。2013年，城畈被湖北省文明办评为“湖北省和谐社区建设星级社区”。

城畈文艺体育活动十分活跃，具有影响和特色。居民打网球，是城畈社区体育运动的特色亮点。这一过去欧美上流社会的运动，如今在这个县城社区成为一项群众性体育运动。城畈社区建有网球场27片，网球人口2000余人，占京山县网球场、网球人口四分之一。以城市社区网球运动为特色的京山县，2012年被中国网球协会授予“中国网球特色城市”称号。城畈等社区成为享誉全国的网球之乡。

城畈龙狮队具有百年舞龙、舞狮传统，其独特仪式与套路，体现了中华民族作为龙的传人、东方雄狮，对龙、狮的崇敬与喜爱。城畈组建有龙狮队、管乐团、太极拳队、健身广场舞队、军鼓腰鼓队、篮球队、羽毛球队、乒乓球队、健身柔力球队共9个文体团队，多次在省、市、县获奖。城畈积极承办或参加一年一届的京山县社区文化节，居民自编自演，自娱自乐。村（社区）投资210万元，建成城畈文化广场，每天早晚，居民在此跳健身舞，打太极拳，打篮球、羽毛球、乒乓球。2010年8月，城畈文化广场被中华全国妇女联合会授予“全国妇女健身示范站点”称号。2013年，国家体育总局负责人与全国政协调研组到城畈调研，充分肯定其开展群众性文化体育活动经验。2015年，湖北省公共文化服务体系示范区京山现场会在城畈召开。城畈村（社区）成为全省乃至全国群众性文化体育活动突出典型。

建设政治文明。1999年，城畈村委会换届选举，实行村委候选人由全体村民“海选”，村委由全体有选举权的村民直选。全村实行村民自治，建立村民会议制度和村民代表会议制度，村里重大事项由村民会议或村民代表会议决定。2002年，实行村支部“两推一选”，由村全体党员和村民推荐支委候选人，全体党员无记名投票选举村支委人选。基层民主政治建设迈出实质性步伐。2013年，城畈党总支被荆门市委授予“先进基层党组织”称号。

建设生态文明。在新型城镇化、城乡一体化进程中，城畈率先践行生态文明理念，建设生态园林社区。城中村建成生态村庄，社区京都花园、富水花园、书香苑、未来城等营造为花园式小区。绿化美化街道，一街一景，一路一品：新市大道为特色县树对节白蜡一条街，轻机大道金桂飘香，人民大道东观雪松、西赏紫玉兰，幸福路的香樟蓬成绿色“隧洞”。

对节白蜡，是全球仅中国湖北京山县及其与钟祥市交界处所在区域独有的珍稀树种，为中国园艺佳木。城畈营造对节白蜡特色园林，建成丹桂国际花卉城。引入自然溪河，建成区域性公园——人民广场，建设沿街小游园。城畈作为京山县城主城区，与城内其他社区一道，先后接受国家考评验收，京山县于 2010 年被评为“全国绿化模范县”；2012 年 2 月，被住房和城乡建设部命名为“国家园林县城”；2016 年 6 月，被环境保护部授予湖北省首个“国家生态县”称号。城畈为上述国家级荣誉的获得做出重要贡献。

城畈村（社区）的历史，是中国新型城镇化、城乡一体化的一个缩影和标本。田园村落消失，城市崛起，但处于“国家生态县”“国家园林县城”的城畈社区，仍然望得见青山，看得见绿水。

堆谷山村志概述①

资源富饶深山村

堆谷山村位于安徽省六安市霍山县东南边陲，大别山主峰白马尖东南坡，磨子潭水库上游，隶属霍山县磨子潭镇管辖。东与霍山县磨子潭镇胡家河、宋家河相邻，南与安庆市岳西县黄尾镇毗连，西与安庆市岳西县包家河乡、霍山县太阳乡金竹坪村为邻，北与霍山县大化坪镇青枫岭村、磨子潭镇宋家河村相交，总面积 56.73 平方千米。距离霍山县城 75 千米，距六安市区 125 千米。

堆谷山村在远古时期曾是海洋，大别运动使桐柏—磨子潭深断裂带开始形成，扬子运动结束了海侵历史，成为陆地。燕山运动、新构造运动先后塑造了现在的山地形态。这里总体属于大别山脉隆起区，地势东低西高，海拔 450 ～ 1700 米不等，为典型的山地地貌。境内山势雄峻，1500 米以上的山峰 3 座，其中白马尖为大别山最高峰，海拔 1774 米，雄踞堆谷山村西端。境内谷深坡陡，猴河峡谷和龙井峡谷两侧壁立千仞，十分壮观。主要河流有马家河和龙井峡。马家河发源于堆谷山村的川岭，由西向东贯穿原马家河村全境，经猴河，入黄尾河，境内全长 16.5 千米。

堆谷山村属于北亚热带湿润季风气候区，季风气候明显。雨量充沛，平均年降水量 1700 毫米，平均日照 12 小时，全年无霜期 180 天左右。春季多为东南风，气温回暖，雨水较多，万物复苏。夏季多为南风和西南风，雨水较为集中，雨热同期，为山洪多发季节。中午室外温度在 30℃左右，最高 35℃。早晚较凉，日较差大，西部马家河一带，人们夜间睡觉还需盖棉被。秋季以西风居多，雨水减少，天高气爽，早晚有霜冻。冬季

① 选自安徽省霍山县磨子潭镇堆谷山村志编纂委员会编:《中国名村志丛书·堆谷山村志》，2018 年出版。

多为西北风和北风，一般年度最低气温在 -10℃左右，冰凌、雾凇现象常见。

堆谷山村属于中低山区，自然植被垂直分布。黄山松、杉木、栎树等为主要树种，杂木和高山灌丛繁多，高山草甸丰富。植被覆盖率达 92.2%，森林覆盖率 70.5%。生态环境优美，负氧离子含量达每立方米 2 万个以上，是“天然氧吧”。由于区域内海拔 450 ～ 1770 米的巨大差异，山脚百花竞开，山腰春芽萌露，山顶白雪皑皑的奇观较为常见，“同山不同季，一步一重天”。

红色区域中心村

堆谷山村民居住历史悠久。元代以前，这里已有零星自然村落。明清时期，很多家族从外地移居，在此繁衍生息。截至 2016 年年底，堆谷山村共有居民 505 户，在册人口 1930 人。其中农业户口 1878 人，非农户口 52 人；男性 1020 人，女性 910 人。原住民均为汉族。改革开放以后，有少数青年农民到四川、云南、贵州等地务工，与当地的彝族、苗族、回族等少数民族人口通婚，逐步迁入部分彝族、苗族、回族人口。堆谷山村姓氏人口较多的主要是蔡姓、严姓、汪姓、王姓、汤姓等家族。其中人口最多的是蔡姓，总人口 1000 人，占全村人口的 51.8%，主要居住在原堆谷山村。其次为严姓，总人口 240 人，占全村人口的 12.4%，主要居住在铜鼓地、骑马畈两个村民组。

民国时期，堆谷山村实行保甲制度。1948 年 1 月，霍山县民主政府搬入堆谷山办公后，先后建立互助组。1950 年，成立胡家河乡，乡公所设在蒋家冲，隶属龙井冲区。20 世纪 50 年代，堆谷山建立初级社、高级社。1958 年成立人民公社，分别设立堆谷山大队和马家河大队。其中，堆谷山大队下设 10 个生产队，马家河大队下设 12 个生产队。1983 年，行政体制改革，改设堆谷山村和马家河村，隶属胡家河乡，生产队更名为村民组。2003 年，胡家河乡撤销，隶属磨子潭镇管辖。2004 年，堆谷山和马家河两村合并，称堆谷山村。

堆谷山区域内中共党组织成立较早。大革命时期，喻石泉就以管驾渡的第三高小为基地，以高维琪、蔡世钊、刘时佑、胡祥仁等为骨干，以办夜校等方式，在学校师生中开展马克思主义传播活动。1928 年，中共霍山南乡支部成立。1929 年 1 月，中共南乡区委成立。1930 年 3 月 15 日，蔡世钊、朱竟义在堆谷山安家岭召开会议，3 月 20 日举行农民起义，建立南乡革命根据地。红二十八军战斗在堆谷山，先后成立赤卫队和马家河便衣队，取得过“反木城”等斗争的胜利。1948 年 1 月，中共霍山县委、县民主政府由漫水河搬至堆谷山村狮形老屋，迅速成立以中共党员为主体的农会组织。1950 年，正式成立中共堆谷山党总支。1956 年，分设堆谷山一社和二社，相应成立堆谷山一社党支部和堆谷山二社党支部。1958 年人民公社成立，次年堆谷山一社改为堆谷山大队，堆谷山二社改为马家河大队，党支部也相应更名为堆谷山大队党支部和马家河大队党支部。1966年，成立堆谷山大队革命委员会和马家河大队革命委员会，实行党政“一元化”领导。1983 年，根据《中华人民共和国宪法》规定，大队更名为村，支部也相应更名为堆谷山村党支部和马家河村党支部。2004 年，原堆谷山村和马家河村合并，成立中共堆谷山村总支委员会，同时选举产生第一届村民委员会。村级民主选举、民主决策、民主管理、民主监督逐步走上制度化、规范化轨道。

休闲农业景点村

堆谷山村属于深山区，益林面积大，面积 5230 公顷，占总面积的 92.2%，人均 2.7 公顷。耕地面积 164 公顷，仅占总面积的 2.89%，人均 0.08 公顷，是一个典型的山区林业大村。改革开放前，山区群众一直过着“吃粮靠（国家）供应、花钱靠（政府）救济”的生活。农村实行大包干后，随着农民生产积极性的提高和农业新技术的逐步推广，粮食产量大幅上升，根本上解决了温饱问题。在此基础上，家畜、家禽饲养量大幅增长，群众生活水平明显改善。20 世纪 80 年代初，个体商店、个体肉铺、豆腐店、个体运输户、个体木材、个体茶叶经营户等不断涌现，个体私营经济蓬勃发展。20 世纪 90 年代，山区年轻人纷纷走出家门，到经济发达地区务工，积极投入“打工潮”中，劳务收入逐渐成为该村主要经济来源之一。

20 世纪 70 年代，堆谷山村民就开始注重发挥本地优势，大力发展特色产业。利用丰富的林木资源，大力发展林业产业。境内现有国有、集体林场 3 个，活立木蓄积量 26.7 万立方米，年产值 136 万元。堆谷山村民还利用山场牧草资源，大力发展养羊、养牛、养猪业。通过调整产业结构，堆谷山村推动农村经济转型升级，实现农业增效、农民增收；利用丰富的水力资源，发展小水电。境内河流纵横，落差达 1300 多米，常年流水不断；从 20 世纪 60 年代末开始，陆续修建了 8 座小型水电站，装机总容量 6670 千伏，年发电量 500 万千瓦时，年产值 900 多万元；利用环境优势，借力华夏公司开发大别山旅游项目契机，大力发展乡村旅游；配合旅游开发和美丽乡村建设，堆谷山村境内各项基础设施转型升级；先后新建桥梁 5 座，兴建和拓宽改造胡马公路、胡堆公路、堆川公路、景区道路、组组通道路等，基本实现硬化、黑色化；建有电信、联通、移动基塔 6 座，信号基本实现全覆盖；设立 9 个供电台区，10 千伏变压器 15 台，电力供应充分、安全。建有大型停车场和公用设施。至2015年年底，建有融餐饮、住宿于一体的“农家乐”49家，旅游综合年收入2000余万元。据统计，2016年堆谷山村工农业总产值4228万元，地区生产总值6048万元，农民人均年纯收入9825元。

特色旅游明星村

堆谷山村四方通达，东连济广高速，与105国道、318国道、大别山旅游快速通道、209省道相连。2002年，由极地先锋户外运动主办的“极地先锋杯”合肥首届高校越野挑战赛在堆谷山村举行。来自合肥的中国科学技术大学、合肥工业大学等8所高校组成的24支队伍近100名选手参加比赛。赛事报道后，堆谷山村的奇山异水受到众多“驴友”的关注和追捧。

随着全国各地“驴友”的大量涌入，堆谷山村旅游快速发展起来。艺龙旅行网、我心飞扬户外、红宝石户外、徽州驼邦王者营地、行者户外、汉唐户外、人众人拓展公司等几十家旅游团体组织活动频繁，使其很快成为华东地区广大“驴友”的活动地，形成其独特的“驴友”文化，声名远播。2003年后，大别山景区开发速度加快，基础设施如道路、桥梁、停车场等逐步完善，接待宾馆、农家饭店、农特小超市等如雨后春笋般涌出。逐步形成以大别山主峰国家AAAA级旅游景区为核心，龙井峡、别山湖、广家河、四望寨、梳妆台等众多自然景观相补充的旅游胜地。

堆谷山村最负盛名的旅游文化是“驴友”文化。2002年，“驴友”踏出的龙井河大峡谷—大别山主峰白马尖线，受到广大“驴友”热捧，成为堆谷山“驴友”精品线路最主要的一条线路——1号线，也是安徽省十大户外徒步旅游路线之一。2号线是广家河瀑布群—古城堡六万寨。陡峭壁立的岩石、连绵不断的瀑布、古战场的遗迹，令人惊喜不断。3号线是狼牙谷穿越。地势险要，峰险石奇，是猎奇的绝佳去处。“驴友”活动形式多样。夏令营活动，如放牛、抓鱼、捡玉石、感恩教育等。2014年，安徽省妇联就在堆谷山村组织“童心向党、红色穿越”励志夏令营活动。农俗体验活动，如杀年猪、打年货等。员工户外拓展培训活动，主要是由户外俱乐部组织的攀岩、瀑降、岩降等项目。专业“驴友”活动，如摄影、微电影、单车、极限挑战、爱心助学等。特别是远足、穿越、登山、攀岩、漂流、越野山地车等这种属于“驴友”的运动大多数带有探险性质，属于极限和亚极限运动，富有挑战性，极具刺激性。

堆谷山农家乐接待能力逐年提升，至2015年年底，49家农家乐共设有单间、标准间（家庭房）、多人间等600多个床位。此外，还有帐篷宿营地多处，日接待能力达

1000多人。农家乐主要以“当农家人，吃农家饭，忙农家活，住农家房，购农家物”为主。主要食材是山珍，如山鸡、石蛙、河鱼、香菇、石耳、木耳、野芹菜、苦菜、蕨菜、葛粉、山野茶、苦丁茶、野生猕猴桃、山核桃等，还有山里人家自种自养的各类家禽、家畜和蔬菜，绿色、生态、环保，口感好、营养价值高。

堆谷山村村风淳朴，村民性格憨厚，待人诚恳，爱交友，重情义，深得游客喜爱。据不完全统计，2002年以来，仅接待北京、上海、江苏等17个省市的“驴友”组织就有114个。2007年，在由安徽省农业委员会、安徽省旅游局主办的“万景网杯”首届安徽旅游节和安徽旅游风采金榜大评选上，堆谷山“农家乐”被评为安徽旅游“十大我最喜爱的农家乐”之一。同年被安徽省旅游局、安徽省农业委员会授予“省级农家乐旅游示范点”称号。中央电视台军事农业频道《乡村大世界》节目组、安徽卫视《超级大赢家》节目组等先后到堆谷山农家乐采风。

2012年，堆谷山村被中国旅游户外网评为“中国最美山村”。2013年被中国旅游产业发展年会组委会评为“美丽中国”十佳旅游村（镇）。2014年被安徽省旅游局、住房和城乡建设局评为“安徽省特色旅游名村”。

广东红色景观古村①

石塘村位于广东、江西、湖南三省交界的广东省韶关市仁化县西部，距离著名的丹霞山世界地质公园21千米，是仁化县乃至韶关市历史较悠久，古建筑群规模庞大且保存完好的古村，具有良好的红色文化旅游、民俗文化旅游、生态文化旅游条件。

一

石塘村史称“千家村”。2016年，石塘村村域面积1336.1公顷，其中水域面积9.3公顷，林地面积639.9公顷，耕地面积423公顷。石塘村主产优质稻米。古村村巷纵横曲折，总建筑面积15公顷，占全村总面积的1.12%。2016年，全村有人口3560人。在粤北山区的古村落中，石塘以其古色古香的韵味，于2010年7月被住房和城乡建设部、国家文物局评为“中国历史文化名村”，2012年12月上榜首批“中国传统村落”名录。

南北朝时期有先民在石塘村卜居。唐末，惠懿禅师在石塘村弘法。明末清初，石塘村已有上千户人家，被称为“千家村”。及至清康乾盛世，村里拥有9座宗祠、12条街巷、7个炮楼、7个门楼、25个闸门、3座古庙。石塘村内街巷纵横交错，最长的有520多米。外人到此，相当于进了迷宫，辨不出东南西北。因而，被当地人戏称“水浒祝家庄”。

村中有明清时代的古建筑133座，大部分保存完好。古建筑层层叠叠，鳞次栉比，错落有致。村落中著名的古建筑有三多堂、贻德堂、妥侑堂、双峰寨、三角街、高门槛

① 选自广东省仁化县石塘镇石塘村志编纂委员会编:《中国名村志丛书·石塘村志》，2018年出版。

巷、司马巷、太平巷、南门、鸣凤门、接龙门等。这些飞檐翘角的门楼，斑驳的古墙，典雅的古屋，逼仄的古巷，镶有人物、山水、花鸟浮雕的照壁，雕刻着龙凤呈祥、荷花翠鸟，文戏武戏的木刻……无不凝聚着古代村民的建筑智慧与才艺。站在村头，举目四望，古村落规模庞大，环抱于青山绿水之中，古建筑气势宏伟，融古屋、古井、古巷、古寨于一体，透出古朴、厚重、典雅之韵。

石塘村有一处标志性建筑，名曰“双峰寨”。

清末时期，战乱不断，石塘村常遭军队攻打，损失惨重。村民们痛定思痛，决心要在石塘村建一座碉堡，以备战乱之时用以避灾保命。

该工程于清宣统二年（1910）竣工。村中富户捐田捐资，村民出力，前后耗时 16 年，耗费白银三万余两（至今城墙上仍清晰可见“清宣统庚戌告竣用金三万有奇”的石刻记载），建成一座占地面积 11300 平方米的碉楼，是广东省规模较大的古堡式碉楼之一。其建筑雄伟壮丽，固若金汤，是一座易守难攻的碉楼建筑。

石塘，有一项独特的民间传统艺术——省级非物质文化遗产月姐歌。相传在唐代，有一位名叫月莲的妃子因受不了宫中的凄楚而私逃出宫，几经辗转来到石塘。她常常对月倾诉心中的哀怨愁闷，并教石塘的妇女们以对月唱吟的方式来表述心声。久而久之，便形成了独有的月姐歌，一唱就是千余年……

石塘人才辈出，明清以来举人、进士、为官入仕者众多。清宣统三年（1911），石塘村有 6 人考入黄埔军校。还涌现了与徐悲鸿、傅抱石等大画家齐名的台湾现代抽象绘画运动的主要倡导者和实践者、画家李仲生，本土杰出的农民运动领袖李载基兄弟等佼佼者。

二

石塘村是一座有着革命优良传统的老区村。土地革命时期，石塘村是仁化沟通前往井冈山革命根据地的秘密通道之一，是仁化暴动的发生地之一，是澌溪山游击根据地的补给地，是中国工农红军第四独立团成立地，是红七军“七千里远征”宿营地。石塘人民为中国革命事业做出了重大贡献，仅新民主主义革命时期牺牲的、有确切姓名可考的石塘村籍烈士就有 164 位。

双峰寨是红色石塘中的“红色堡垒”。1926 年，石塘乡农民协会在双峰寨成立。石塘乡农协组织带领群众开展打击土豪劣绅、减租减息、废除苛捐杂税、分田分地、禁烟禁赌等活动。

1927年冬至1928年，朱德、陈毅率南昌起义军余部到仁化，改编革命武装，打响粤北湘南暴动第一枪。朱德、陈毅离开仁化后，留下的军事骨干协助中共仁化县委在石塘双峰寨组织工农自卫军及民众英勇抗击几倍于其的国民党反动派，坚持斗争长达9个月，用鲜血谱写了广东农民运动史上光辉的一页。

1931年，中国工农红军第七军政委邓小平、总指挥李明瑞率领从乐昌梅花战役撤下来的部队强渡武江后进入石塘，在龙母宫（娘娘庙）、双峰寨驻军休整后，经转城口、长江进入江西，到井冈山与毛泽东、朱德会师。双峰寨，又一次发挥了红色堡垒作用。

双峰寨的每一寸土地，每一口水井，每一方条石，每一块青砖，每一片瓦，每一根梁柱，每一块木板，每一声虫鸣，每一层青苔，都见证了革命战争年代中的烽火硝烟，见证了革命烈士们把躯体永远地留在此地的壮烈情景，而他们的精神，激励着后来者。1978年7月，双峰寨被列为广东省第一批文物保护单位；2000年4月，被列为广东省第一批爱国主义教育基地；2006年5月，被国务院列为全国重点文物保护单位；2011年9月，被确认为广东省中共党史教育基地。

三

石塘村是中国历史文化名村、中国传统村落，还被评为国家AAA级旅游景区、广东省十大最美古村落之最具红色景观村落、广东省旅游名村、广东摄影创作基地。

2008年6月，中共仁化县委、县人民政府作出“旅游旺县”的战略部署，着力打造石塘红色生态旅游村。2010年，建设红色景区双峰寨基础设施工程，完成古村落水渠清淤、双峰寨停车场绿化设施、农具摆设廊建设。2011年，仁化县将石塘文化生态旅游开发纳入大丹霞范畴，按照总体规划恢复原有生态，恢复古村原貌。将石塘古村打造为融自然风光、红色历史、影视拍摄、民俗风情、特色饮食、休闲体验于一体的精品旅游景点。2012年，石塘镇按照“做足农字文章、做活旅游文章、做好老区文章”思路，加强石塘村古建筑保护与文化遗产挖掘工作，编制《仁化县石塘镇总体规划（2010—2030）》《石塘村历史文化保护规划》等一系列规划。完成双峰寨第一期复原维修工程、台湾抽象画运动先驱李仲生故居修缮工程。实施旅游文化产业带动战略，开发双峰寨红色追忆游、古村探秘游、乡村休闲游、农业体验游等一系列乡村旅游产品。2013年，优化古村旅游基础设施，启动贻德堂、三多昌杂货铺、南门等文物点维修工程，完成双峰寨第二期维修、寨前广场及革命纪念碑综合改造、“两中心、一馆”（旅游咨询展示中心、特色农产品交易展示中心和石塘堆花米酒展览馆）建设。2014年，完善双峰寨护城河清理、石塘古村历史水系改造工程，完成贻德堂、三多昌杂货铺和南门修旧工程，引导村民对房屋开展“穿衣戴帽”工作，实施石塘历史文化名村基础设施建设。2015年，石塘历史文化名村保护设施重点项目全面完工，古村旅游承载力得到提升。2016年，石塘村主动对接韶关“大旅游”格局，抓好石塘古村保护和利用工作。完成双峰寨第三期维修工程，开通仁化至石塘旅游公交线路，新培育农家乐、特色民宿客栈，利用“石塘古村双峰寨”微信平台提高石塘古村景区知名度，成功举办2016年南粤古驿道定向大赛首站活动。

兴安岭上　鄂伦春人[1]

北方游猎第一乡

新生村，隶属黑龙江省黑河市爱辉区新生鄂伦春族乡（简称新生乡），位于小兴安岭北坡、黑河市西北部，地理坐标为北纬50°31′、东经126°47′，东距黑河市区76千米。新生村北部、东北部与新发村、新青村相邻，东部与西峰山乡接壤，东南部与上马厂乡为邻，西部与罕达汽镇交界。乡政府驻地设在新生村，供销社、卫生院、邮电所、银行营业所、林业站、粮食管理所、农机管理站、农业技术推广站、文化站、中心校、中学、小学、派出所等乡级单位均位于新生村。

新生村地处东亚季风气候区，属寒温带大陆性气候。冬季受蒙古高气压的影响，气候寒冷而干燥；夏季受海洋东南季风控制，气候温暖而多雨；春季冷暖交替时，冷气团势力由强到弱，多风且干燥；秋季冷气团周期性南侵，常连绵阴雨。冬长夏短，低温冷湿，无霜期短，光照充足，小麦、大豆生长季节条件优越。全村平均气温为-2～0℃。1月最冷，平均气温为-26～-25℃；7月最热，平均气温为17.4～20.2℃。极端最低气温值可达-40℃，最高气温值为36℃左右。年平均降水量600～650毫米，夏季最多，占全年降水量的65%；冬季最少，仅占全年降水量的3%～5%。

新生村自然资源丰富。全村土地面积1200平方千米，占新生乡土地面积的3.33%，占爱辉区土地面积的0.36%。有耕地面积1415公顷，占新生乡耕地面积的39.31%，人均占有耕地面积1.55公顷。土壤以暗棕壤为主，也有黑土、草甸土分布。

新生村的林地面积为67652.67公顷，占全乡林地面积的65.47%。主要树种有云

---

[1] 选自黑龙江省黑河市爱辉区新生鄂伦春族乡新生村志编纂委员会编：《中国名村志丛书·新生村志》，2018年出版。

杉、冷杉、落叶松、胡桃楸、水曲柳、黄波罗、榆、椴、桦、杨、柳、柞等30多种。

在新生村广阔的山林中，生长着珍贵的中药材和野生食用绿色植物。中药材有达子香、人参、黄芪、知母、刺五加、桔梗、苍术、百合、五味子、防风、柴胡等300余种。野生食用绿色植物有山葡萄、越橘、红豆、山梨、臭李子、松子、榛子、橡子、草莓、木耳、猴菇菌、榛蘑、元蘑、灵芝、蕨菜、薇菜、黄花菜、灵芝、山丁子、老山芹、柳蒿芽、刺玫果等100多种。

在新生村繁茂的森林里，栖息着种类繁多的珍禽异兽。野兽有马鹿（赤鹿）、驼鹿、狍子、狐狸、猞猁、狼、熊、貉、灰鼠（松鼠）、黄鼬（黄鼠狼）、野猪、獾子、野兔等。东北虎、紫貂在30年前已经绝迹。鸟类有天鹅、鸳鸯、白鹳、榛鸡（飞龙）、野雉（野鸡）、沙半鸡、野鸭等，以榛鸡最为有名。近年，天鹅、白鹤已不多见。鱼类有哲罗鲑、细鳞鱼、鲤鱼、鲫鱼、鲇鱼、白鱼、罗汉鱼、东北颌须鮈、东北塘鳢鱼（老头鱼）等。

矿藏以黄金最为出名，品位较好，储量丰富。另有石英砂、花岗岩、铅、铍、云母等矿。

新生村旅游资源丰富，是旅游、狩猎的好去处，被誉为“北方游猎第一乡”。美丽的刺尔滨河两岸山岭起伏，河水清澈见底。在这里旅游，可以春看达紫香花红似火，夏望绿海浩瀚无垠，秋观漫山红叶片片，冬赏冰雪山舞银蛇。

勇悍民族鄂伦春

鄂伦春族是中华民族大家庭中一个古老的成员，是中国六个人口少于1万人的民族之一，也是黑龙江省十个世居民族之一。其先民活动范围，在黑龙江以北，外兴安岭以南，贝加尔湖以东，直达鞑靼海峡两岸和库页岛一带，地域极为辽阔。这些古老的先民，主要从事狩猎，被称为“林中之民”。早在公元前11世纪，这些古老的先民就与中原建立联系。当时中原王朝对其称呼各异，如魏晋南北朝时称“室韦”，元时称“林中百姓”，明时称“使鹿部”，清时称“索伦部”。这些称呼中都包括鄂伦春族的先民。而把鄂伦春定名为族称，始见于明万历四十四年［后金天命元年（1616）］。到清朝康熙年间，在奏折中才出现“鄂伦春”或“俄尔春”等字样。

明崇祯十六年［后金崇德八年（1643）］以后，沙俄不断派哥萨克武装侵入黑龙江流域，烧杀抢掠，使当地各族人民不得安宁。清政府为保卫这一地区，曾不断派官兵北上，围剿和驱逐沙俄入侵者。为保护鄂伦春等少数民族的生命财产安全，自清顺治十年

（1653）开始，将受入侵者扰害的石勒喀河和黑龙江中游左岸的索伦、达斡尔和鄂伦春等族居民逐渐迁至大、小兴安岭和嫩江之滨，但黑龙江左岸四十余屯，旗户数百，仍有索伦人、鄂伦春人。

清康熙八年（1669），清政府设布特哈[①]八旗，专辖鄂伦春、鄂温克、达斡尔等游猎部落。康熙二十二年（1683），清朝为了加强对黑龙江地区的防务，更有力地打击沙俄侵略者，在江左（东）瑷珲城设置了黑龙江将军衙门，管辖黑龙江两岸、外兴安岭以南广大地区。同治十年（1871），清政府将大兴安岭鄂伦春人按住地分为五路管理，新生村鄂伦春族先民属库玛尔路管辖。

1912 年隶属黑龙江省旗务处。东北沦陷时期，库玛尔路、毕拉尔路和阿里、多布库尔路先划归黑龙江民政厅蒙旗科，1934 年又将库玛尔、毕拉尔两路划归伪黑河省，由日本特务机关直接控制。解放后，中共黑河地委于 1947 年春成立黑河地区鄂伦春协领公署，管理鄂伦春族事务。

鄂伦春族是一个富有反侵略、反压迫光荣传统的民族。长期以来，他们同其他民族一起在为维护祖国领土的完整、反抗外国侵略的斗争中做出了自己的贡献。

从 17 世纪中叶开始，沙俄侵略者不断向南侵略，他们“无端犯我索伦边疆，扰害虞人，肆行抢掠”。清康熙二十三年（1684），鄂伦春头人朱尔铿格率众在精奇里江[②]杀死沙俄侵略者多人，并夺其鸟枪。康熙二十四年（1685）、康熙二十五年（1686），在两次雅克萨自卫反击战中，鄂伦春族有 565 名健儿参战，他们“勇猛善战”“颇称勇敢”，被海内称之为“劲旅”，曾受到清政府的表彰。这种反击沙俄侵略者的传统，在光绪二十六年（1900）瑷珲保卫战中得到更加充分的体现。派出的 500 名鄂伦春族勇士在瑷珲保卫战、大岭阻击战中发挥巨大的作用，有 10 人献出宝贵的生命。

定居走向新生活

新生村鄂伦春族同胞自 1953 年实现定居以来，跨越性地进入了社会主义社会，各民族团结一心发展生产，改善生活，走上了社会主义康庄大道。

享受平等的政治待遇。中华人民共和国成立前，鄂伦春族处于原始社会末期，生产方式落后，政治地位低下。1953 年 9 月实现定居后，成为中华民族大家庭中平等的一

① 布特哈：满语，意为打牲部落。

② 精奇里江：现称结雅河，俄罗斯远东区南部河流，黑龙江左岸最大河流。

员，同其他民族一起参与管理国家大事。1953—1963 年，新生村有 1 名鄂伦春人被选为黑龙江省人民代表和黑龙江省人民委员会委员，有 3 人被选为爱辉县人民代表和政府委员，有15人被选为乡（社）人民代表，6人被选为乡人民委员会委员，有4人当选地、县民族事务委员会委员。到 20 世纪末，全国人民代表大会，省内各级党代会、人民代表大会和各级政协会议中，都有新生村鄂伦春族的代表参加。

中华人民共和国成立初期，为实现民族平等、自我管理，先后在瑷珲县鄂伦春族猎民聚集的地方，建立民族自治区域筹委会和民族乡筹委会，管理本民族内部事务。定居后，及时建立鄂伦春族乡，实施民族乡条例，民主选举鄂伦春族人担任乡长、副乡长。一批批有觉悟、有文化、有能力的鄂伦春族干部茁壮成长。

鄂伦春族虽然没有本民族文字，却享有使用本民族语言的自由，并在新生村小学开设鄂伦春族语言课。

转变思想观念。在中国共产党的领导下，鄂伦春族下山定居时那种原始社会末期的思想、习惯逐渐得到转变。信任、拥护中国共产党，热爱社会主义祖国，已成为鄂伦春族群众的共同心愿；过去共同劳动、共同享受的习惯转变为多劳多得、少劳少得、不劳不得的观念；过去只满足自己需要而生产的观念转变为发展社会商品经济的观念；过去有依靠国家救济的想法转变为自力更生、勤劳致富的观念；过去因发展较慢，甘居落后的思想正转变为自尊、自爱、自强、自立的观念。这些思想观念的转变，标志着民族的新生机，从而推动民族事业的全面发展。

农业生产发展迅速。新生村的经济发展主要体现在以狩猎经济为主向以农业生产为主的转变上，大体经历了 4 个阶段：1953—1963 年，是“以猎为主、以农业为辅，有计划地发展畜牧业和其他副业生产”阶段；1964—1973 年，是“以农为主，以猎为辅，积极发展多种经营”阶段；1974—1983 年，是“以农、林为主，兼发展多种经营”阶段；1984—2016 年，是“以农业为主，种（植）、养（殖）、加（工）、贸（易）、工（业）、旅游全面发展”阶段。自 1984 年开始，农业收入始终占全年总收入的 85% 以上，自 1990 年开始，猎业收入只占全年总收入的 1%。

社会事业得到全面发展。1953 年创建新生村鄂伦春族小学和幼儿园。1958 年设立高小班，1968 年又增设初中班。1980 年新建砖瓦结构的校舍，增添教学实验设备。1983 年新幼儿园达到标准化，1987 年实现中、小学分设。到 2000 年，有中学 1 所、中心小学 1 所（其他村小学 3 所）。进入 21 世纪，其他两个村中、小学学生，全部集中在新生村学校所在地上学。1953 年建立供销社。1979 年，供销社改建为砖瓦结构，营业面积增加到 280 平方米，满足了各族人民群众的消费需求。1953 年建立卫生所，有

1 名医务人员。1983 年改建为 250 平方米砖瓦结构的卫生院，有医务人员 8 名，其中鄂伦春族医务工作者 2 名，鄂伦春族居民全部享受免费医疗。2011 年，投入 266 万元，新建 996 平方米新生乡中心卫生院，配备了 X 光机、B 超、心电图机等医疗器械，鄂伦春族群众医疗环境越来越好。由于生产、生活水平的提高和医疗卫生事业的发展，鄂伦春族人均寿命由定居前的 30 岁提高到 60 岁，婴儿死亡率由中华人民共和国成立前的 70% 下降到 12‰，危害鄂伦春族健康的结核病发病率由 1953 年的 25.5% 下降到 1.2%。

生活水平日益提高。中华人民共和国成立前，鄂伦春族吃兽肉，穿兽皮，住的是“斜仁柱”，过的是以篝火取暖、以桦烛消长夜的原始社会末期的山林生活。从 1953 年开始，新生村鄂伦春族猎民住上了内有火炕、火墙取暖的新式房屋。到 20 世纪 90 年代，新生村居民用的是和城里人一样的收录机、电视、电灯、电话、自来水和新式家具，有的还有货车、轿车、摩托车，生活水平不断提高。进入 21 世纪，新生村绝大多数村民用上了移动电话。2012 年，新生村被列入黑龙江省特色村寨建设村，建成鄂伦春族特色民居 25 栋 50 户，相关配套设施仓房 25 栋，有卫生厕所的 202 户；安装具有民族特色栅栏 3460 延长米，街道铺设辅路彩砖 5026 平方米，6 条街道铺装步道板 2382 平方米，修建马路牙子 3884 延长米，道口铺设步道板 2295 平方米。2013 年，新生村被列入第二批“中国传统村落”。2014 年，新生村被授予“中国少数民族特色村寨”称号。2015 年，新生村鄂伦春族特色住宅获得全国第一届田园建筑优秀实例示范二等奖。

1953 年定居后，新生村走猎、农、副各业结合、共同发展道路，促进了民族经济的良性发展。特别是中共十一届三中全会后，打破了“大帮哄”的生产经营模式，调动了广大鄂伦春族群众的积极性，人均年收入逐年增加。1982 年，新生鄂伦春族农民人均年收入 378 元。自 20 世纪 80 年代末开始，人均年收入超千元。1990 年，新生村人均年收入 1313 元。20 世纪 90 年代，新生村在联产承包责任制的基础上，调整农村经济结构，人均年收入稳定增长。1992 年，全村在遭到严重自然灾害的情况下，全村净收入 41.51 万元，人均年收入仍然达到 1198 元。2000 年，在遭受多种自然灾害条件下，全村人均年收入仍达 1128 元。2006 年，人均年收入 2653 元。2010 年，新生村人均年收入 5278 元。此后，随着各项经济收入的逐年增加，2015 年，全村人均年收入首次实现过万元指标，达到 1.19 万元。2016 年，全村人均年收入 1.18 万元。

改革带来大发展

1978 年，中共十一届三中全会胜利召开，中国走上以经济建设为中心的改革开放之路，新生村的经济建设和社会发展徐徐展开繁荣昌盛的壮阔画卷。

1978—1983年，新生村贯彻中共十一届三中全会精神，解放思想，放宽政策，走发家致富的道路。为解放生产力，调动群众的生产积极性，在多项生产中认真落实联产计酬生产责任制，开始改变那种“劳动大帮哄、计酬大锅饭”的办法。农机包车组制定机车标准工作量、亩耗油量、耕地亩成本等，实行节约部分奖给车组。

1984—1985年，新生村改变以队为基础的生产组织形式，全面落实家庭联产承包责任制，大大推动了生产和商品经济的发展。

1986—2016年，新生村进一步完善土地承包责任制和大力调整产业结构：一是解决部分鄂伦春族村民不善于独立经营土地的问题，在自愿的基础上将这部分村民组成粮食生产联合体，派汉族村民任组长，领导开展生产活动。二是在不放松粮食生产的前提下，大力发展农村商品经济和多种经营，努力发展村办企业和个体企业。

进入20世纪90年代，新生村鄂伦春族人除了冬天狩猎，还开展了农业生产、文化旅游等多种经营。1993年，随着黑河在对外开放中知名度的提高，到黑河考察、观光、旅游的人越来越多，新生村抢抓机遇，统筹规划，建起具有民族特色的旅游业。到2016年年底，先后有俄罗斯、新西兰、澳大利亚、芬兰、法国、德国、日本等10多个国家200余个团组3万余人到新生村旅游，旅游收入150万元。

抚今追昔，新生村的社会经济发展出现了历史性的变化，取得了令人瞩目的成就。“感谢党的好政策，赶上了好时代，我们才有了新生活。”这是新生村鄂伦春族人常说的一句话。面向未来，他们还将继续用改革、发展、开拓、创新的壮举，在中华民族大家庭中，同创五彩缤纷的明天。

大山深处幸福村[①]

在鄂西北大山深处，有一个神奇而美丽的幸福村庄，这就是拥有“全国文明村镇”“大众喜欢的中国十大幸福村庄”“中国十佳小康村”等多项桂冠的保康县马桥镇尧治河村。

一

尧治河村地处湖北省襄阳、十堰、神农架三市（区）交界之地，土地总面积33.4平方千米。全村163户、700人，散居在平均海拔近1400米的崇山峻岭中。

传说，尧治河因尧帝及其子在此治水而得名。古属房陵县（今湖北省房县），明弘治十一年（1498）至清末属保康县修文里，民国时期属保康县马桥乡。中华人民共和国成立之初，以自然村“尧治河”命名，先后属马桥区青天乡、洞河乡。农业合作化时，成立群利高级农业生产合作社，人民公社化后改建为尧治河大队，属马桥区洞河公社。1984年4月，改称尧治河村，属马桥镇洞河乡（管理区）。2002年11月，撤销管理区建制，属马桥镇管辖。

境内群峰竞举，沟壑纵横，土地贫瘠，四季分明，素有“襄阳的西藏”之称。当地有各种说法，如“山大梁子多，出门就爬坡”“挂起来的路，竖起来的田”“四月雪，八月霜，六月早晚寒气凉”“庄稼种早了不出，种晚了不熟”。中华人民共和国成立前，村民以传统农业维系生存，农作物适宜品种有限，“吃的洋芋果，烤的疙瘩火，走的羊肠道，住的茅草屋”是当时群众生活状况的真实写照。

---

① 选自湖北省保康县马桥镇尧治河村志编纂委员会编:《中国名村志丛书·尧治河村志》，2018年出版。

尧治河自然资源多样，动植物种类繁多。境内蕴藏丰富的磷、铁、硅、硫铁、白云石等矿产资源，磷矿探明储量 4500 万吨。水资源较充沛，众多溪流和山泉汇成尧治河、洞河 2 条河流，水位落差大，有利于水电开发和发展旅游业。

20 世纪 50 年代，在党和政府的领导下，尧治河村凭着“群众能吃苦、党员能吃亏、干部能奉献”的精神，垦荒改田、养牛喂猪、辛勤劳作，生活水平虽有一定提高，但村容村貌变化不大。70 年代，村内探明有高品位磷矿资源，但受交通等条件的限制，人们只能守着金山过穷日子。到 70 年代末，年人均口粮只有 140 千克，年纯收入不足 100 元，仍有部分农民住在茅草房或岩洞里。

改革开放后，特别是 1988 年以来，村党委（支部）团结带领全村村民，致力发展经济，实现共同富裕，凭着愚公移山的精神和尧帝治水的意志，依靠自身力量，排除千难万险，吃尽千辛万苦，以生命为代价，以富民为己任，修路开矿，筑坝办电，改田建园，兴工办厂，保护生态，发展旅游，从一个没有一条公路、没有一分积累、没有一栋楼房的“极贫村”，一跃成为保康县“首富村”、襄阳市“明星村”、湖北省“500 强村”和“全国文明村镇”。

二

尧治河村从修路开矿起步，稳步发展磷化工、水电、酿酒、旅游四大产业，书写了一部发展集体经济、实现共同富裕的壮丽史诗。

1988 年 8 月，村民孙开林毅然辞去民办教师的工作，回村领办磷矿企业，村民许列奎、许年福、黄政国、黄政胜、徐庆华、吴德华参与其中，开始了艰难的创业历程。10 月，尧治河村磷矿指挥部在一间空牛栏里挂牌成立。为打通出山公路，孙开林拿出准备盖房的 4000 元积蓄，合作伙伴用住房作抵押从信用社贷款 3000 元，凑到一起购回爆破器材等物资，像蚂蚁啃骨头一样凿通 6 千米矿山公路，借助房县公路运出了第一车磷矿石。此后，他们利用办矿获得的积累，持续带领群众一段接一段劈山修路，累计投工 33.6 万人次，打通公路隧道 13 个，修建大小桥梁 11 座、涵拱 16 个，在悬崖峭壁间修筑村级公路 136 千米，其间先后有 3 人为之献出生命，5 人因伤致残。

坚持“修路开矿，开矿发展”的思路，以滚雪球的办法稳步扩大企业规模，磷矿石产量和销售收入逐年攀升。到 1995 年，全村磷矿开采点有 15 个，人均矿业经济收入突破 8300 元，集体经济积累达 1200 万元，进入全县先进行列。

2002 年以来，尧治河村尝试企业“走出去”发展。以尧治河矿产开发有限公司为市场主体，累计投资 9.9 亿元，采取购买、控股、参股等方式，取得保康县 6 处矿山探矿权和采矿权，收购县外 3 家磷化工企业，磷矿储量资源达 1.4 亿吨，年开采加工能力提高到 200 万吨，矿业经济收入突破 4 亿元。随着国家产业政策的调整，村两委确立了开发黄磷下游产品、延伸产业链条的发展方向，奏响进军磷化工产业的号角。建立院士工作站，与中国工程院、中国科学院和有关大专院校建立合作关系，邀请知名专家、教授率科研团队入驻尧治河，研究矿业循环经济，开展技术合作。与长沙矿冶研究院合资建厂研发 CDK 窑法磷酸产品，共同攻克 208 个技术难关。完成黄磷电炉改造和赤磷扩产项目，开工建设尧治河工业园区，新上五钠等 9 个磷化工项目，实现磷化产业的转型升级。其中，次磷酸、次磷酸钠等产品远销美国、瑞典、东南亚等国际市场。

水电工业是尧治河村的又一支柱产业。1995 年，成立水电开发有限责任公司，以募股投资方式成功创办了尧治河二级水电站。次年，为调节电站水源丰歉矛盾，组织村民从农历正月初六开始义务出工，将建筑材料从距离坝基 2 千米外的地方肩扛进深涧峡谷，沿途全凭攀岩扶梯而上。可是，当大坝浇筑到一半高度时被山洪冲毁。洪水退去，干部群众咬紧牙关继续干。到 1996 年年底，一座可蓄水 28 万立方米的调节性水库宣告建成。至 2001 年 12 月，一、二、三、四级和茅草岭水电站相继建成发电。2005 年，村委会出资成功收购县属 5 家电站，全村发电装机容量为 2.27 万千瓦，年发电量 1.2 亿千瓦时，实现产值 3000 多万元、利税 1000 万元。

做大做强酿酒业是尧治河村经济转型的重大举措。楚翁泉酒业公司前身是保康县酒厂，2006 年 4 月，尧治河村收购并注入资金进行设备改造，成功开发尧治河品牌系列酒，形成年生产基酒 2000 吨、存贮 5000 吨的生产能力，在激烈的市场竞争中站稳了脚跟。2014 年，公司实施整体搬迁，投资 2.8 亿元建成鄂西北最大的优质基酒生产基地，投产后可生产优质酱香型白酒 5000 吨、五粮酒 2000 吨、包装酒 2 万吨，实现销售收入 10 亿元、利税 2 亿元。

尧治河村境内有 4 条大峡谷、26 条小峡谷，天然景观 67 处，古木参天，云遮雾绕，奇峰、异石、洞穴、瀑布较多，同时又有“尧帝治水”等人文历史传说，为发展旅游业提供了得天独厚的条件。2004 年，村党委提出“旅游活村、生态兴村”的发展目标，聘请知名大学和风景旅游规划设计院所编制了《尧治河旅游总体规划》及野人洞、野人谷、尧帝神峡、老龙宫等旅游景区建设规划，推出“千古帝乡源尧祖，智慧襄阳看尧乡”旅游品牌，着力打造鄂西北生态避暑游汇集中心、湖北人文风情游展示中心和华夏民族寻根问祖中心。累计投资 4.5 亿多元，买断房县野人洞、野人谷景区经营权，完成“双野”景区规划建设，启动尧帝神峡、老龙宫、梨花山、滴水岩等景区建设，一批景区景点建设项目竣工。尧治河村先后被评为“湖北省旅游名村”“全国休闲农业与乡村旅游示范点”“国家生态旅游示范区”“国家 AAAA 级旅游景区”。2017 年，尧治河村景区共接待国内外游客 32 多万人次，实现旅游综合收入 2.1 亿多元。

磷化工、水电、酿酒、旅游四大产业初步形成后，村党委进一步理顺企业经营管理机制，注册成立湖北尧治河集团有限公司、湖北尧治河化工股份有限公司。化工股份有限公司为集团有限公司控股子公司，村内的优质资产和矿山企业划归其门下，以运作上市。其他企业划归集团公司，实行股份制管理，集体无偿为村民配股 500 万股，2000 多名企业员工和全体村民以不同形式成为企业股东，共享发展红利。至 2017 年，集团公司（村委会）拥有企业 22 家，总资产 32 亿元，年经营收入 42 亿元。集团连续多年被评为湖北省“重合同守信用企业”“纳税大户”“十佳企业”。

三

尧治河村以建设“山区幸福村”为目标，致力改善群众生产生活条件，提高村民精神与物质文化生活水平，村容村貌发生巨大变化，村里用于公益设施、福利事业建设投资达 5.6 亿元。2017 年，全村人均纯收入达 5 万元，农民全部住进别墅式楼房，90% 以上农户拥有小汽车。村内环境优雅舒适，人们物质生活改善，精神生活充实，满意感、快乐感和荣誉感得到充分体现，村民生活整体达到小康水平。

尧治河村致力于保护好自然生态。办矿初期，由于露天开采，一度出现破坏植被的现象。村委会及时出台严格的生态保护治理措施，限制生活消耗木柴，推广使用清洁能源，实行封山育林，推行矿山绿化制度，建设花园式矿山。尧治河村将矿山治理与公路建设、水利建设、新农村建设相结合，科学规划设计，技改封闭一批矿坑，利用矿渣砌挡修堤、筑坝填方、打砂铺路，矿山企业均达到绿色矿山标准，形成一个“村在园中、厂在绿中、房在花中、人在景中”的山区新农村建设格局。尧治河村先后被评为“湖北省绿色生态村”“湖北省新农村建设示范村”“湖北省地质公园”“省级森林公园”“国家绿色矿山”“国家生态公园”。

1990 年 6 月，村“两委”投资 130 万元，从房县桥上乡架设输电线路 131 千米，群众从此彻底告别了“松明子”、煤油灯照明的历史。后分两期实施电网改造，供电设施及用电管理进一步规范化。2001 年以来，在打通村级公路主干道的同时，村里按照国家三级公路标准对村内公路进行硬化绿化，实现户户通水泥公路，路路达到绿化美化。1996 年以来，高标准建设“当家田”120 多亩。把解决群众饮水作为重点，投资

1400多万元补贴农户自建简易饮水工程130余处，兴建8处集中供水工程，总蓄水能力3500多立方米，铺设供水管道17.78万米，全村163户居民、20多个厂矿企业和单位全部用上清洁卫生自来水。先后建起电视地面卫星接收站、转播站、移动通信基站17座，广播电视和通信光缆入户率达100%，成为湖北省“农村信息化建设示范村”。累计投资3000多万元，建成集花园、校园、乐园为一体的现代化封闭式寄宿制小学1所，建起2个标准化卫生室，2间科技文化屋、3个文化广场和1座文体中心（体育馆、尧子书院、书画院）。

尧治河村有一批残障人员，从前以多种方式安置均未达到预期效果。1996年9月，村成立集福利、扶贫、服务于一体的尧治河三福建筑有限责任公司，将这些人纳入公司当员工，安排一名干部常年带领员工开展植树造林、环境绿化、水土治理、修路改田、设施维护、农业种养、小区保洁等，先后有65名村民成为公司员工，除享受正常福利待遇外，年人均劳务收入在2万元以上，最高收入4万余元。1997年，建起襄樊市首家村级福利院，聘用村里公认的贤惠妇女担任服务员，8名丧失劳动能力的孤寡老人得到妥善照料。村党委开展“书记帮一片、委员带一院、党员帮一户、干部带职工、职工带百姓、亲戚带亲戚、朋友带朋友、家门带家门”扶贫帮困活动，160多名村民实现在村内就业。从1996年起，村集体每年为农户代缴农业税和“三提五统”等税费，直至2006年国家取消农业税为止；结合企业改制，全体村民无偿享受人头配额股金，与建设发展期间的劳务投工股一起参与企业分红，年户均红利收入在5万元以上；村民无偿享受合作医疗保险、养老保险、家庭财产保险和小额人身保险，出现任何风险都能得到及时救助；村民如需建房，集体无偿提供设计方案，每户平均享受资金补贴达25万元以上，因病因灾因智等造成经济条件落后的家庭免费入住别墅小区；全村学生免费入学、免费食宿，考取高中、大专、本科和清华、北大等重点大学的学生分别给予4000元、6000元、8000元、10000元奖励；集体出资选派多名优秀青年到大专院校进行委托培养、35名中层以上干部到湖北大学培训深造，邀请知名专家、教授、学者到村培训讲课200余场次，村民文化素质明显提高。

富裕起来的尧治河人，更加注重精神文明建设。村“两委”推出村民家庭“十个一”文化工程建设，经常组织文艺演出、演讲比赛、知识竞赛、体育比赛等文体活动。集体出资分批组织村民外出学习、出国考察观光。开展社会主义荣辱观教育、党的群众路线教育、革命传统教育、家风家训教育、艰苦奋斗教育，持续开展文明乡村、文明企业、文明农户等文明创建活动，引导村民自觉养成良好社会公德、家庭美德和职业道德习惯，倡导崇尚科学、遵纪守法、诚实守信、孝老爱幼、保护环境的文明风尚，形成了路不拾遗、夜不闭户的良好社会环境。

短短 20 多年，尧治河村实现了从贫穷到富裕、从愚昧到文明的巨变，创造了贫困山区脱贫致富的奇迹。2016 年 7 月，来自亚非拉 20 多个国家的国际减贫官员到尧治河村考察，对尧治河的发展赞叹不已，其脱贫致富的成功经验已在国际社会产生影响，发展模式被载入湖北省《改革开放实录》。一个率先实现生产发展、生活宽裕、乡风文明、村容整洁、管理民主、人民幸福的社会主义新农村，屹立在鄂西北群山之巅。

古滇文化　魅力官渡[1]

官渡社区位于昆明滇池东北岸。沐浴着改革开放的春风，官渡社区成为滇中蓬勃发展的一片热土，成为昆明地区因地制宜统筹发展、驱动发展、和谐发展的典型。

历史悠久

官渡古称“蜗洞”。唐永泰元年（765），南诏国王阁罗凤命其长子凤迦异筑拓东城于昆川（州）为南诏国东都，在蜗洞建渡口，取水道于碧鸡关至蜗洞，途经石虎关入拓东城。

后晋天福三年（938），段思平建立大理国政权，封开国元勋高方泰为岳侯，封地于鄯阐（今昆明），子孙世袭。至高智升时，在蜗洞筑城郭，置府邸，建法定禅寺，倡兴佛教。唐宋时期，官渡已发展为滇池之滨的繁华小镇。

元至元十二年（1275），官渡与昆明同时设县，官渡县衙设在官渡街三圣宫内。至元二十一年（1284），官渡县并入昆明县。明朝时期，改中庆路为云南府。清沿明制，昆明县隶府治。县之下，以城郭外分为二十五里六卫，官渡县为官渡里。清同治、光绪年间，改里为堡，置四十三堡，官渡堡为四十三堡之一。

1928 年，市县划界，以城内为市、城外为县。昆明县划为 8 个区，现官渡社区属二区。1935 年，昆明县仍为 8 个区，区下划为 39 个乡 6 个镇，现官渡社区属官渡镇官渡堡。

1950 年 4 月，昆明县人民政府成立，隶属武定专署，全县分为 6 个区，设区公所，

① 选自云南省昆明市官渡社区街道官渡社区志编纂委员会编:《中国名村志丛书·官渡社区志》，2018 年出版。

乡镇袭旧。同年8月，昆明县并入昆明市，现官渡社区属昆明市第五区。

1956年10月，经省人民委员会批准，原五、六区合并置官渡区建制，区人民委员会驻官渡社区妙湛寺。

1958年12月，建立人民公社，实行政社合一。现官渡社区隶属于先锋人民公社官渡管理区。

1978年12月，中共十一届三中全会召开，现官渡社区多种经济发展优势日益凸显。1982年，实行家庭联产承包责任制，土地包产到户，自主经营，群众思想进一步解放，人们大胆探索经济发展路子。2001年，官渡古镇[①]进行恢复建设，市场经济的多元化给官渡注入强大的生机和活力，依托地缘环境优势发展多种经济，区域发展日新月异，人民生活水平长足提高，成为引领周边地区高速、高效发展的排头兵，省内外慕名而至的学习观光组织和团体络绎不绝。

人文沃土

官渡是唐南诏时期即已形成的古渡口，是古滇文化发祥地之一。据考古认定，距今4000年前的新石器时代，这里已有先民从事原始农业、捕捞、打猎和饲养家畜活动。在历史发展进程中，人口多次变迁，这里成了多元文化的汇集地。唐、宋、元、明、清各个时期儒、释、道文化，在这约2平方千米的土地上汇集、融合。

最具代表性的古迹有：一殿（菩萨殿）、二宫（三圣宫、云台宫）、三塔（金刚塔、金鸡双塔）、四桥（燃灯寺桥、锁水桥、二座石桥、回灵桥）、五山（螺峰山、云台山、观音山、许家山、庄家山）、六寺（妙湛寺、法定寺、观音寺、五谷寺、燃灯寺、飞梁寺）、七阁（文明阁、凌云阁、魁星阁、华严阁、斗姆阁、毗卢阁、玉皇阁）、八庙（土主庙、岳王庙、文庙、武庙、火神庙、土地庙、太乙庙、地龙庙）。此外，还有极富诗情画意的人文八景：古渡渔灯、螺峰叠翠、云台月照、杏圃牧羊、凌云烟缭、笔写苍穹、金刚夜话、滇南草坪。

宋大理国时，高氏于蜗洞置治所、建古城、兴儒学，官渡兴文教化之风渐开。明天顺年间（1457—1464），云南镇抚沐瓒和镇守云南太监罗珪捐资助建官渡孔子楼、文明阁、桂香书院，为科举培养生员，引领地方教化。民间设有“法圣”等社学，讲授《孝经》《小学》《大学》《论语》《孟子》等。

---

① 《官渡社区志》中官渡古镇指官渡社区域内的官渡古镇核心区域。

清康熙三十年（1691），昆明知县张瑾在土主庙内设义学馆。康熙三十二年（1693），云南知府张毓碧在妙湛寺设义学馆。光绪二十年（1894）以后，私塾兴起，官渡5个村内私塾达13馆之多，为滇中乡镇设私塾之最。

笃学重教之风让官渡成为滇池周边文明教化最具影响力的区域。

明清时期，官渡学风浓郁，人才鼎盛。王思训，清康熙四十五年（1706）进士，授翰林院侍读、编修，著书立说，以“有志述作，不求荣利”名噪滇中，著述以其脍炙人口的诗作《见山楼诗文集》为代表，并纂修《云南通志》、《滇乘》（25卷）等书，为后人留下了宝贵的文化遗产。熊郢瑄，清乾隆元年（1736）进士，授翰林院侍读兼浙江道御史，捐资修建凌云阁，在建桥、修路等方面做了许多公益事。举人、贡生也时出巷里，秀才济济。

民国时期，官渡依托商贸集散地的优势，成为各类工匠、艺人的聚集地。大街小巷设有固定店铺、摊点，有从事匾牌制作、书画经营、金石篆刻、章印承接、婚丧撰联、契约书信代笔等文化业的40余家，从事金银饰品制作等加工业的15户，从事糖画、剪纸、女红刺绣等手工业的10余家。

传统的花灯、滇剧表演可谓滇中文化亮点。街头巷尾经常可观赏到艺人们的精彩演出，吉庆日子更是名流荟萃、竞相呈彩，居住在周边数十千米的戏迷们不惜披晨曦而来、伴暮色而归，以能观赏古镇花灯或滇剧为乐事。古镇设有公众戏台数处，农闲时天天都有演出；私家会馆众多，以有名流入驻为荣，隔三岔五，邀客（街坊邻里）观赏。

此外，对小调、听评书、欣赏洞经古乐也是日常生活的一部分。劳作间隙，男女以对歌传递感情、活跃气氛，歌词大多现编现唱，题材广泛、妙趣横生、尽显才情。晚饭后，茶肆、会馆座无虚席，讲评书的先生每晚必至，本地评书先生、外地评书先生彼此都有联系，若有事不能来，互相补台顶替。洞经古乐演奏，由洞经会组织，每晚演奏的乐谱、人员均不一样。

中华人民共和国成立后，龙灯舞狮队、高跷队、秧歌队、腰鼓队等文艺组织及各类传统体育活动兴起，在节庆日子献艺献技，精彩纷呈。

20世纪90年代以来，官渡社区对各类文体组织进行统一整合、管理，在保留提升存量的同时，结合社会需求在增量上进行发掘和引进。如举办土主庙会、象棋和围棋竞技，成立太极拳协会，开设少林寺官渡武术学校等。

经贸繁荣

唐宋时期，官渡的集市贸易已颇具规模，省内外工匠、艺人、商贾云集，市井繁荣，在滇中地区颇具影响力。清康熙、乾隆年间，集市贸易已扩展为长街和团街两大区域，并形成上半月赶长街、下半月赶团街，天天赶街的习俗。商铺、酒肆风旗林立，客人熙攘；戏台（戏院）、茶馆喧腾热闹；艺人摆摊设点，吆喝声此起彼伏；各类工艺作坊彩灯高悬，锯割敲打之声不断。

民国初年，滇越铁路在西庄设置车站后，官渡成了国外商品流入国内、国内商品走向国外的重要“旱码头”，集镇贸易空前发展，各地商客流入量增大。每天往来贸易人流量少则 2000 余人，多则三四千人，逢年过节近万人。主要经营各类土特产品、特色小吃、肉食品、副食品、工艺制作、生产用具（用品）、日用五金百货等，类广量多。官渡作为滇中经贸重要集散地之一，声名远播，时有“小云南”之称。

1921 年，官渡有坐地富商 56 户，大宗客商 28 户，定点摊贩 60 余户。1943 年，有工商户 254 户，专职从业人员 800 余人，其中坐商 89 户、客（行）商 57 户、摊贩 100 余户，坐地工商户中的 80% 属半商半农性质。

1984 年，在发展市场经济的大好形势下，官渡村的企业发展蓬勃崛起，先后创办了五金生产、防腐剂制作、生化生产、建材生产、灯饰服务、电器销售、汽车修理、园艺经营、木器制作、家具生产等各类企业 200 余家。

1992 年，官渡村有个体工商户 300 多户，其中个体屠宰户达 200 户，日均杀猪 1000 余头，传统节庆日达 2000 余头，成为昆明市区肉食品主要供给地。有从事猪肉销售人员 300 余人，从事生猪收购人员 100 余人，从事猪皮收购加工人员 100 余人。

2011 年，官渡古镇提质改造基本完成，规划建设既体现老昆明传统文化特色，又融入现代文明元素。商业功能环境全面优化，特色小吃、五金电器、金银加工、玉石配饰、百货土杂、农副产品、文化传习、娱乐休闲等按类别进行区域化布局。与此同时，成规模、上档次的餐饮服务企业如雨后春笋般出现。古镇大酒店、阆苑温泉花园酒店、景逸酒店、大滇食府、世纪大澡堂、皇马国际、孔雀公主等建筑风格各异、服务设施完善的 50 余家大型餐饮服务业，以古镇为中心在整个社区内星罗棋布。各类特色小吃、文化娱乐场所散布于大街小巷。

2006 年，旅游业成为官渡社区的发展亮点。国际康辉旅行社、中国青年旅行社等数家知名旅行社团将官渡古镇纳入昆明旅游专线景点。海内外游客络绎不绝。为充分展示滇池区域特色文化，一批非物质文化遗产传承基地相继落户官渡社区。

2010年，云南省博物馆、云南大剧院、云南省文学艺术馆先后入驻官渡社区，既推进了官渡文化产业的发展，又提升了古镇旅游的品质。2016年统计显示，区域内从事特色小吃的店铺有百余家，其他餐饮服务有200余家。

古镇经过不断打造，先后荣获多项荣誉：2002年，被列为昆明市20个旅游小镇之一；2003年，被国家五部委列为全国重点建设小城镇、科技示范小城镇；2004年，昆明市人民政府公布官渡古镇为汉族文化保护区，列入昆明市第一批民族民间文化保护名录；2010年，被国家旅游局、住房和城乡建设部正式命名为首批全国特色景观旅游示范名镇；2011年，被国家旅游局评为国家AAAA级旅游景区；同年，被国际休闲产业协会授予国际休闲养生古镇称号；2017年，入选全国一流特色小镇名单。

2006年以来，官渡古镇年均接待游客100万余人次，2016年达1100万人次。古镇已逐步成为集经贸、休闲、养生、观光于一体的多功能名镇，蜚声国内外。官渡社区呈现着古滇文化的风采，承载着老昆明的人文记忆，见证着多元文化的和谐包容，彰显着新时代的特色魅力。

滇西遗珠①

明正统九年（1444）初春，刚结束与麓川思氏战斗的王骥，拖着疲惫的身躯班师回京。回想之前在云南的经历，王骥心里顿时五味杂陈，作为三军统帅的他明白麓川思家的势力不容小觑，幸亏当地少数民族头领的支持，他才能取得初步胜利。同时，他也深知要想真正让边疆安定，唯有利用当地盘根错节的民族势力，使其相互制衡，方为上策。于是，他向皇帝奏请升南甸州为宣抚司，以增强南甸的政治力量。彼时的南甸知州刀贡硬（后改名为乐硬）刚接过其父刀贡罕知州之职，南甸宣抚使之职便落到了他的头上。

临近年末，站在老官城司署内的刀乐硬望着四周高耸的山岩，觉得作为一方首领，居于此封闭之处十分不便。于是，他于十二月十六日，将土司司署搬迁至不远处的团山，据《梁河县志》记载："团山乃为蛮干，即今九保太平寺所在处。"由于行动过于仓促，刀乐硬只能先暂居于太平寺内，待街内的司署衙门修成后，他便将司署正式搬至今九保小学处，南甸土司在九保300余年的历史就此拉开序幕。300多年后的清乾隆三十四年（1769），清廷在此设守备营，九保因此被称为"南甸营"。清乾隆四十年，受毒瘴影响，遂将营地迁移至鳌山，其边防左营官兵，军纪松懈，时常侵扰土司及当地民众，南甸土司不得已将衙署迁移至今九保乡永和村。自此，九保脱去了土司司署所在地的"帽子"，单纯地成了中央政府在西南边疆地区的军事防御重镇，成为云南回民起义事件的主要战场，从拥有千户的繁茂营镇一夜变成不足百户的残垣断壁之地。

九保村位于云南省德宏州梁河县城东郊，今腾陇公路（S233）东侧，紧邻腾冲。自古以来，就位于南方丝绸之路国内段西段的永昌古道，是往返腾冲、缅甸两地行商歇脚

① 选自云南省梁河县九保乡九保村志编纂委员会编：《中国名村志丛书·九保村志》，2018年出版。

或就地开市进行买卖之地。云南回民起义平定之后，直到清光绪三十一年（1905），巡抚林绍年奏请裁掉绿营，地方事务归腾越厅，九保人口才增至300余户。利用古道驿站的先天优势，九保人在清末及民国年间不断为来往客商提供食宿便利，随着越来越多的马帮行商的到来，九保才慢慢地重获新生。

九保居民以汉族和傣族为主，汉族居多，加之内地到此从军、经商的人数日益增多，汉族文化对其影响也随之增强，形成汉族文化与当地少数民族文化相互交融的局面。因此，该村至今依然是云南省民族团结的示范村落，亦是在西南少数民族地区中对传统汉族文化保留最为完善的地区之一。九保具有多样的民族文化，滇戏、皮影戏、花灯等在整个德宏地区独领风骚，特别是2002年成立的南甸丝竹洞经乐团享誉海内外。九保村有别具各民族特色的饮食文化，它将汉族、傣族、阿昌族等民族风味完美地融合在一起，因此，九保美食深受各地游客的推崇与喜爱，也为九保旅游项目的建设提供优势。

九保是德宏地区乡村教育的典范及崇尚孝文化的代表。以人传文，以文传教，以教育人，外来的先进思想加之严谨的家庭教育成就了后来的云南辛亥革命先驱李根源，也成就了李根沄，赵宝贤、赵宝忠兄弟，尹培源、尹培沄兄弟等一群卫国英豪。

李根源的幼年时期是在九保度过的，成年后的他一直在为家乡建设做贡献。特别是在教育方面，他一直致力于实现全民教育，在回乡看望学校师生时，他留下这样的诫语："九保人都要读书识字，凡不读书识字的都不是九保人。"同地方乡绅一起创建的南甸第一小学堂与懿范女子小学堂同属云南教育史上的先例。为解决学校资金短缺的难题，他与赵宝贤带头捐资，赎回被抵押的义学田，以作学校的永久学田。同时，设立奖学金，以助办学。为让家乡父老脱离土司的压迫，李根源遂与时任南甸土司的龚绶进行商谈，最终，九保正式脱离土司管制，于清宣统三年（1911）划入腾冲城保，仅留下户遮巷为土司辖地。翌年，民国政府成立，李根源回乡省亲，心系家乡建设，便亲自绘制《九保城区图》。重建后的九保东至今九保中学门前，西至小巷巷尾三眼井、户遮巷边及太平寺脚，南至右安街尾，北近头塘水井。共有6道城门、2条主街道及5条古巷和若干古庙祠堂，且其中的5道城门的名字分别由黎元洪、于右任、岑春煊、章士钊、章太炎题词。

辛亥革命后，新文化思潮席卷懿范女子小学校，女子带头破除旧俗糟粕，并将革命新剧《秋瑾》搬上舞台，高唱《陆军歌》，体现出人民向往新生活，追求"自由""民主"的渴望。因此造就了当地青年勇于担当、蓬勃向上的积极面貌，才会有后来的滇西抗日战争三眼井狙击，这次狙击打响了梁河地区抗日战争的第一枪。

解放前的九保只有商业较为发达，而农业发展水平相比内地严重滞后，且无近现代型工业，仅有手工业存在。1950 年 5 月，梁河县解放，20 世纪 60 年代中期，九保陷入粮食紧缺的困境。1958 年，县政府决定在村内建立梁河县史上第一家国营农副业加工厂，并在 1967 年秋成功试种了双季稻，有效缓解九保粮食困境。“文化大革命”期间，九保不仅在农业发展方面停滞不前，连带工业发展水平也呈现出下降局面，以九保印刷发电厂为代表，“文化大革命”期间的利润不足之前的十分之一。

中共十一届三中全会后，实行改革开放，九保村的基础设施建设水平得到改善，人畜饮水工程在 90 年代初得到加强。截至 2017 年，全村 618 户人家皆通水电，拥有固定电话或移动电话及有线电视，村内外道路都得到了修缮。同时，工业、服务业与农业发展齐头并进。

20 世纪 70 年代末，党的工作重心转移到社会主义现代化建设上来，九保村积极带头开展科学种田，推广运用农业科学技术，全村农业生产水平得到提高。每年组织的农业科技培训为农业发展培养出许多技术型人才，如成功生产出反季节蔬菜的菜农米华明、多次荣获农业科技奖项的林秀水、成功实现草鱼苗自繁的闫华方等。农业人才的涌现带动了特色产业的形成，村内的水稻、蔬菜、水果、稻田鱼及套种最具代表性。其中，蔬果种植不仅为当地带来丰厚的经济收入，也为当地及周边少数民族提供种植经验，带动他们脱离原始的农业生产方式。此外，甘蔗种植也独具规模，2004—2006 年，九保甘蔗吨糖田试验示范平均亩产达 8 吨以上，达省级标准。九保村因此成为“十五”时期国家甘蔗种植基地及省内外甘蔗良种繁育示范中心之一。

随着以甘蔗、蔬菜为主的龙头产业不断出现，九保村因势利导在工业、服务业领域建立起农村产品加工、建材、建筑、交通、运输、商业、饮食服务等骨干企业。在九保大队副业厂的基础上，把种植业与畜牧业结合起来，形成“种、养、加工”体系，并与商业、饮食服务业相联系，形成“贸、农、工”系列体系。从 70 年代末 80 年代初开始，九保村及周边地区陆续出现各类机房和制造加工厂。1979 年，首次出现由社员自筹经费办起的碾米机房和小钢磨坊。1981 年 4 月开办的冰淇淋厂，为县内私人投资的第一个经济联合体。1984 年在曩滚河边建起的九保建材厂，是德宏州第一家利用当地河沙生产空心砖的工厂。诸多企业的陆续出现使九保经济总收入不断提高。20 世纪 90 年代，九保村全年经济纯收入呈逐年递增态势。1991 年，全村人均总收入为 858 元，人均纯收入为 584 元，是 1980 年总收入的 2.6 倍，纯收入的 2.4 倍；到 1999 年，在九保村的带动下，九保行政村经济总收入为 721 万元，比 1998 年增加了 48 万元。进入 21 世纪以后，村内大部分企业纷纷停业改制，年纯收入增长态势趋于缓慢甚至有下降趋势。

2013 年，全村纯收入为 1798 万元；到 2014 年，全村纯收入为 2066 万元，占全乡纯收入比例的 50% 以上；2015 年及 2016 年的纯收入都有所增加，但增长值都没有突破百万元。截至 2017 年，全村纯收入开始出现下降趋势，比上年减少了 600 余万元，仅有 2109 万元。九保村的经济发展模式急需再次转型，故此，打造根源文化、重建九保以推动旅游服务业的发展是全村未来发展的选择。

经济发展的滞后，造成财政收入减少，致使九保原有的古迹文物大面积受到不同程度的损坏或遗失。悠悠古韵荡然无存，与普通村落相差无几。

进入 21 世纪后，精准扶贫成效显著，国家实施的乡村振兴战略相继出台了各项普民、惠民政策。德宏州、梁河县、九保乡三级政府抓住机遇，顺势而上，把九保“建设美丽宜居乡村，恢复千年九保古镇”提上重要日程，并被纳入“十二五”规划。2014 年，“九保古镇历史文化名村”的申报通过云南省住房和城乡建设厅评审，翌年年初，正式成为云南历史文化名村。2015 年，结合扶贫工作，制定出九保旅游扶贫示范村建设工程规划。2016 年，九保旅游开发被列入德宏州全州旅游开发项目蓝图。2017 年，九保重建工程已经完成对太平寺周边环境的修缮改造、商铺改造、文星楼主体工程及太平门、北平门和右安门的重建工作。以重建带动旅游发展，以旅游提高村民收入，进而为九保的保护提供人力和资金的支持。同样，九保村也可发挥其深厚的历史底蕴优势，在新形势、新政策下，将家园建设得更加美好，让人民生活更上一层楼。

民间杂技艺术的家园①

一

在安徽省西北部的淮北平原上，盛开着一株历经数百年风雨、摇曳不谢的艺术奇葩——民间杂技。韦小庄村是这株艺术奇葩最丰饶的家园。

韦小庄是安徽省阜阳市临泉县韦寨镇韦周行政村的一个自然村。位于临泉县城南 15 千米处。全村总面积 11.87 万平方米，其中耕地面积 127.05 亩。

明洪武四年（1371），山西省洪洞县人韦沱携家人迁徙至淮河流域沈丘（今临泉）的延河北岸，建起了砖井沿韦氏家园，至 2015 年已经有 600 多年历史。清道光十五年（1835），砖井沿村的分支韦大营村分家，其中一族迁至韦大营村北的白土洼和老犍洼落户，这便是韦小庄村雏形。此后韦小庄村民仍属于韦大营村人，直至 1961 年 10 月，韦小庄彻底从韦大营分离，独立成为一个生产队。自清道光十五年（1835）算起，韦小庄已有 180 年的历史。

韦小庄处于淮北平原西北部的泉河与洪河之间，地势西北高东南低，北有新河，南有延河，水量充足，土地肥沃。韦小庄属于南北气流过渡的暖温带，四季分明。春天多风，常出现春旱；夏季温度高达 40℃，月蒸发量超过月降水量，常出现伏旱，7 月以后，梅雨期降水量达 300 ～ 500 毫米；秋季天高气爽，霜期较长；冬季天气阴冷干燥，温度最低达零下 20℃，1—2 月降雪次数较多。韦小庄周边资源较丰富，动植物种类繁多。树木以泡桐和刺槐居多，亦有各类果木；农作物以小麦、玉米、红薯等旱粮为主；动物多为牛、羊、猪、鸡、鸭等家养畜禽。

① 选自安徽省临泉县韦寨镇韦小庄村志编纂委员会编：《中国名村志丛书 · 韦小庄村志》，2018 年出版。

中华人民共和国成立之前，韦小庄 9 户人家中，4 户人均不到一亩地，其余 5 户无一分土地，常年租种韦大营地主的土地或做雇工。好的年景，粮食亩产 50 ～ 60 千克，差的年景，亩产不到 40 千克。韦小庄的土地难以养活全村人，村民们一直难以摆脱贫穷与饥饿的困扰，家家户户都经历过逃荒要饭的苦难生涯。

1947 年临泉县解放以后，韦大营（包括韦小庄）废除了地租制。1951 年，在中共临泉县委、县政府的领导下，韦大营完成土地改革。韦小庄 11 户人家 52 口人，分得土地 127.5 亩，人均 2.45 亩，贫苦村民第一次实现了耕者有其田的梦想。在以后的几十年里，韦小庄的农业生产跟随着中国农业发展的步伐，从生产关系到生产方式不断发生变革，韦小庄村民的生活也随之发生着巨大变化。50 年代末到 60 年代初，韦小庄村民十分艰难地度过困难时期。1966 年以后，韦小庄农业生产逐渐稳定，至 1971 年，全村年人均口粮 177 千克，年人均纯收入 62 元。1978 年，全村年人均粮食消费量 196.5 千克，年人均纯收入 67 元。

改革开放为韦小庄农业发展带来了巨大生机，农业收入一年比一年高。1980 年，全村农业总收入 7171 元，人均 71 元；1990 年，全村农业总收入 3.61 万元，人均 256 元；2000 年，全村农业总收入 27.83 万元，人均 1647 元；2010 年，全村农业总收入 55.83 万元，人均 3034 元；2015 年，全村农业总收入 99.88 万元，人均 5096 元。

无论是自然灾害的年景，还是风调雨顺的岁月，无论是“一大二公”的“大呼隆”生产时期，还是联产承包责任制、实行土地流转的环境下，村民们虽然代代相传地在土地之外求生存——从事民间杂技，但始终深深地眷恋着家乡的土地。

2006 年 1 月 1 日，国家彻底取消农业税。从此，韦小庄村民和全国农民一起，结束了世代缴送“皇粮国税”的历史。

二

临泉古称沈地。周成王元年（前 1042），周公姬旦辅佐周成王治理国家，在今临泉县境置沈子国。历经数千年的时代变迁，临泉县历史名人荟萃，历史文化积淀厚重。20 世纪 50 年代，临泉县出土一件东汉文物陶戏楼，上有杂技表演场景，证明东汉时期临泉境内便有杂技活动。明代中期，享誉江湖的“一撮毛过刀山”杂技班，在颍州沈集（今临泉县城）、韦大营等地搭台演出，泉河、延河两岸万人观看，历时弥久，盛况空前。悠久的杂技历史，成为临泉杂技文化的丰厚沃土。

韦氏族人原本生性活泼好动、勤劳勇敢，崇尚健身习武，迁至沈丘落户后，受到当地杂技文化的影响，为了生存，他们不惜冒风险、吃苦头，走上了杂耍卖艺的道路。清代末年，韦大营一带出现了韦仲魁、韦西侯等武术高手，更有力地推动了当地民间杂技的发展。村民们在艰难岁月中，农忙务农，农闲卖艺，靠卖艺谋生的人不断增加。民国年间，韦小庄的杂技艺人大都从事过“撂地”的营生，每逢年景不好、天灾人祸，艺人们便挑“挑子”携儿带女全家外出，浪迹天涯。1938 年，村民韦玉贤组建了韦大营（包括韦小庄）历史上第一个正式的杂技团队韦家班。以后几十年间，韦玉贤等老艺人对杂技艺术一直默默地坚守和追求，使得韦小庄民间杂技不断延续和发展，也引领着韦小庄一代又一代人在民间杂技的道路上筚路蓝缕、不屈不挠，铸就了顽强的奋斗精神，形成了独特的生存方式。

中华人民共和国成立初期，韦小庄人分得了田地，焕发了前所未有的生产积极性，艺人们不愿再外出漂泊，一度全部停止了外出卖艺的活动。1958 年以后至 70 年代中期，农村实行人民公社化，土地为集体所有，村民靠“挣工分”分粮吃饭，只能达到温饱，生产积极性降低，一些韦小庄艺人不得已又偷偷外出卖艺。

整个“文化大革命”期间，民间杂技遭到严重摧残和践踏，但韦小庄艺人对杂技的热爱之情难以割舍，全村仍有 6 个杂技班经常悄悄在外地演出。1978 年改革开放以后，韦小庄杂技逐渐活跃起来，全村杂技班增加到 11 个，演员增加到 86 人。1990 年以后，杂技艺人们逐渐从半农半艺，转为以艺为主，全村 15 个杂技团 147 人常年在各地演出，全国除西藏之外的 33 个省、自治区、直辖市和特别行政区，都留下了他们的足迹。

2000 年以后，中共临泉县委、县政府下发《关于加快建设文化强县的若干意见》，从财政、劳动、社保等各方面加大对全县杂技事业的支持，韦小庄民间杂技进入鼎盛时期。2004 年 3 月，韦小庄人韦学东组建临泉县宏扬杂技有限公司，2013 年整合了全县 142 家杂技团队。从此，韦小庄杂技走上了公司运营的大道。

在新的发展平台上，韦小庄杂技艺人彻底破除“宁给银子钱，不把艺来传”的思想禁锢，主动加强与各门派、团队之间的技艺交流，为全县培养了一大批杂技人才。“杂技世家”的杂技艺人们以高度的责任感，抢救排练出《走马上刀山》《空中绸舞》《宫廷戏法》等濒于失传的传统杂技节目，有效地保护了民间杂技这一文化遗产。杂技从单纯追求技巧，向“技”“艺”并重转化，在增加难度、险度、技巧的基础上，充分调动一切艺术手段，为观众提供高品位艺术享受。杂技团队的整体艺术水平不断提高，在国内各级表演中连续获得大奖，并出访美国、加拿大、泰国、菲律宾、新加坡、韩国等 10 多个国家，参与国际文化交流和商演活动。

截至 2015 年，韦小庄共有 44 户人家、196 人，杂技团队达 27 个，杂技年收入达

1000多万元。韦小庄杂技艺人从农忙务农、农闲演出的业余状态，走上了专业化、职业化的道路。

三

韦小庄村民生活新旧社会两重天。中华人民共和国成立之前，韦小庄村民面朝黄土背朝天，虽然选择外出卖艺为生，温饱仍然难以为继，贫苦的村民处于社会的最底层，杂技艺人更是备受凌辱。中华人民共和国成立以后至1980年之前，韦小庄村民生活仍基本处于“红薯饭，红薯馍，离了红薯不能活”的温饱、半温饱状态。1980年之后，党的农村政策不断完善，韦小庄农业经济日益繁荣，杂技事业蒸蒸日上，村民生活一年比一年红火。2015年，韦小庄村民住上了水、电、气配套的别墅楼房，家用电器样样齐全；家家户户有存款，多为20万～30万元存款户，有40万～50万元存款的家庭达10多户；全村拥有各种型号运输车辆50多辆、小轿车12辆。韦小庄村成为远近闻名的富裕村。

改革开放以后，韦小庄教育、卫生条件不断优化，村民社会福利不断提高。1996—2015年，韦小庄村民子女考上大专院校的达7人。2007年，农村实施“新农合”医疗政策，韦小庄村民享受到了从未享受的医疗保险。2012年起，村民参加新型农村养老保险，年满60周岁的老人均可按月领取养老金，实现了老有所养。

在社会主义文化建设过程中，杂技艺人社会地位空前提高。1990年以后，韦小庄杂技从乡村集镇走进城市，杂技舞台从传统的撂地、抹杆、圈棚、大篷，到登上市级、省级、国家级和异国他乡的大剧院，韦小庄的杂技艺人在现代化的舞台上，把民间杂技演绎得绚丽多姿、出神入化、魅力无穷，杂技艺人受到了社会的极大尊重。2000年以后，随着国家对文化建设的重视，各级政府加强了对传统文化艺术的保护，为民间杂技创造了更优越的发展环境。杂技不再是韦小庄人的谋生手段，已经变为他们追求品质生活的精神享受，成为他们在乡野土地上开创出的一项光彩大事业。

2014年1月8日，韦小庄被安徽省文化厅命名为“安徽省文化产业示范基地”。2014年8月18日，韦小庄被中国杂技家协会命名为“杂技专业村”，为全安徽省首个被杂技家协会命名的杂技专业村。2015年2月18日（大年三十），央视四套现场全球直播韦小庄《传奇中国节·春节》的杂技演出盛况。韦小庄和韦小庄的民间杂技一起，享誉全国，走向世界。

展望未来，中华民族实现伟大复兴“中国梦”之时，韦小庄将会更加富足、美好，韦小庄的民间杂技艺术之花也将会更加璀璨夺目。

“沙滩文化”发祥地①

一

沙滩村位于贵州省遵义市新蒲新区新舟镇西南端，乌江支流乐安江畔，地理坐标北纬 27° 45′ 23″，东经 107° 12′ 30″。沙滩村地处丘陵地带，属中亚热带湿润季风气候，冬无严寒，夏无酷暑，气候宜人；地貌类型属于黔北低中山丘原，乐安江纵贯其中，沿江低山浅岗逶迤，山体浑圆秀丽，河床切割不深，两岸平畴皆为良田，灌溉条件较好。沙滩村是新舟镇主要的粮食产区。沙滩植被繁茂，地下水、井泉、溪流汇入乐安江，河流清澈，江水平静，青山绿树倒映，构成山乡水景。沙滩物产丰富，禹门卤鸭、新舟甜酸羊肉、辣椒、草莓等特色物产深受广大消费者喜爱，已成为带动乡村经济发展的支柱产业。

沙滩村交通便利，紧靠杭瑞高速公路、机场高速公路和机场大道，距遵义新舟机场 6 千米，308 县道穿村而过；通信设施基本完备，电信、移动、联通基站信号完全覆盖村域；电力设施、自来水供水系统完备。

二

沙滩村历史悠久。早在宋、元之际便已开发，明代即为播州杨氏土司的庄园。明万历二十九年（1601）至民国时期，沙滩先后属遵义县乐安里三甲、东三区三甲、东三上区一甲。遵义解放后，沙滩为遵义县三区禹门乡下辖村。1958 年实行人民公社后，沙

① 选自贵州省遵义市新蒲新区新舟镇沙滩村志编纂委员会编:《中国名村志丛书 · 沙滩村志》，2019 年出版。

滩先后为虾子公社、新舟公社下辖大队。1992年9月，建镇并乡撤区，沙滩大队改名为沙滩村，属新舟镇禹门管理区（办事处）。1996年6月，撤管理区设片区，沙滩村属禹门片区。2003年10月，撤片区并村建社区（村、居），新舟镇原沙滩村、洪龙村合并置沙滩村。2009年，设新蒲新区，沙滩村随新舟镇一起委托新蒲新区代管。2016年3月，沙滩村随新舟镇从遵义县划归红花岗区，委托新蒲新区代管。

三

沙滩村是“沙滩文化”的发祥地。从明末至民国初三百余年间，沙滩产生了数十名举人、进士，尤其是清代嘉道咸同之际，涌现了以郑珍、莫友芝、黎庶昌为代表的数十名文人学者，其著述达221种、2000余万字，内容涉及经史、诗文、音韵、地理、训诂、版本目录、科技、金石、书画等领域，多方面的文化学术成就达到全国一流水平，“沙滩文化”成就曾名噪华夏文坛，蜚声海外。曾国藩、梁启超、张之洞、张裕钊、吴汝纶、翁同龢、赵熙（香宋）、胡先骕、章士钊、缪钺、王驾吾、钱穆、钱仲联、钱锺书、白敦仁等近现代名家均对“沙滩文化”作了高度评价；徐世昌编的《晚晴簃诗汇》收入沙滩10余人的诗作，仅郑珍一人就有30余首；抗日战争期间，浙江大学西迁遵义办学，史地所所长张其昀等学人到沙滩考察，并在其主编的《遵义新志》中将沙滩列为全国知名文化区；文化名人丰子恺和李瑜、罗巴山等专程游沙滩并创作了《子午山纪游册》。

“沙滩文化”在教育、学术、文学、艺术等方面成就辉煌。教育上，郑、莫、黎三家数代以教育为主业，执教遍及贵州省内外，桃李满天下。学术上，郑珍父子是晚清的汉学大师，莫友芝是金石和版本目录学大家，郑珍、莫友芝史学著作有多种，二人合编的《遵义府志》，梁启超称之为“府志中第一”。文学艺术上，郑珍、莫友芝、黎庶昌三人都擅长诗词和古文创作，都有文集行世。郑珍、莫友芝为清末宋诗派代表作家，郑珍被尊为“同光体”宗祖。黎庶昌为散文名家。三家多有擅长书法、绘画者，著作丰富，已刊行论著80多种、600多卷，未刊者近百种。据民国《贵州通志·艺文志》载，在清代贵州的著述中，沙滩人及“沙滩文化”传人的著述占三分之一。

沙滩作为一个小山村，能取得卓异的文化成就，产生如此重大的影响，在全国尚无二例。“沙滩文化”现象吸引了成千上万名中外学者的关注，从20世纪80年代开始，致力于“沙滩文化”研究者众多，研究内容涉及面之广、成果之丰硕，令世人瞩目，这大大增加了沙滩人的自信心和自豪感。日本友人滕野淳专程到贵阳，带去了黎庶昌为其曾祖父藤野正启（伯迪）撰写的墓志铭拓本；加拿大学者施吉瑞怀着对郑珍的景仰和崇拜到沙滩，在郑珍墓前顶礼膜拜；日本汉学家石田肇、四川大学教授白敦仁到沙滩，拜谒“沙滩文化”先贤；知名作家叶辛到沙滩，感受“沙滩文化”，题写对联“万法归宗，历史独亲真善美；千古论道，沙滩幸有郑莫黎”（黎焕颐撰）抒怀。

四

沙滩村是贵州省政府公布的首批历史文化名村，境内有县、市、省级文物保护单位多处，其中省级文物保护单位有黎太孺人墓表、郑珍墓、禹门山摩崖、黎庶昌故居等。保存较为完好的建筑有锄经堂、大悲阁、黎庶昌故居、王氏古宅等，遗址遗迹有王氏功名牌坊遗址、翰林桥、石狮子及古驿道等。自然景区景点有笔架山、水牛山、柯丘山、椰岛、琴洲、水红树及充满无限诗情画意的“江桥春柳”“月浦渔歌”“琴洲夜月”等“沙滩八景”。

沙滩村保持着良好的传统和习俗，尚存崇文重教的先贤遗风和虚怀若谷的谦逊本色。沙滩渔歌令人流连忘返；沙滩晒诗会长盛不衰，被列入遵义市非物质文化遗产名录；传统习俗有沙滩黎氏清明节祭祖、去世后不做“道场”等。郑母择邻而居、郑淑昭沙土教子、王青莲咏诗明大志、黎庶昌日本抚遗孤等沙滩历史故事，脍炙人口，传为佳话。

五

21 世纪初，沙滩村贯彻落实党和国家的各项农村政策，从生态环境及经济社会发展实际出发，以“农旅一体化”为主题，以加强农村基层组织建设为重点，以创建生态型绿色村庄为主线，以提高当地居民生活质量和幸福指数为根本，坚持发展壮大村级集体经济和加强村级集体经济管理两手抓；严控环境污染，保护自然资源，合理开发利用，坚持“绿色发展、循环发展、低碳发展”相结合；有力推动政治文明、物质文明、精神文明协调发展，为全面建设好“生态旅游、美丽乡村、绿色发展”奠定坚实的基础。2017 年，沙滩村总面积 8.8 平方千米，森林覆盖率 32.84%。村民人均纯收入 12658 元，人均生活消费支出 10290 元，贫困发生率 1.82%，农村养老保险和新农合完成率 96%，全面小康实现程度在 95% 以上，“四在农家 · 美丽乡村”① 创建覆盖率 100%。

① 四在农家 · 美丽乡村：“四在农家”指 2001 年发端于贵州省遵义市余庆县的以“富在农家、学在农家、乐在农家、美在农家”为主要内容的新农村示范点创建活动。“四在农家 · 美丽乡村”指 2013 年在贵州省推广的“四在农家”创建活动的升级品牌。

为传承“沙滩文化”，在中共遵义市委、市人民政府的领导下，相关部门积极参与，先后举办首届“沙滩文化”艺术节、中国遵义“沙滩文化”旅游节暨纪念郑珍200周年诞辰遵义“沙滩文化”（国际）学术研讨会、纪念黎庶昌170周年诞辰暨遵义“沙滩文化”学术研讨会、纪念莫友芝200周年诞辰暨“沙滩文化”学术研讨会等大型活动，推出相关成果，加大宣传力度，“沙滩文化”的知名度和影响力不断提升。

进入新时代后，在党和政府的坚强领导下，沙滩人依托深厚的历史文化底蕴和优美的自然风光以及便利的交通条件，大力发展乡村旅游，昂首阔步地走在建设美丽乡村的康庄大道上，沙滩村的明天一定会更加辉煌灿烂。

中国乡村旅游模范村——井塘[1]

山东省青州市王府街道井塘村位于青州市城区西南部，距市政府驻地 15 千米，东邻南闫村，西邻凤山村、石皋村，北邻上院村、下院村，南为玲珑山，与王坟镇接壤。村庄依山而建，并被“鞍子口”山脊分为东西两个聚落。井塘村由井塘和郭沟山两个自然村组成，域内有玲珑山、纱帽山等山头 32 座。2018 年年底，村域面积 10 平方千米，耕地 1405 亩，山地 4000 余亩，全村 503 户、1700 人。

井塘是中国北方保存较完好的明代建筑风貌古村落。有“魏碑三奇”之一北魏著名书法家郑道昭摩崖题刻，有典型沂蒙山区村落民居、庙宇戏台、古道古桥、古楼古井，有延续 500 多年的祭祀传承和民间香社活动。至 2018 年，井塘村先后获山东省历史文化名村、山东省最美乡村、山东最美旅游风情小镇、山东省“乡村记忆”工程文化遗产单位、中国传统村落、中国美丽乡村百佳范例、中国乡村旅游模范村等荣誉。

井塘立村于明景泰七年（1456），因村东纱帽山下有深透窟穴，泉源不涸，形成水塘，村人将塘甃石为井，即称井塘，村亦取名为井塘。明嘉靖年间（1522—1566），青州衡王府第三代王爷朱载圭三女儿选嫁井塘吴氏，王府为之大兴土木，铺路修桥，兴建仪宾府，全石建成 3 座楼 72 口瓦屋，粮仓、马厩、花园、管家院一应俱全。以仪宾府为中心，逐渐形成以张家大院、吴家大院、孙家大院为主的四合院式古民居建筑 120 余处，古街近千米，村落占地面积 2 万多平方米。

村南境玲珑山，古称石膏山、北峰山、笔架山，为青州市旅游名胜区。山腰洞穴遍布，有的上下相连，有的前后贯通。通天洞有题刻“荧阳郑道昭白云堂中解易老也”。奇石天成，有如天降，亦如飞来；关、门无二，凌霞卡天。山巅东北视青州，东南瞰临朐，二城尽在一望中。瑶池殿始建于明代，历经重修，供奉王母、纯阳祖师、观世音，

① 选自山东省青州市王府街道井塘村志编纂委员会编:《中国名村志丛书·井塘村志》，2019 年出版。

佛道双尊，香火旺盛。山阴白驹谷郑道昭摩崖题刻“雄冠魏碑一代风”，与现代国内外知名书家题刻交相辉映。清代王心清盛赞玲珑山“此山若移郡城侧，未许云门称昆弟”。

井塘村域物产丰富。除粮食作物外，盛产山楂、蜜桃、柿子、核桃、杏等多种干鲜果品，形成完备的山地林果种植加工经营模式。山楂切片畅销全国，为村民收入重要来源。所产蜜桃品质优良，为青州重要生产基地。柿饼加工历史悠久，工艺保留至今，为传统出口农产品。野生中草药资源丰富，利用潜力较大。玲珑石，瘦、漏、透、皱、秀五品皆具，令人赏心悦目；红丝石，纹理天成，质地温润，可观赏，可制砚。

物华天宝，地灵人杰。井塘先民自定居玲珑山下起就与山石结缘。从明清、民国直到20世纪70年代，井塘人依靠勤劳双手和生活智慧，顺应自然，利用自然，改造自然，以当地青石为主料，以木材、麦秸、泥土为辅料，因势而造，依山而建，使石砌房民居建筑技艺与自然环境、雕刻绘画、民俗文化有机融合。石屋四梁八柱，四合院布局，户户相连，鳞次栉比，错落有致，民居除门窗屋顶外，全为石块砌筑。2009年，石砌房民居建筑技艺被列入山东省第二批非物质文化遗产名录。2015年，井塘古村建筑群被山东省人民政府公布为省级文物保护单位。

井塘村民间信仰和民间文化活动丰富多彩。吴、孙、张三大家族谱碑、谱牒保存完整，长幼有序，字辈分明。神庙古祠、香社组织保存完好，香火庙会、接季祈福活动按时举行。依托佛教讲故事的曲艺演唱“青州宣卷”于2016年被列入山东省级非物质文化遗产名录。井塘子弟戏班起源于清代，京剧、吕剧、梆子腔，曾唱红四邻八乡。

20世纪90年代，井塘古村历史文化旅游资源引起青州市委、市政府高度重视。2003年开始，青州市通过各种途径加强古村保护和资源调查。2011年5月，青州市委、市政府成立井塘古村旅游项目建设指挥部，推进井塘古村落及玲珑山景区保护、开发与建设。2012年10月1日，正式开启古村旅游项目。至2017年，修复古村民俗院落13处；恢复古围墙2000多米；依照衡王嫁女古道风貌铺设石头路面3000多米；建设停车场2处，共1.4万平方米；恢复庙宇4座；建设塘坝1座，打机井2眼。井塘古村实现旅游无收入到门票收入达300万元巨变。至2018年年底，共接待游客135万人次，门票收入1250万元，旅游总收入9500万元，带动直接就业人员200多人，旅游从业人员700多人。作为中国乡村旅游模范村、中国民俗学会研究基地、山东省旅游摄影基地，电视剧《红高粱》《远古神童》和电影《终极胜利》拍摄地，井塘乡村旅游影响持续扩大，经济和社会效益不断增加。

“山不在高，有仙则名”，井塘村将依托玲珑山和古村特色，有效整合旅游资源，完善配套各项设施，在乡村振兴实践中创造出新的奇迹。

秀毓北山　古村典范①

宜居家园

北山社区原称北山村（乡），隶属广东省珠海市香洲区南屏镇，位于珠海市主城区西南部，距区政府所在地 8 千米，紧邻镇政府。东接东桥社区；东南为香洲区湾仔街道办事处辖区，与澳门特别行政区相距 4 千米；南靠将军山；西邻南屏社区；北傍前山水道。集体土地统征前，总面积 5.5 平方千米，中心村面积 2.6 平方千米。2018 年，社区人口 25000 余人，其中在册户籍人口 2648 人。北山 70% 以上的常住人口家庭有港澳和海外亲属关系，旅居港澳和海外的乡亲约有 4000 人。北山地处珠海市交通要地，四通八达、纵横交织的通道将北山融入全市便捷快速的交通网络。

北山始建于南宋，形成于明清。南宋嘉熙元年（1237），杨泗儒携妻儿自粤北南雄府保昌县沙水乡珠玑巷南迁，落籍北山并开村。清康熙元年（1662），清政府实施海禁，北山村民被逼内迁 50 里，村庄荒废，23 年后才得以返回故土。清道光年间（1821—1850）起，村庄进行大规模建设。清咸丰至同治年间（1851—1874），扩建一批祠堂和富家大屋，形成新街区满堂街（俗称“大满堂”）。至此，北山已建成为一个规模宏伟、具有典型岭南特色的古村落。

中华人民共和国成立后，北山村民在党的领导下，开始建设社会主义幸福家园。20 世纪 70 年代起，北山村开始有村民建新的住房。改革开放后至 20 世纪 80 年代中期，紧随珠海经济特区和珠海城市市区范围的扩大，北山集体土地被珠海市国土部门统征，北山从此告别农耕历史，搭上城市发展的快车。2001 年，北山行政建制由行政村改为

① 选自广东省珠海市香洲区南屏镇北山社区志编纂委员会编:《中国名村志丛书 · 北山社区志》，2019 年出版。

城市社区。北山社区在集体经济得到大力发展的同时，积极提高民众的生活质量，着力打造民众安居工程，规范和美化居住环境。北山社区（村）党支部和居委会规划建设新村，至2006年，完成三期安居工程新村建设，集体经济共补贴7400万元。共建楼宇22栋，建筑面积58342平方米，安置村民540户，新村取名“秀毓园”。北山还将传统文化、地域资源和生态理念有机结合，制定古村保护开发规划，每年投入200多万元用于道路绿化、路灯配置、街道卫生清洁、生活垃圾无害化处理和新村绿化美化。2012年，秀毓园安居工程被珠海市政府评为珠海市十大幸福村居工程之一。

文化乐土

北山建村780多年，文物古迹众多，现存历史建筑90栋，包括保存完好的古祠10座和传统广府民居80栋。其中清道光八年（1828）落成的杨氏大宗祠是广东省重点文物保护单位，建筑气宇恢宏，工艺华美，是珠海地区古建筑艺术的典范。传统广府民居中，将军府第、名人故居3处，富家大屋11栋，古碑5处，古匾额3幅，宋代魂坛1个，清乾隆五十五年（1790）大铁钟1个，古墓3处。

北山文化底蕴深厚，文化资源丰富，是岭南文化的一方热土。历史上每年均举行传统庙会、清明和重阳祭祖、舞龙、舞狮等活动，村民自发组织成立曲艺社、音乐会。北山人重视优秀历史文化的传承，杨氏和朱氏都曾修编过族谱，其中杨氏从元至正年间（1341—1368）至清咸丰七年（1857）前后共进行7次修谱，第七次（咸丰七年）所修《北山杨氏族谱》共10卷，1972年被美国哈佛燕京图书馆收集珍藏。中华人民共和国成立后，北山人的文化生活日趋丰富，尤其是改革开放以后，高质量、形式多样的文化活动为民众带来美的享受。2010年10月，北山会馆借助北山戏院举办“乐来越好”北山国际爵士音乐节。2011年4月，北山会馆和TPR华美天培教育集团协助珠海市文体旅游局、香洲区文体旅游局，以“音乐让世界更美好”为主题，以北山戏院为主场地，举办中国首届“世界音乐节”，其后每年举办，“北山世界音乐节”已成为北山乃至珠海的一张文化名片。至2017年，北山有北山秀毓曲艺社、北山曲艺社、北山秀毓舞蹈队、北山舞动风韵健身队等群众文艺组织；有北山图书馆、北山社区文化活动中心、北山画家村、广东全心书院、北山艺术中心；社区内建有篮球场、足球场、乒乓球室等体育设施；一批新的文化景点，如介绍杨匏安生平的杨匏安陈列馆，展示第一届中央监察委员会副主席杨匏安事迹的北山廉政文化公园以及再现珠海近代21位杰出人物的民心公园（名人雕塑园）相继建立，为历史文化名村北山增添了神韵。

秀毓古村

北山钟灵毓秀，一代代的北山人传承着中华民族的优良传统，坚持教育立村，重教兴学。明朝晚期至清朝初年，北山积极推行以“知书识礼”“读诗书善言行”为理念的乡村教育，办私塾，开蒙馆。清乾隆年间（1736—1795），北山积极参与前山地区十三乡兴办凤山社学，继而升级为凤山书院。清末民国初，顺应废科举办学校潮流，积极参与凤山书院的改革，先期成立恭都学堂，继而成立凤山中学，自始至终参与学校的兴建和管理，派员担任学校董事会的理事、董事长，两度派人出任校长。科举制度废除后，北山率先成立北山杨族两等小学，自小学成立之日起，北山杨氏祖每年均拨给学校经费1600元。中华人民共和国成立后，北山杨族两等小学由政府接管，改为公办，改称北山小学，北山人支持教育的热情有增无减。1984—2003年，北山村（居）委会先后向北山小学拨款220多万元。同时，还发动村民、旅港澳同胞和到北山办企业的厂商赞助教育事业。2003年4月，北山小学更名为“杨匏安纪念学校”。2017年，学校先后获“广东省文明校园”“珠海市文明校园”“第一届全国文明校园”等荣誉称号。2000年9月，北山村委会颁布《南屏镇北山村奖学方案》，奖励每年在学习中取得好成绩的具有北山常住户口的大、中、小学学生。1997年8月3日，北山村委会被珠海市人民政府评为全市16个“尊师重教先进单位”之一；2001年，被珠海市香洲区人民政府评为“香洲区尊师重教先进单位”。

北山历史悠久，人杰地灵，数百年来涌现出很多仁人志士和英才俊彦。杨匏安是其中的杰出代表，他是华南地区最早系统传播马克思主义的先驱、1921年入党的中国共产党早期优秀党员、中共五大中央监察委员会副主席，他和他的革命家庭为中国人民的解放事业立下了不朽的历史功绩。另外，还有守信用、重言诺的义商杨济苍，抗英将军杨云骧，支持孙中山推翻清王朝而倾尽家产的杨乃安，积极发动和组织民众抵制葡萄牙扩张的晚清举人、广东谘议局议员杨应麟，青年时投身抗日战场、中华人民共和国成立后担任广东省公安厅副厅长的杨步尧等。他们热爱国家，热心民族振兴事业，关心桑梓建设，一直被北山人民引以为豪。

开放新区

北山地处改革开放前沿，率先走上开放富村道路。历史上，北山村民主要从事农耕，以种植水稻为主，兼种薯类、芋、花生、瓜、豆、青菜等经济作物。20世纪80年代起，伴随改革开放大潮，依托珠海划为经济特区的大好机遇，北山社会经济进入迅猛发展的快车道。1984年后，在抓好农业、落实家庭联产承包责任制的同时，北山充分发挥自身优势，努力发展集体经济，积极吸引外资和港澳台资，利用外资发展外向型工业，先后办起多家“三来一补”企业，筑巢引凤建厂房，建成北山工业区，把离土不离乡的村民吸收为集体经济股民。北山逐步从单一的农村集体经济向农、工、商、贸并举发展。1993年，北山村工农业总产值首次突破亿元，成为香洲区首批亿元村。到2018年，集体经济纯收入一直保持在每年1300万～1400万元。集体经济的发展壮大，为改善村居基础设施、村民福利事业，资助村文化、教育、卫生等事业的发展提供基础保障。全体村民作为北山实业有限责任公司的股民，每人每年股份分红从1995年的900元上升至2018年的5100元，实实在在地享受到改革开放的成果和红利。

改革开放使北山这座岭南历史名村焕发出时代风采，成为名副其实的宜居家园、文化乐土、秀毓古村、开放新区。1995年，北山被全国绿化委员会评为全国造林绿化千佳村。2006年11月，入选由广东省旅游局主办、南方网等媒体承办的“寻找广东最美的乡村”评选活动“广东最美乡村”名录。2006年12月，被省爱国卫生运动委员会评为“广东省卫生村”。2007年4月，被省环境保护局评为2006年度“广东省生态示范村”。2008年2月，被省文明委评为2007年度“广东省文明社区”。2008年4月，被省旅游局评为“广东省旅游特色村”。2009年12月，被省住房和城乡建设厅和文化厅评为“广东省历史文化名村”。2011年10月，被环境保护部评为“国家级生态村”。2012年，被省文明办、教育厅、公安厅、司法厅、交通运输厅和安全生产监督管理局评为“广东省交通安全文明示范社区”。同年，获评“全国实施交通安全文明示范社区”。2016年12月，被省住房和城乡建设厅评为“广东省宜居社区”。

秀毓北山，古村典范。传统与现代、经济与社会、生态与发展在这座古老而年轻的村落交相辉映、相得益彰，为岭南和全国社会主义新农村和城镇化建设探索出一条有特色的发展道路，树立了可资可鉴的村落发展典范。

山水画廊间 红色樵岭前①

国家重点风景名胜区樵岭前村位于山东省中部，隶属于淄博市博山区山头街道。东距博山区政府驻地7.5千米，北距淄博市政府驻地张店45千米，距山头街道办事处7千米。东与白杨河村接壤，南与莱芜青石关、关西坡村毗邻，西与池子村相连，北与乐疃村为邻。地理坐标为北纬36°26′15″～36°27′40″，东经117°46′30″～117°49′0″。境域面积9.86平方千米。2018年全村530户，1560人。

鲁中山水画廊

樵岭前村地势西高东低，南依望鲁山，西有淋漓湖，群山连绵，水源丰富，山清水秀，河道蜿蜒，绿树成荫，风光秀美。境内有21个山头逶迤相连，其中海拔500米以上有9座，最高的是望鲁山，海拔726.8米。境内有关西河、王母池河、淋漓河三条主要河流，三河汇入境域村中心主河，河水流向白杨河，注入孝妇河。丛山峻岭、飞流叠瀑，赋予了樵岭前村成为风景区基因，素有“天然公园”之称。山、水、林、泉、洞、瀑、气七位一体，被誉为“鲁中山水画廊”。齐长城、博山溶洞、王母池、淋漓湖、天星湖等，构成博山国家重点风景名胜八大景区之一。樵岭前村是国家AAA级旅游景区，1985年山东省政府把樵岭前风景区列为省首批五大风景游览区，2002年5月17日被国务院审定为国家级重点风景名胜区。

① 选自山东省淄博市博山区山头街道樵岭前村志编纂委员会编:《中国名村志丛书·樵岭前村志》，2019年出版。

红色革命印记

樵岭前村地处淄博博山、莱芜边界，是一片有着光荣革命传统的土地。1926 年 11 月，在博山报恩寺小学任教师的樵岭前村人刘中和加入了中国共产党，成为博山地区早期的中共党员之一。1937 年抗日战争全面爆发后，该村成为鲁中革命根据地的一部分。1937 年 8—10 月，孙惠忱（孙允德）被博山县队部吸收为民先队员，并加入中国共产党，成为樵岭前村党组织的奠基人。他积极发展党员，成立中共樵岭前村党小组。1940 年 3 月，樵岭前村建立第一个中共党支部，孙兆丰任书记。党组织开展抗日宣传，建立民兵武装，领导和发动全村群众，参加到抗日救国的各项斗争中去。组织樵岭前民众抗敌支前、掩护和转移革命干部、八路军伤病员，并配合中共党组织和地方武装，多次参加粉碎敌伪“扫荡”、奇袭日军设施、拔除敌人碉堡和据点的战斗。孙晓光、孙曙光多次带领民兵，摧毁日军设施，夜袭日伪据点，有力地配合地方武装，打击日伪军。涌现出孙惠忱、彭祖德、刘同吉、孙学孔、孙兆祺、刘同云以及博山二区妇救会会长、抗日女英雄刘云程等抗战英雄，为樵岭前村的革命历史增添了光彩。全村先后有 126 人参加八路军、解放军和地方武装，有 71 人加入中国共产党，有 43 名民兵配合八路军先后参加了吉山战斗、禹王山战斗、解放博山、攻打土门头日伪警察所、神头发电厂、李家窑敌碉堡、西域城日伪军据点、攻打北大顶炮楼、房家庄据点等大小战斗 30 余次，有 20 名革命烈士血洒疆场。解放战争时期，樵岭前村积极发展生产，踊跃支援前线，组织车子队、担架队、挑运队达237 人次，有143 人为支援前线先后参加莱芜、孟良崮、南麻、济南、淮海、渡江、解放上海和解放博山、张店、淄川等大小战役、战斗 130 多次，参加支前达 27 次。1949 年，鲁中军区在博山县四十亩地召开庆祝表彰大会，樵岭前村被授予“支前模范村”荣誉称号。1988 年，建成樵岭前村革命烈士纪念碑，樵岭前村以极其丰富的革命遗址和红色故事，被定为市级红色旅游区。

历史文化底蕴

樵岭前村历史悠久，文物古迹众多。1985 年，李家洞出土夹砂黑陶罐口沿、夹砂红陶鼎足、鬶足、鸡冠纽鼎足等文物，发现原始动物化石群。所出土文物，经专家考证为大汶口文化、龙山文化时期的遗存，证明距今 4000 年前，此处就有人类居住。村域内有梯子山齐长城遗址。齐长城修筑于东周时期，主要是防御鲁国与中原各国的入侵。齐长城在博山段有三条线，一条主线、两条复线。樵岭前梯子山齐长城段属于其中一条复线，该线经青石关至梯子山、望鲁山北麓，全线2350米，是齐鲁交界的重要通道和关口。梯子山与望鲁山之间，至2018年仍保存有比较完好的“桥门洞”。

樵岭前村有近500年烧木炭的历史。境内有槲树场面积400多公顷，槲树主要用于放养柞蚕。在明朝年间先民利用槲棒烧木炭。全村先后建成木炭窑30余处。由于管理不善，至20世纪90年代初，大部分已坍塌，只保留部分遗址，现保护比较完好的有三座。樵岭前村烧制木炭无烟、无味、热量大，用途广泛。

樵岭前村李家寨顶遗址，位于博山溶洞山崖顶端。相传为明朝末年大方山起义军领袖李东岱率兵盘据此处所建。寨周长为350米，残墙尚存。村域内还有抗日战争时期日军所修的北大顶炮楼、战略公路遗址。保存完好的古院落2座，分别为刘家大院、孙家大院。其中，刘家大院建于明末清初，具有浓郁的博山地方特色。另外，村内外还分布着王母庙、关帝庙、土地庙、龙王庙、托前坡山神庙、蚕姑庙、仙人庙、仙姑庙等数座古庙。

经济社会发展

樵岭前村自然资源丰富，为全村经济发展提供了有利条件。明末清初，村民以种粮、放养柞蚕、烧木炭为主要经济来源。20世纪30年代，蚕茧业生产已初具规模。附近有十几个村生产的蚕茧都销往樵岭前，樵岭前村一时成为博山地区蚕茧加工和销售中心。

樵岭前村西有古木炭窑址，建于明代初期。到清代、民国时期，木炭窑发展到30余座，所产木炭广泛用于陶瓷、琉璃、翻砂、油田、民间扮玩、餐饮等，并出口日本等地。

中华人民共和国成立后，樵岭前人民生产积极性空前提高。1949年，全村粮食亩产平均82千克，1957年提高到258千克。

改革开放后，樵岭前村认真推行农村生产责任制，极大地调动了广大农民的生产积极性。1985年粮食亩产达到500千克，人均口粮350千克，长期困扰村民的温饱问题得到解决。为改变交通闭塞的落后面貌，先后修筑9条环山公路，总里程20千米，为全村的经济发展创造了有利条件。

村党支部充分发挥自然资源优势，自力更生开发旅游业，先后建起樵岭前溶洞、王母池、淋漓湖、天星湖等景点，开创了全省农民办旅游的先河。到2018年，全村开发旅游建设资金累计投入9000万元，年实现旅游业收入300万元，年平均接待游客30余万人次，取得了良好的经济效益和社会效益，成为全国农民办旅游先进典范，旅游业同时带动了第三产业发展。

20 世纪 80 年代，全村办起蛭石保温材料、条编、印刷、客运旅游、机械加工等十几家企业和饮食服务业。1982—2018 年，樵岭前村先后分别被市委、市政府，区委、区政府评为“文明村”“旅游专业村”“印刷专业村”，1992 年被山东省城乡建委评为“明星村”。2018 年，全村有个体业户 42 家，从业人员 700 多人，年营业额 2.3 亿元。

中华人民共和国成立后，樵岭前村的社会事业也得到快速发展。自 1982 年起，村“两委”先后投入 50 余万元建起了育红班、幼儿园、村小学和初中教育教学楼，提高教育教学质量。村小学和初中教育为高一级学校培养大批优秀生源，曾先后获得省、市、区级规范化学校称号。历经 70 年的发展，樵岭前村村容村貌得到改善，居住环境越来越优美，人民生活水平逐步提高，在衣食住行等方面都发生日新月异的变化。

忆往昔，峥嵘岁月稠。勤劳、智慧、朴实、勇敢的樵岭前人民创造了辉煌的昨天。进入新时代，樵岭前村人将继续开拓进取，努力把樵岭前村建设成为经济更加繁荣、环境更加优美、生活更加富裕、社会更加安定的幸福家园。

立德树人万家村①

万家村位于山东省中部，隶属中国历史文化名镇——淄博市周村区王村镇。东距淄博市政府驻地张店29千米，距周村区政府驻地17千米；西与王村接壤，离王村镇政府驻所0.5千米，距济南市63千米；南与王村镇西铺村相邻；北与滨州市邹平县临池镇毗连。地理坐标为北纬36°41′01″，东经117°43′46″；海拔176米。村域总面积100公顷，其中耕地面积56.8公顷，村落面积27.35公顷。至2017年年底，全村有居民331户901人。

万家村坐落于白云山之阳，豹山之阴，万安溪绕村潺潺流过。地势北高南低，西高东低，主要地质构造为中生界侏罗系所在区域，系丘陵与平原的接合部。土地地貌类型为山地丘陵，被新生代第四系地层覆盖。气候属温带大陆性季风气候，干湿季节明显，春季干燥多风，夏季炎热多雨，秋季温湿适宜，冬季寒冷少雪。年平均气温13.1℃，年平均降水量646毫米，年平均日照2548小时。

万家村历史悠久，始建于明成化六年（1470），当时是吏部尚书万安的府第家园。明弘治元年（1488），万安因结党营私获罪，株连九族，万姓泯迹。明嘉靖中期，淄西毕氏六世毕忠臣出资买下被官府没收的庄园宅田，在此兴家立业，繁衍生息，成为毕氏望族发祥地。

毕忠臣讲仁爱，崇正义，道德高尚，乐善好施。明万历年间（1573—1620），淄川县府为治理县政、劝民行善而立的旌善亭上，毕忠臣列为第一人。毕忠臣置业万家村后，以德立业，耕读传家，把教诲子弟放在重要位置，不但以身示教，潜移默化，而且建起家塾“白业堂”，延师教子，读经明伦。7个儿子中有5个当了省祭官，1个为冠带

① 选自山东省淄博市周村区王村镇万家村志编纂委员会编：《中国名村志丛书·万家村志》，2019年出版。

儒官，1 个为冠带武官。

七世毕木，满腹经纶，专心教子。扩建白业堂，聘名师二人教授 8 个儿子，既教经史、策对，让其明理，又教艺文书画，让其增长才干，使 8 个儿子皆成道德高尚、学识渊博之才。此后 500 年间，毕氏家族“十七世诗礼门第，五百年孝友家风”，族中科甲蝉联、授官入仕者众多。清代，十六世毕道远中进士，官至礼部尚书兼兵部尚书，延续万家村毕氏望族辉煌。

万家村文物古迹丰富。明清时期，两位尚书和数十名朝廷命官及其家人，建家园、盖府第、立祠堂、设苑圃、修庙庵、立祖墓，留下了万安府、万安银库、万安桥、堡子城、白业堂、八支家祠、菩提庵、老家庙、3 处谕葬墓、若干四合院等精美建筑，还有憩园、投豆亭、拱玉园等园林亭榭和许多古井、古碑、古树等文物古迹，形成了典型的明清古建筑传统村落。

万家村文化底蕴深厚，既有厚重的官邸文化，又有独特的民俗文化。历代贤达才俊、文人墨客留下许多诗词楹联、碑记铭文和书籍文稿。收录于《四库全书》的《石隐园藏稿》、经世流传的《拱玉园集》、文采飞扬的《东河集》都是经典之作。受历代先人教育、培养和熏陶，万家村积淀了丰富的民俗文化，形成诸多节日、婚嫁、生育、寿诞、乔迁、丧葬习俗和日常禁忌，世代相传，独具特色。

桃李不言，下自成蹊。万家村毕氏家族笃学、尚德的家风，勤政、廉洁的德名，名播乡里，誉满齐鲁。明崇祯年间（1628—1644），万家村属淄川县管辖，在县府驻地淄川城里最醒目的大街上，有两座高大雄伟的青石牌坊：一名“三士同升”，旌表万家村毕氏八世毕自严、毕自肃、毕自寅三兄弟高中科甲，入仕为官后不断擢升；一名“四世一品”，旌表一品大员毕自严功高位显，殁后，皇帝追封其父亲、祖父、曾祖父也为“一品”，颁圣旨拨库银，给予谕葬。明清时期，淄川一带流传着一首民谣，“淄西毕家，大长指甲，锦袍马褂，呼呼啦啦”。旧时，文人雅士才留“大长指甲”，儒官大贤才穿“锦袍马褂”，由此足见毕家的绅士气派和显赫地位。

时移世变，天有不测。万家村古建筑、古墓葬、古庙宇、古园林历经几百年风雨，大多遭到毁灭性破坏，万安府、堡子城、白业堂、投豆亭，风吹雨淋自然坍塌，只留下墙基；3 处谕葬墓中生长几百年的古松古杨被砍伐；憩园、拱玉园划给村民作宅基地，园中胜境渺无痕迹；菩提庵、老家庙遭人遗弃，断壁残垣，一片狼藉。“文化大革命”初期，村中古宅、古墙，村外古墓、古碑成为破“四旧”重点。建筑上凡带古意的雕塑、装饰均被砸掉，3 处谕葬墓中的牌坊、望柱、碑亭、石像生被砸得七零八落。因万安银库墙厚门重，未被破坏，是村中唯一完整保存的明代建构；解放后八支家祠办小学，之后作村委办公室，幸免于难，是村中唯一保存完好的清代厅堂。

中共十一届三中全会以后，人们意识到古宅、古物的重要历史价值，开始自觉修缮四合院，保护遗存遗址。2003 年后，万家村村民委员会把挖掘、研究毕氏文化，抢救、保护明清古建筑和遗址遗迹，列入重要议事日程，加大资金投入，实施保护工程。十几年间，先后投资 900 多万元，按照“修旧如旧”原则，复原菩提庵、毕忠臣谕葬墓；重修憩园、玉清茔；整修毕氏家祠，将其辟为毕道远纪念馆；扩建老家庙、白业堂，落成乡村记忆博物馆；仿立古牌坊、建万兴桥；整治万安溪、玉清湖；古化美化街衢民巷。万安府、堡子城等重要建筑也被列入重修规划。万家村明清古村风貌得以恢复，诸多重要文化遗产重焕异彩，以古村落、古墓葬为特征的旅游格局基本形成，各种旅游服务设施完备，处处典雅幽静，古色古香。

在保护古村的同时，万家村积极进行新农村建设，聘请专家制定整体发展规划，不断加强村民新型生活设施建设，村民饮水、用电、电信、燃气、环卫等设施完备，方便快捷。1999 年，万家村对村前路、中心街、集贸市场进行硬化，面积 7000 平方米。2000 年，万家村对村后街、村前街东段进行硬化，面积 6000 平方米。2001 年，万家村对村内巷道进行全面硬化，面积 1 万平方米；对村内主街进行绿化、安装路灯，实现了村庄的美化、亮化。

2004 年，万家村在村南省道 102 北侧建 2 栋 2 层商住楼，建筑面积 1506 平方米。2005 年，万家村在村北建 2 层办公楼，建筑面积 780 平方米。2006 年，万家村在村北建 4 层居民楼，建筑面积 5760 平方米，入住居民 48 户。

2006—2008 年，万家村在村北建憩园广场，面积为 1.1 万平方米。广场内设健身器材，新建古戏台、化妆室、太湖石、假山、拱玉桥、荷花池、花架长廊、投豆亭，并展出万安尚书府的上马石。

万家村在村北建设玉清湖，1998 年筑坝、砌墙，完成一期工程。2007 年，建 1.8 万立方米蓄水池，完成二期工程。2012 年，建 6240 立方米蓄水池，完成三期工程。总蓄水量 2.4 万立方米，扩大灌溉面积 13.3 公顷。

2017 年，万家村进行厕所改造，将村民家中旱厕改成密闭水冲式便盆厕所。是年，又清除燃煤灶，接通煤气管道，改用煤气做饭和供暖，结束了几百年来燃煤、烧柴的历史，减少了空气污染。

如今的万家村，村西、村南是明清古建筑核心保护区，青砖灰瓦，一派古色；村东、村北是现代新型居民区，墙白瓦红，一派新潮。古宅与新居映衬，旧韵新风媲美，格外壮观。

20 世纪 30 年代以后，日军入侵，战乱频仍，天灾人祸，万家村日渐衰落，村民陷入艰难困苦之中。其时，村中耕地均为旱田，土地瘠薄，人们靠天吃饭，粮食作物产量很低。虽然多家垦荒种桑，养蚕卖茧，换来少许收入，但仍难得温饱，村中不少人逃往东北、天津等地，维持生计。中华人民共和国成立以后，在中国共产党领导下，万家村组织互助组、合作社、人民公社，改良土壤，打井修渠，推广良种，防治虫害，科学种田，粮食作物产量不断提高，人民生活逐步改善，初步解决了温饱问题。2002 年，万家村在村北高坡上打出 4 眼 200 米深的机井，使旱地变成水浇田，粮食年年丰收，夏秋两季亩产合计达到 1000 千克，村民安居乐业，丰衣足食。

万家村村域地下为红页岩与黄砂岩接合部，无可开发利用矿产资源。中华人民共和国成立前后，村民只靠几亩薄地“土里刨食”，无副业无企业，只有少数木匠、铁匠、出豆腐、做粉条等手艺，或靠力气挣钱，或“水里取财”，收入微薄。1958 年，山东王村耐火材料厂在万家村东域建立，村与厂一路相隔。数十年间，发展成为全国耐火材料生产中心，属地王村镇逐渐发展为以耐水材料产业为龙头产业的明星镇。早在 20 世纪 60 年代，万家村就与山东王村耐火材料厂协作，承揽产品包装、选料和运输任务，增加集体和村民收入。改革开放后，村民涌进市场经济大潮，民营耐火材料厂由 1 家发展到 5 家。依托国有企业和村镇企业而兴的运输、建筑、机械加工、集装箱包装以及餐饮服务等小企业、小商业应运而生，既为社会提供服务，也为自己增加收入。2017 年，村中民营企业合计总产值 18500 万元，实现利税 1350 万元。

村兴家家乐，民和处处春。万家村经济发展，村民富裕，带动各项社会事业健康发展。村民受教育程度不断提高。自 20 世纪 90 年代初普及九年义务教育以来，村中无适龄儿童辍学，每年有 20 余名学生考上大学，还走出 6 名硕士和博士。村卫生室医疗设备不断增加，村医经过进修培训，医术提高，村民患小病在村中及时治疗。自 2014 年起，村民积极参加医疗保险，参保率保持 100%。村中文化设施健全，文体器材众多，村民文娱和体育活动踊跃。村委会建立健全社会保障制度，对老年人医保和养老给予补助，对 7 户贫困户给予救助，并助其脱贫。村里治保会、红白理事会、调解委员会等组织完善，民主决策、村务公开、村规民约等制度健全。村民家中大事有人帮扶，便捷俭省；对村中大事有知情权、话语权、参与权。村民生活富裕、精神愉快，讲仁爱，重民本，崇正义，尚和谐。

事业随春长，风光逐日新。万家村古村保护成绩卓越，新村建设业绩突出，先后被评为淄博市文明村、山东省文物保护单位、山东省历史文化名村、中国传统村落。

2015 年 1 月 18 日，中央电视台录制的《记住乡愁》大型纪录片《立德树人万家村》在国际频道播映之后，各家省、市电视台多次转播。在万家村传承了 500 余年的立德树人理念，万家村人以“德行”作为立身之本，见善思齐、助人为乐的精神，伴随万家村中国传统村落、山东省历史文化名村的古朴典雅风貌和崇德向善风采引起世人瞩目。

中国丹皮之乡——牡丹村①

一

牡丹村自古多牡丹。自中国第一部中药学著作《神农本草经》起，至李时珍的《本草纲目》，历代药典均将垫江牡丹村丹皮列为地道药材。牡丹村丹皮具有“亮银心、香味浓、粉质足、无性繁殖”4个显著特点。1962年，牡丹村丹皮被商业部评为全国质量最佳丹皮。2010年，垫江（牡丹村）丹皮获国家地理标志证明商标。中华人民共和国成立后，随着医药事业的发展，牡丹村的牡丹种植规模逐步扩大。1954—1961年，牡丹种植面积在20～25公顷之间。1979年牡丹种植面积近40公顷。2000—2017年，牡丹种植面积保持在200公顷左右。

因为种植牡丹，牡丹村曾经是垫江县最富裕的乡村。人民公社时期，牡丹村村民一个劳动日的收入能达到1～2元，是其他粮食产量区村民一个劳动日收入的几倍。1980年，牡丹村实行农村经济体制改革，集体耕地全部分配给村民承包经营。其后，由于丹皮价格长期走低，牡丹村的经济开始走上种植、养殖、外出务工的多元化发展道路。

二

牡丹村地处亚热带湿润性季风气候，四季分明，气候温和。广泛分布着阔叶林、楠竹、针叶林、杂灌林以及各种蕨类等草本植被，植被层次丰富，植被覆盖率89%。村域地貌参差起伏，拥有丰富的旅游资源。除了山地、峡谷、森林景观和优美的田园风光，

① 选自重庆市垫江县太平镇牡丹村志编纂委员会编:《中国名村志丛书·牡丹村志》，2019年出版。

更有花繁似锦的数百公顷牡丹。牡丹村的牡丹长在山野，自然立体地分布在山、水、石、林、云岚间，与山东菏泽与河南洛阳的园林牡丹有着显著的区别，被称为山水牡丹。山水牡丹花型大，花姿美，花期长，具有“融入自然，天然去雕饰；山水相伴，清新秀丽；山石云岚相衬，美如仙境；漫山遍野，景象壮观”的“四奇”之美。山水牡丹既有“国色”的艳丽夺目，更有“天香”的馥郁芬芳。山为花之屏，水为花之镜，牡丹与山水相依相融，宛如美人倚山临溪，美不可言。然而，长期以来，牡丹村的村民种植牡丹只为采收丹皮加工出售，山水牡丹的独特美艳却“养在深闺人未识”。

三

2000 年 3 月，太平镇政府在牡丹村举办第一届太平牡丹节暨经贸洽谈会，牡丹村开始走上旅游开发的致富之路。2000—2017 年，牡丹村按“科学规划，合理开发，永续利用”的方针，牡丹种植面积扩大至近 200 公顷，并通过政府投入和企业投资，逐步修建了恺之峰牡丹文化园、百灵山牡丹艺术园、太平湖牡丹精品园、楠竹山公园、牡丹焦石谷、太平禅院、百年牡丹、明月石佛、千年古藤、静观园等多处人文景点景观，使牡丹村成为牡丹花海景区的核心景区。

2003 年，牡丹村牡丹生态园通过重庆市国家旅游等级验收，达到国家 AA 级旅游区标准。2004 年，牡丹村的牡丹生态旅游区通过国家旅游局验收，获“全国农业旅游示范点”称号。2007 年，牡丹村被国家林业局命名为全国首批小康村。2012 年，牡丹园景区入选重庆市地理标志，牡丹花申报为名特优产品。2013 年，牡丹村被评为重庆市级“美丽乡村”。2014 年 9 月，由牡丹村提供的“重庆垫江白芍”和“紫凤朝阳”“奇花露霜”分别获 2014 青岛世界园艺博览会牡丹专题竞赛牡丹、芍药切花类金奖和铜奖，牡丹村被中国生态文化协会授予“全国生态文化村”及“全国生态文化示范基地”称号。如今，山水牡丹的旅游文化功能逐渐突出，牡丹村已经成为中国西部重要的牡丹观赏地。

四

大开发带来大发展。牡丹村的境内地貌为两山夹一槽，最高海拔 1108 米。解放前，由于道路不畅，村民出行都要翻山越岭，货物进出全靠肩挑背驮，严重制约了经济发展。随着旅游业兴起，牡丹村大力开展道路基础设施建设，至 2017 年，已形成外通高速铁路、高速公路，内有乡道、村道、旅游公路的交通网络，全村有家用小汽车200辆。

20世纪50—60年代，牡丹村的民居还常见土墙草房，80年代才开始兴起青砖瓦房。2000年以来，牡丹村先后建成牡丹新村、黄家塆新村、梅子坪新村3个居住点，民居有的是西式别墅独院，有的是中式庭院，人居环境不断改善。2017年，牡丹村获重庆市绿色示范村庄称号。

2000—2017年，牡丹村牡丹生态旅游区已连续举办18届牡丹节。除了牡丹阁、百灵山庄、楠竹山度假村等接待设施，牡丹村还兴办农家乐10余家，日接待能力1.5万人左右。2017年，牡丹村接待游客约38万人次，接待旅游团130余个，全村旅游收入730万元。全村培育牡丹盆花上万盆，丹皮年产量近100吨，加上村民外出务工收入，全村总收入近4000万元。

根据习近平总书记关于重庆市要“高品质生活、高质量发展”的要求，牡丹村的发展目标定位是“中国山水牡丹知名观赏地、西南重要赏花地、重庆环城游憩带核心休闲目的地、垫江王牌景区”。随着牡丹村美丽乡村建设规划和恺之峰旅游区总体规划的逐步实施，牡丹村这颗西部明珠，必将更加灿烂，更加辉煌。

全国文明村　幸福花园河①

花园河村，位于山东省临朐县西南部，八岐山东麓，东北距县城 14 千米，东南距五井镇政府驻地 2.5 千米，东距省道临（朐）历（城）公路 2.5 千米。花园河从村中穿过，将村庄分为南、北两部分。2018 年，全村有 417 户 1462 人，耕地 1135 亩。

村域环境良好，景色优美。境内曾发现周至唐宋时期文化遗存，证明人类很早就在此繁衍生息。自古属临朐所辖，1944 年划归益都县，1952 年重归临朐县。域内地形复杂，东部为平原，南、西、北三面环山。地表水源丰富，为季节性泉流。气候宜人，属温带季风型大陆气候，四季分明，年平均气温 12.3℃。独特的地理和气候孕育出丰富的自然资源，富含煤、石灰石等矿产，盛产柿子、山楂、大樱桃等果品。八岐山脉总面积约 6 平方千米，其中域内面积约 2 平方千米，主峰海拔 530 米。明光峰、阁老崮、太平崮等诸峰竞秀，各显特色。山上绿树成林，山腰果树遍布，山阴清泉淙淙、小溪潺潺，春有花、夏有荫、秋有果、冬有绿，为休闲旅游胜地。

一

中华人民共和国成立前，村民以种植为主，少有经商者，生产力低下，生产技术落后，村民生活困难。中华人民共和国成立后，村里开始治山整地，改善生产环境，在保证小麦、玉米、谷子、高粱等粮食作物生产的基础上，发展桑树、黄烟等经济作物，兴办工副业项目。1971 年，全村人均纯收入 313 元。1978 年改革开放，1982 年实行家庭联产承包责任制，全村经济发展加快，经济作物发展迅速，粮食产量大幅度提高。1985

① 选自山东省临朐县五井镇花园河村志编纂委员会编：《中国名村志丛书·花园河村志》，2019 年出版。

年，全村小麦、玉米平均亩产400千克，95%的农户种植黄烟。1999年，实行土地延包30年，全村调整产业结构，推广农业科技，发展多种经营，经济发展驶入快车道。村中发展食品加工、便民超市等服务业，建成3万余株的柿子林基地。1987年5月，五井镇煤矿在村建井采煤，吸纳村中劳动力近百人。2000年，建设养殖小区，发展规模化养殖，突出发展黑山羊等特色养殖。2002年始，鼓励村民流转土地，发展大樱桃等特色林果业。至2018年，全村建成柿子、樱桃、桃、山楂4个果品基地，年销售果品450万千克；建有汽车配件制造、花园河水厂2家企业；年人均可支配收入1.8万元。

经济发展提升村民生活质量。20世纪80年代，黄烟收入成为农民增收的支柱产业，被村民称为“三大件”的自行车、缝纫机、手表开始进入普通农民家庭。20世纪90年代，电冰箱、洗衣机、空调、数字电视等家用电器，面包车、轿车等现代交通工具，手机、网络等信息化工具，广泛进入普通农民家庭。进入21世纪，社会保障健全完善，生活质量持续提高，全面迈向小康生活。2018年，全村居民医疗保险、新型农村养老保险参保率均达98%以上。

二

中华人民共和国成立前，全村经济发展缓慢，村民生活贫困，文明程度不高，不文明现象时有发生。20世纪60年代始，全国掀起学习毛泽东著作热潮，开展学雷锋、做好事活动，花园河村积极组织学习，全村学雷锋、讲文明、做好事蔚然成风。1964年，村团支部被评为“临朐县学习李家庄先进团支部”。20世纪70年代，开展“五讲四美三热爱”“全民礼貌月”等系列活动，村民精神面貌焕然一新，涌现出一批好媳妇、好婆婆和尊老爱幼、文明礼貌模范家庭。1984年，花园河村被评为“临朐县文明村”。进入20世纪90年代，村中吃喝攀比、铺张浪费之风抬头，邻里不和、自私自利等现象经常发生。1994年始，花园河村把思想道德、遵纪守法、经济发展、履行义务、科学文化、移风易俗、计划生育、环境卫生等内容纳入文明户条件，严格评选标准，积极引导村民参与创评活动。开展以“道德进家家家美、科技进家家家富、法律进家家家安、文化进家家家乐”为主要内容的“四进家”活动。持续不断开展文明活动，倡树正确的世界观、人生观、价值观，村风民风明显改善。2003年，全村有25户被评为“五井镇文明户”。中共十七大提出加强社会公德、职业道德、家庭美德、个人品德“四德”建设，花园河村每年评选40名左右互帮互助、扶危济困、热心公益的四德模范，引导培养文明风尚。同步推进产业发展，搞好村庄建设，改善村容村貌。花园河村2009年被评为

“县级文明村”，2012年被评为“市级文明村”。2015年，制定村规民约，培育文明新风，宣传党的政策，弘扬家风家训，提升文明素质。是年，被评为“省级文明村”。村党支部、村委会抢抓机遇，乘势而上，加快实施乡村振兴战略，全方位发展经济社会各项事业。2017年11月，花园河村被评为“全国文明村镇”。

三

五井镇地处临朐至沂源交通要道，属沂蒙山革命根据地。1938—1940年，八路军鲁东抗日游击队第八支队（后为山东纵队第一支队）先后两次在五井镇驻扎，其中一个连曾驻花园河村，司令员马保三、政治委员周赤萍、副司令员钱钧等到各村组织抗日斗争。临朐县独立营配合八路军山东纵队第一支队活动，营长高奋率队员到花园河村宣传党的抗日政策，发动青年参军参战。1942年，中共临朐县弥西区委在花园河村建立地下党支部，组织群众开展抗日斗争，成为临朐县西南部重要的革命根据地。同年，在村内建立中共地下联络站，开展情报和联络工作。1945年，中共益都县方山区委、区公所驻扎村内。在这片红色热土上，发生过夺取村政权、花园河战斗、阁老崮争夺战等革命斗争，村民踊跃支前参战，有26人奔赴前线，浴血奋战，4人为国捐躯，多人光荣负伤，为抗日战争和解放战争胜利做出贡献。村党组织传承发扬红色传统，利用多种形式教育党员干部群众，投身革命斗争和社会主义建设事业。1947年，全村发展中共党员25人，其中女党员9人，夫妻党员6对。1949年，全村党员39人，占临朐县党员总数的1%。一批批花园河人在革命斗争和社会主义建设事业中建功立业，写下浓墨重彩的一笔。许维清曾获中华人民共和国三级独立自由勋章、纪念中国人民抗日战争胜利60周年纪念章。高兴宝被评为“山东省农业劳动模范”。至2018年，全村考取博士研究生2人、硕士研究生23人。

传承红色精神，全面加强党的建设，抓班子带队伍，强化教育学习，坚定理想信念，村党组织和党员队伍向心力、凝聚力逐步增强，服务能力逐年提高。民主管理村务，建立健全民主决策、民主理财、民主监督等各项制度。关注民生问题，树立问题导向，及时解决群众最关心、最迫切、最现实的利益问题，村庄管理更加规范有序，群众满意度、幸福感逐年增强。2018年7月，花园河村党支部被中共山东省委组织部评为“全省干事创业好班子”。

四

中华人民共和国成立前，村庄面貌陈旧，道路不畅，雨雪天出入困难。村民住房均为土坯草房，高低不等，多低矮狭小，居住拥挤，聚落零散。中华人民共和国成立后，党和政府带领群众发展生产，建设家园，村民生活逐渐好转。1975 年，全村进行第一次新村规划，村庄面貌明显改善，住房成排成行，街道整齐平坦，村民满意度较高。改革开放后，村民收入逐年增加，对居住条件的要求越来越高。1987 年，全村进行第二次村庄规划，分为居住区、办公区、养殖区、旅游区，布局更加合理，村民住房多为砖木和砖混结构，宽敞明亮。进入 21 世纪，经济快速发展，村民对美好生活的向往越来越强烈。全村进行住房改造，建设用新型建材，室内采用新式布局，部分村民盖起钢筋混凝土结构的楼房，“楼上楼下，电灯电话”的梦想成为现实。2003 年投资 60 万元，主街安装路灯 15 盏。2008 年，硬化连村路 2200 余米，村内主街安装路灯，两侧进行绿化。2016 年始，进行城乡环卫一体化建设，清庭院、清街巷、清河道，配齐人员设施，加强日常卫生养护，环境卫生明显改善。2017 年，聘请浙江绍兴艺园园林公司对村庄进行规划，先后硬化村内道路8000余米，安装高标准路灯95盏。村庄绿化坚持花、草、乔木、灌木合理搭配，生态性与景观性有机统一，构成多层次、多色彩的绿化风格，达到“三季有花、四季常青”。

大力开展植树造林，1977 年设立八岐山林场，育苗 95 亩。1978 年村民造林 250 亩。村委会保护村域生态环境，完善处罚报告和备案制度，环境保护达到监督规范化、制度化，配备 39 名护林队员，划分责任区、工作区，实行全日制巡查制度；将农村精神文明建设同治理村域家居环境相结合，开展宣传活动，发放宣传材料 1000 余份。利用科技进步，推广农村能源新技术。20 世纪 90 年代以后，按照“山顶生态林、山腰经济林、山脚种植园”思路，持续进行山区绿化。2017年，花园河村达到“山东省森林村居”建设标准。昔日荒山秃岭被绿色覆盖，一幅青山绿水的美丽画卷正徐徐展开。

回顾过去，道路艰辛；展望未来，信心百倍。进入新时代，勤劳勇敢的花园河人将在全面建成小康社会道路上谱写美好的新篇章。

古韵新城[①]

《二十四史》中唯一一个以功绩载于正史的女将军——巾帼英雄秦良玉引人注目。她不是文艺作品中杨家将里的穆桂英，不是戏曲中“替父从军”的花木兰，而是三次北上勤王、三次西南平叛的真实历史人物，也是中国西南土司历史上“十大土司”中唯一的女土司。

秦良玉之所以掌土司之印，且成为明朝将军，在明末屡立战功，皆缘于土司承袭制度及个人的文韬武略。

石砫土司，是石砫安抚司的沿袭及发展，无数土司研究者在研究石砫土司时，必然先从石砫安抚司着手。而重庆市石柱土家族自治县悦崃镇新城村，就是石砫安抚司的驻地。

一

新城村有着悠久的历史底蕴，丰富的文化遗存，2012 年 12 月 20 日，新城村被列入第一批中国传统村落名录。

早在旧石器时代，新城村域的土地上便有巴人先民生息繁衍。商、周时期，新城村域属巴国领地。秦灭巴后，新城村域属秦国巴郡。后历经汉、三国、晋、南北朝、隋、唐、五代，一直有巴人遗裔在新城村域生息繁衍，继续传承巴文化，被称为“溪峒蛮”“五溪蛮”“土蛮”“苗蛮”等。因战争、瘟疫、自然灾害等，巴人遗裔人口锐减。南宋时，“溪峒蛮”“五溪蛮”“土蛮”被称为“土民”“土家人”，土家族的族称开始出

① 选自重庆市石柱土家族自治县悦崃镇新城村志编纂委员会编：《中国名村志丛书 · 新城村志》，2019 年出版。

现。为弥补战争、瘟疫、灾害造成的人口缺失，历史上先后在秦、西晋、北宋、元末明初、明末清初5次大移民，使大量汉人迁徙到新城村域生息繁衍，极大地促进了土家族与汉民族的融合。

东汉伏波将军马援曾奉诏平定武陵山区的五溪蛮叛乱，他提兵震慑，以德服人，轻杀戮而重教化，深得蛮人敬重，并立祠祭祀。南宋建炎三年（1129），马援第三十九代孙马定虎领兵平定溪峒苗乱，朝廷敕封马定虎为石砫安抚使（世代承袭），节制九溪十八峒。马定虎将石砫安抚司治所设在南宾县水车坝（今新城村古城坝），自此，水车坝成为镇守渝、鄂、湘、黔边境，节制九溪十八峒的军事重镇。

石砫安抚司历经宋、元两代，至明洪武八年（1375），升为石砫宣抚司，马定虎的第十五代孙马克用任石砫宣抚使。洪武十四年撤南宾县，部分县地并入丰都县，其余县地（含今新城村全域）划归石砫宣抚司辖，宣抚司军政合一，实施土司制度。马克用将宣抚司治所迁到原南宾县城狮子坝（今石柱县城），至清乾隆二十六年（1761）石砫改土归流，长达三百余年的石砫土司统治才结束。长期的土司制度，滋生出独特的土司文化，因此，新城村土家人的文化传承虽以巴文化为主，但兼容楚、汉、土司等多元文化，具有独特的土家族民风民俗。

现在的新城村属重庆市石柱土家族自治县（以下简称石柱县）悦崃镇，村域面积21平方千米。新城村位于悦崃镇东北部，东北邻黄水镇金花村大风堡，西北接鱼池镇黄金村、山娇村，东南与本镇东木村相连，西南与本镇悦来村相连。距悦崃场4千米。全村有古城、青龙、勇为、南椏、金台、星光6个村民小组。2018年，全村共746户2776人，其中，男性1360人、女性1416人，耕地2688亩。

二

新城村有特色建筑、特色文化、特色产业，又是土家族聚居村落，2017年6月9日，新城村被列入重庆市首批少数民族特色村寨。

石砫宣抚司治所于明洪武十四年（1381）从水车坝搬迁至南宾狮子坝后，迄今已有六百多年。新城村域虽历经朝代更替，兴衰变化，但明初建的宣抚司案厅、清乾隆时期建成的马氏宗族祠堂、民国时期建成的新场街和石碉楼等，建筑风格独特，且主体保存较为完好。2013年政府投入70万元进行修葺，对房屋采取木板上漆、屋顶坐脊等保护措施。对84户近年新建的房屋进行风貌改造，以体现民族文化元素。

新城村古时候有打花棍、打断头锣鼓、斗锣、玩龙、舞狮、喊彩、划彩船、跳端公、演傩戏和土戏等特色文化活动，有啰儿调、轿夫号子和背夫号子等民歌，更有独特的土家婚俗和丧葬习俗。其中，石柱土家啰儿调于2006年5月20日被列入国家级非物质文化遗产保护名录，新城村几乎人人会唱啰儿调；石柱斗锣曲牌多达232首，是市级非物质文化遗产保护项目，其传承人就是新城村的马世山，新城村的锣鼓班子在石柱县闻名遐迩。

新城村有黄连、魔芋、马铃薯、辣椒等特色产业，是辣椒种植基地、西南大学石柱县魔芋实验示范基地。2015年，成功创建为马铃薯种植专业村。2018年，全村种黄连1500亩、魔芋330亩、马铃薯1100亩、优质长石郎梨600亩、脆红李300亩、猕猴桃350亩。村域山林中，有香菌、千夫头、大脚菌、杠菌、鸡油菌、茶树菇、包谷菌、九月香、凤尾菌等野生菌，还有天麻、竹笋、蕨苔等山珍。

新城村主体民族为土家族，占全村总人口的95%。传统特色居民500户，占全村总户数的67%。土家族人世代传承着独特的土家文化和民风民俗。

三

新城村具有观光价值的景点达20多处，主要为碉楼、老街、峒寨、古墓及其他自然景观。

民国初期，新城官绅相继在新场、作坊、潘家坝用条石建造碉楼，主要用作防贼御敌，保护境域内人们的生命和财产安全，风雨百年依然坚固，是独特的古建筑。碉楼矗立在四围险峻的山包上，巍峨壮观，颇具游览价值。2019年2月27日，重庆市人民政府公布石柱县悦崃镇“古城坝土司遗址和悦崃碉楼建筑群”为市级文物保护单位。

新场老街素有“小云梯街”之称，建筑风格独具特色，曾繁盛一时，今虽罢市，但仍具游览价值。

安抚司治所附近有大寨子、小寨子、大石寨等数个峒寨，多设在上平岩险的山包上，四周悬崖峭壁，用条石垒砌成寨墙、寨门，仅留一条小道供出入，有一夫当关万夫莫开之险要，至今遗迹尚存，寨墙、寨门虽有损毁，但依稀可见。

新城村中现存有多种样式的古墓（崖棺墓、深井墓、三滴水墓、圆拱墓）11处，为县文物点。

新场附近溪流中，有天然巨石像蛇、龟、狮，岸边石岩上有石像猴、僧，组成“龟蛇锁街”“狮猴戏僧”的景观。

新城村山清水秀，鸟语花香，森林覆盖率达61%，长岭大山上还有大片原始森林，与黄水国家森林公园接壤。春则万木复苏、百花齐放；夏则草木葱茏、峰峦叠翠；秋则红叶满坡、层林尽染；冬则霜雪压枝、银装素裹。是天然氧吧，夏季避暑、冬季赏雪之胜地。二级旅游路与大风堡、太阳湖、月亮湖、毕兹卡、千野草场等景区相连，距各景区都在 15 千米之内，悦崃镇政府正在着力将新城村打造成为旅游大村。

黔北名村　花繁叶茂①

一

花茂村位于贵州省北部，遵义市播州区（原遵义县）西部，枫香镇东北部。东接乐山镇新华村，南邻土坝村，西靠枫元村，北抵苟坝村。位于北纬 27° 36′ 09″～ 27° 38′ 2″，东经 106° 33′ 3″～ 106° 30′ 5″。总面积 9.8 平方千米。2017 年，花茂村辖 26 个村民组，有耕地 5531 亩（其中田 2200 亩、土 3331 亩）、林地 9045 亩；总人口 4950 人，其中男 2575 人、女 2375 人。境内有汉族、苗族、水族、仡佬族、土家族、壮族、侗族等民族及穿青人。少数民族人口 73 人，占总人口数 1.47%。

花茂村处于中亚热带季风气候带，气候温和，冬无严寒，夏无酷暑，四季如春。常年平均气温 14.6℃，最高 37℃，最低 -5℃，年平均太阳辐射量为每平方厘米 81.8 千卡，年平均日照 1140.89 小时，年均无霜期 280 天，年均降水量 1081.9 毫米。境内河流有白腊河，以及杨绿溪、刘家湾、河村沟、沙堰河、九子屯 5 条小溪流，总长约 14 千米；有关堰小（2）型水库 1 座，库容 10 万立方米。另有杨绿溪堰塘，库容 4.5 万立方米。境内野生动植物种类繁多，地下白鳝泥、黄泥资源储量丰富，是花茂村传统土陶制品的主要生产原料。

境内属喀斯特地貌，以东西走向的九龙山、石牛山山脉为骨架，呈西北高、东南低的槽谷、丘陵地形。海拔 956 ～ 1114 米，其山坡坡度多数在 50°以上。森林覆盖率 48.71%，主要分布阔叶林植被，常绿如春。

① 选自贵州省遵义市播州区枫香镇花茂村志编纂委员会编：《中国名村志丛书 · 花茂村志》，2020 年出版。

二

花茂土陶生产距今有近130年历史。1915年巴拿马国际博览会上，因“怒掷酒瓶震国威”事件获奖的茅台酒，就是用花茂生产的土陶罐盛装。20世纪20—60年代，花茂陶瓷厂为茅台酒生产大量酒瓶和发酵坛。2014年7月，花茂土陶制作技艺被列入遵义市非物质文化遗产名录。

2014年，境内土地开始实施有序流转，发展现代农业。至2017年，流转土地2500亩，建成九丰农业园区、顺然农场等山地现代高效农业产业园区。现代农业与红色文化、陶艺文化、乡村旅游有机结合，走“农旅文”融合发展新路，经济迅速发展。至2017年，花茂村形成陶瓷产业、现代农业、旅游产业三大产业，农民人均可支配收入15600元，村集体经济积累201万元，教育、卫生、文化等社会事业长足发展。

2004年后，花茂村开始“四在农家”创建活动。2007年，被列为全县新农村建设示范点。2012年全力推进“小康”行动，以发展农村旅游为重点，拓展农民致富增收渠道。2013年推进“四在农家 · 美丽乡村”创建活动，实施“小康六项行动”（小康路、小康水、小康房、小康电、小康讯、小康寨），按照“1+5+5”（一个总体规划引领，实施净化、美化、文化、产业化、精细化“五化”工程，推进环境、管理、文化、产业、便民服务“五项”升级）模式打造新农村升级版。经过2014年至2015年的建设，花茂村成为贵州省“四在农家 · 美丽乡村”示范点，农村旧貌焕然一新。

三

1935年2月底至3月初，中央红军长征取得遵义战役的胜利之后，为跳出国民党40万大军在川黔边的包围圈，将主力潜伏在遵义西面鸭溪、枫香、平家寨（今平正）地域，寻找战机。3月9日至12日，中央红军军委纵队驻扎花苗田、苟坝一带。其间，红军帮助群众成立陶瓷工人工会等群众组织；在今花茂村境内书写大量标语，至今仍存29幅，是播州区保存红军标语最多的村；红军电文中有7封9处提到“花苗田”，国民党军事电文中有2封3处提到“花苗田”，使名不见经传的荒野之地载入中国革命的史册。

1939年，中共地下党员张兴、汪素从外地来到花茂，以教师身份作掩护开展革命活动，培养积极分子牟光远、王照明，并发展吴廷良入党。在花茂期间，张兴、汪素经常出入郑国兵、王照谊家，与二人交情甚深。张兴和汪素还经常教时年12岁的郑龙君唱进步歌曲，讲革命故事，传播革命火种。1951 年 5 月，罗永富、袁春林、蔡树明、潘大春等青年踊跃参加中国人民志愿军，奔赴抗美援朝前线。1953 年 3 月，罗永富在朝鲜牺牲。

四

2015 年 6 月 16 日下午，中共中央总书记、国家主席、中央军委主席习近平到遵义县枫香镇花茂村考察。习近平对该村把扶贫开发与富在农家、学在农家、乐在农家、美在农家的美丽乡村建设结合起来的做法表示肯定。①

村“两委”干劲十足，带领村民开展新农村建设、发展乡村旅游和现代农业，分别获得“全国先进基层党组织”（中共中央 2016 年 7 月授予）、“中国美丽休闲乡村”（农业部 2016 年 10 月授予）、“2015 最美红村”（中国红色旅游专业委员会 2016 年 1 月授予）、“创建无邪教示范村”（国务院防范和处理邪教问题办公室 2017 年 3 月授予）、“贵州省同步小康创建最佳示范村”（贵州省同步小康创建最佳示范县乡村推选委员会 2016 年 12 月授予）、“最美村庄”（贵州省农业委员会 2017 年 6 月授予）、“中国乡村旅游创客示范基地”（国家旅游局 2017 年 8 月授予）、“全国改善农村人居环境示范村”（住房和城乡建设部 2017 年 8 月授予）、“2017 年中国人居环境奖”（住房和城乡建设部 2017 年 8 月授予）称号。2017 年 4 月，花茂村党总支书记潘克刚当选中共十九大代表。

五

花茂始名荒茅田，清道光年间（1821—1850）更名为花苗田。1954 年 12 月，又更名为花茂，寓意“花繁叶茂”。2017 年端午节前后，贵州省文联主席欧阳黔森以花茂村为蓝本，创作出了报告文学《花繁叶茂，倾听花开的声音》和 30 集电视连续剧文学剧本《花繁叶茂》，为世人展现了遵义新农村的变迁。

① 引自《习近平在贵州调研时强调：看清形势适应趋势发挥优势 善于运用辩证思维谋划发展》，《人民日报》2015 年 6 月 19 日第 1 版。

钟灵毓秀北崮山①

北崮山村位于山东省中部，是县委书记的榜样——焦裕禄的故乡，隶属淄博市博山区源泉镇，东距源泉镇政府驻地 7.5 千米，北距淄博市政府驻地 47.5 千米，西距博山区政府驻地 17.5 千米，东与东崮山村接壤，南与南崮山北村毗邻，北与淄川区西河镇护宝泉村为邻，西与岱庄村相连。地理坐标为北纬 36° 26′ 11″，东经 117° 59′ 6″。2019 年，村域面积 3.4 平方千米，耕地面积 732 亩、山林面积 3109 亩、水面面积 4 亩。村有 6 个村民小组，780 户，2080 人。

生态环境

北崮山村依山连山，植被茂密，土地富饶，是生态环境美丽的乡村。当春回大地，岳阳山在阳光照耀下，山花竞相绽放，百鸟成群飞翔鸣叫，野兔不时出现在山林野岭欢快跳跃，构成一幅人与自然美丽和谐的画卷。

清明节过后，北崮山村岳阳山坡上、灌木丛中粉红色的和金黄色的花，给北崮山村披上盛装。每到五六月采集野菜的季节，野苋菜、荠菜、苦菜、蒲公英、灰灰菜、猪毛草、菇扎菜、泽蒜、野韭菜、山芹菜、车前草、马齿苋、薄荷、茵陈等漫山遍野，吸引游客到此采摘。北崮山村的餐饮店将纯天然、无公害的山野菜制作成味道鲜香的美食，让游客们流连忘返。

秋季是北崮山村山花烂漫的季节，蓝色的黄芪花、桔梗花，紫红色的胡枝花，黄色、白色的野菊花及许多不知名的山间野花与山中红叶组成了万紫千红的壮美景色；漫

① 选自山东省淄博市博山区源泉镇北崮山村志编纂委员会编：《中国名村志丛书·北崮山村志》，2020 年出版。

山遍野的牛迭肚和野生枸杞、野生山楂挂满枝头，各类野生山果是生态美丽乡村北崮山村的美味。

岳阳山以碑多、景奇、险峻而驰名，拥有遗址、洞穴、山泉等景观及四季不同的景致，岳阳山一步一景观的魅力，每年都吸引着无数游客前去探奇。岳阳山巅有庙群，每年农历三月、六月、九月的十八庙会，许多乡民前往敬香，祈求平安。庙会最盛之时，每天有 5000 余人。

地处岳阳山脚下的北崮山村，自然生态良好。20 世纪 80 年代，北崮山村对自然生态加强了重点保护。特别是 2010 年以后，村“两委”紧紧围绕生态环境建设，发展林果经济，禁止放牧，禁止捕杀野生动物，禁止乱砍滥伐，积极维护生态平衡，展示村民关注自然、保护自然的成果，村民争当生态环境建设的维护者、宣传者，保护和传承这份大自然的馈赠，北崮山生态环境建设成效显著。

经济发展

北崮山村民世世代代以农为本，勤于耕作，主要农作物是小麦、玉米、高粱、大豆、谷子等。在封建制度下，土地集中在地主阶级手中，耕作制度原始落后，粮食产量低而不稳。遇上好年景，粮食亩产仅百余斤，劳动人民过着“半年糠菜半年粮”的生活。民国时期，由于连年战乱灾荒，兵祸匪患，广大劳动人民长期挣扎在死亡线上。为摆脱饥寒交迫之困境，贫苦农户只好拖儿带女逃往山西、陕西、东北等地谋生。

中华人民共和国成立后，在党和人民政府的领导下，北崮山村实行耕者有其田的制度，让村民自己耕种，自食其力，以此调动、提高村民发展农业生产的积极性，粮食产量有了大幅提高。1953 年，北崮山村响应党的号召，走农业互助合作化道路，村民生产积极性空前提高，治山改土、兴修水利，大搞农田基本建设。1957 年，全村粮食亩产平均 275 千克。1958 年，大刮“共产风”，加之自然灾害，农业生产受到严重损失，粮食减产，人民缺粮。1962 年，国家对农业政策进行调整，实行“三级所有，队为基础”的生产管理体制，北崮山村合理安排生产计划，充分发挥人多力量大的优势，加大对农田建设、兴修水利设施和植树造林的投入，使农业生产很快得到恢复和发展。1973 年年底，北崮山村粮食亩产平均超过千斤大关，被中共博山区委、博山区革命委员会评为“粮食亩产过长江生产大队”。但北崮山村始终没有摆脱贫困，特别是在 20 世纪 60 年代，单一农业生产，农民收入低微，出现“高产穷队”现象。

改革开放后，党的经济体制改革的政策在农村首先得到贯彻执行。北崮山村在对全村的山、水、林、田、路进行综合治理的基础上，实行联产承包责任制，极大地调动了村民生产积极性。为了加强农业的基础地位，北崮山村出台“以工补农”“以工建农”等举措，投资打深井、修水渠、建蓄水池，购置农业机械，并专门成立农业综合服务队，对农业的产前、产中、产后实行全方位服务。改革开放 40 多年来，随着科学技术的推广，生产条件的改善，农作物品种的更新，促进了农业生产的发展，粮食产量连年增长。1985—1995 年，粮田连续 10 年亩产超过千斤。

北崮山村顺应改革开放的大潮，村“两委”把发展经济作为中心任务和头等大事，以执着的追求和胆识，调整全村经济发展的产业结构，在发展巩固农业生产的基础上，千方百计办企业、上项目，大力发展工业和商贸服务产业。面对资金缺乏、交通不便、基础条件薄弱、各项经济指标落后的情况，先后成立建筑队、面粉加工厂、砖厂、艺术陶瓷厂、锻造厂、木器加工厂和综合门市部，使村办企业从无到有，从小到大，进而形成一定的规模。1989 年，全年实现产值 600 余万元。2003 年，北崮山村“两委”按照区、镇部署，积极实施招商引资，鼓励村民发展个体私营企业。至 2008 年，北崮山村有引进企业 6 家、当地个体私营企业 22 家、个体加工厂 30 家。2019 年，北崮山村实现工业产值 3.31 亿元，年利税 3310 万元，产品涉及泵类产品、玻璃制品，产业涉及机械加工等，实现了小康，开始走上富裕之路，呈现出欣欣向荣的社会主义新农村的崭新风貌。

社会事业

北崮山村钟灵毓秀，人才辈出。北崮山村教育起步较早，早在清光绪十五年（1889），北崮山村就办起了私塾——南官厅，陈笠亭编写了启蒙教材《笠翁杂字》，让村里部分孩子接受早期教育。中华人民共和国成立后，北崮山村教育事业得到快速发展，私塾学堂演变为初级小学、全日制小学，北崮山村还建起扫盲识字班、裕禄农中、职业学校、科技夜校，使更多孩子接受到良好的教育，大批优秀学子得以走出村庄，有了更好发展。截至 2019 年，北崮山村先后有 216 人考入各类大专院校，中国科学院院士陈维江、丹麦奥胡斯大学博士焦秀荣、复旦大学生物医学研究院博士焦芳芳是其中的代表。职业教育让更多村民学到一门技能，依靠科学技术增加家庭收入，建设美好家园。

北崮山村不仅重视教育，更重视村民的文化生活。北崮山村成立业余剧团、电影队，建立图书阅览室，开通有线电视系统、有线广播。特别是互联网的发展，使村民充分体会到“科学是第一生产力”的真谛，村“两委”通过多种渠道让村民了解时事政治，全方位接触社会。

随着社会经济不断发展和进步，北崮山村“两委”加快新农村建设的步伐。1995年起，启动美丽乡村规划建设，卫生室、村民文化中心、村务办公综合楼公共设施和11幢居民公寓楼相继建成。清理村庄垃圾5000余立方米，硬化村庄道路23500平方米，铺设下水管道3200米。北崮山村投资500余万元，在洪崮路两侧种植樱花树500余株、冬青5000余墩，在村内空闲土地建花池8个、竹园6处，种植草坪800余平方米。建成5处村民文化广场，安装多种体育健身器械，文化广场成为村民休闲健身、早起晨练、游览观赏的主要场所。主要街道安装园林式路灯，集中连片居住区的水、电、气设施配套齐全，70%的村民家种植花草、景观树、果木绿化庭院，昔日村庄变成绿色生态家园。2019年，北崮山村被公布为山东省美丽乡村示范村。

革命传承

北崮山村是革命老区，是鲁中革命根据地的重要组成部分。1937年12月，中共博山工委民兵博山县队部带领博山县城的党员、队员撤出县城，转入农村组织抗日游击战。抗日战争时期，北崮山村的热血青年积极参加抗日斗争。1938年夏，中共崮山区分区委成立抗日宣传小组，在区委书记焦天民、区委副书记李瑞三带领下，进驻北崮山村，宣传抗日救国，发动群众抗战，发展党员，建立党组织。崮山区根据地的开辟，点燃博山东南部山区抗日战争烽火。

北崮山村民勤劳勇敢，具有光荣革命传统。抗日战争中，北崮山人民在中国共产党领导下，先后建立起自卫团、农救会、青救会、妇救会、儿童团等群众抗日组织，男女老幼齐上阵，配合抗日干部和抗日部队坚持持久战、游击战，迎来抗日战争的全面胜利。

解放战争时期，北崮山村在中共博山县委领导下进行土地改革，激发了村民的革命和生产积极性。翻身后的村民踊跃参军，积极组织民兵支前、修路、抬担架、送军粮。全村有24名优秀青年参军参战，先后出工300多人次、小车16辆，为部队修路、运送军粮和物资。1946—1948年，全村有34名民兵，配合主力部队，先后参加解放淄川、张店、博山等战斗；北崮山村常备担架队和小车队，为莱芜、南麻、孟良崮等战役做出积极贡献；1947年，北崮山村妇女在妇救会带领下，踊跃支前，在后方医院24小时轮流为伤员洗衣、做饭、烧水，为前方战士做军鞋近100双，磨面粉、碾小米300余千克，成为人民子弟兵的坚强后盾。

在历次革命斗争中，北崮山村有 7 名优秀儿女为中华民族解放事业献出宝贵生命。

中华人民共和国成立后，北崮山村人民继续弘扬革命老区精神，积极参军服役。更有北崮山村的好儿子、县委书记的榜样——焦裕禄，为根治兰考“三害”、改变兰考面貌，将生命留在河南兰考的沙丘中。焦裕禄虽然离开他热爱的故土，但焦裕禄精神却深深扎根于故乡，一批批“焦裕禄式”的好干部为改变家乡面貌不懈努力。

鼓韵德夯　秀丽苗寨[①]

在湖南省湘西土家族苗族自治州首府吉首市的西北部，有一处云贵高原与武陵山脉相交所形成的大峡谷。在这块峡谷地带中段，坐落着一个苗族村寨——德夯村。村子东连吉首市矮寨镇矮寨社区，南与矮寨镇幸福村毗邻，西界矮寨镇排兄村和阳孟村，北接湘西土家族苗族自治州花垣县双龙镇的芷耳与龙孔两个村。德夯村处于吉首市德夯国家重点风景名胜区内，该景区以“德夯”命名，是国家AAAA级旅游景区矮寨奇观旅游区的重要组成部分。德夯村是德夯景区核心组成部分，是吉首市代表性聚居村落，是湘西土家族苗族自治州内典型苗族村寨。

德夯村名“德夯”是由苗语的汉字记音“歹夯”演变而来，“歹夯”是“小山冲（沟）”之意。地如其名，德夯村依多面陡山脚下的谷地而建，有玉泉溪、九龙溪和夯峡溪等几条小河流经。村域风景如画，自然风光秀丽，溪沟交错，四季似春，气候宜人。村寨周围山势跌宕，绝壁高耸，峰林重叠，形成断崖、石壁、瀑布、翠峰、原始森林等独具特色的山水风光。村境有丰富的动植物资源，植被覆盖率在92%以上。

德夯村于明万历元年（1573）始建村寨，世居苗族人家，沿袭传统农耕生活。民国时期，德夯村划属乾城县。中华人民共和国成立后，隶属关系更替变化。1958年，德夯苗寨属吉首县上游人民公社管辖，成立大队，由“歹夯”改名为“联盟”。1960年，属矮寨公社。1981年，复称歹夯大队。1984年实行乡村制后，改为歹夯村。1987年年初，歹夯村成为吉首市旅游开发核心景区，经1987年3月吉首市第三届人民代表大会第一次会议讨论通过，将“歹”改为“德”，取其谐音，并赋予“德夯”新的含义——美丽的大峡谷。

① 选自湖南省吉首市矮寨镇德夯村志编纂委员会编：《中国名村志丛书·德夯村志》，2020年出版。

德夯村地理位置优越，交通便利，距矮寨镇政府驻地4.5千米，连接319国道（含209国道一段）；距吉首市城区23千米，距杭瑞高速公路矮寨互通10千米。境内自然与人文旅游资源极其丰富，有玉钻峰、天门画壁、相依岩、驷马峰、画屏峰、接龙桥、盘古峰原始次生林、腊梅林、云雾峰、椎牛花柱、玉泉门、玉带瀑布、椎牛界、船头山、孔雀展屏、九龙溪、梭子岩、银链瀑布、海螺峰、九龙门、流纱瀑布、九龙潭、夯峡溪、雷公洞、骆驼峰、燕子峡、瀑布群等自然奇观，特色苗寨和流纱瀑布远近闻名，与村东边的矮寨公路、矮寨特大悬索桥相呼应。

德夯村苗寨传统建筑保护完好，青瓦盖顶的木屋鳞次栉比，错落有致，依山傍水，造型奇特，格调鲜明。一条条青石板路连着村内百余户人家。德夯村文化底蕴深厚，居民原以石、梁两姓为主，多以家族聚居。他们以歌会友，以舞为媒，拥有苗鼓、苗歌、苗狮、苗拳等民族特色文化遗产，开展春节百狮会、四月八节、赶秋节、苗鼓节等各种大型苗族文化传统活动。村内苗族妇女喜戴银饰，每逢喜庆节日，穿上民族盛装，着满襟式衣服，外束滚花围腰，着长裤时裤脚缀上滚花栏干，并佩戴银披肩、银牌、项圈、手镯、戒指等，十分亮丽。20世纪80年代旅游业兴起后，德夯村着力挖掘、整理苗鼓文化资源，传承弘扬苗鼓文化艺术，举办多种主题活动，形成独特的苗鼓赛事与节庆文化活动，成为盛名远播的鼓乡。

1987年，吉首市以德夯村为中心设立德夯风景名胜区，德夯苗族村寨进入旅游开发新时期。2005年，德夯风景名胜区申报为国家重点风景名胜区。村中每年接待国内外游客30万人次，旅游收入近千万元。旅游业带动林木、养殖、编织、住宿、餐饮服务等相关产业发展。2019年年底，全村辖2个村民小组、144户、586人。耕地面积485亩，其中稻田350亩、旱地135亩。村民从事粮食生产、旅游服务（餐饮、运输、商业、鼓舞表演等）和竹器加工等产业，全村退出贫困，步入小康。

德夯村是典型的湘西山区民族村寨，中华人民共和国成立以后，特别是进入21世纪以后，德夯村在党的民族政策引领下，经济、社会、文化、生态事业得到长足发展。随着旅游业兴起，全村发展进入快车道，村容村貌彻底改观，传统村落和生态环境得到全面保护，民族文化得到较好传承。2011年6月，德夯村所在矮寨奇观旅游区被评为国家AAAA级旅游景区。2013年1月，德夯村被住房和城乡建设部、文化部列入首批中国传统村落名录。2014年2月，德夯村入选全国少数民族特色村寨保护与发展名录；9月，德夯村被评为中国少数民族特色村寨。2015年8月，德夯村被评为湖南民族特色村寨；12月，德夯村获“中国最美休闲乡村”称号。2016年4月，德夯村进入全国宜居村庄行列。

进入新时代，德夯村紧紧抓住湘西土家族苗族自治州发展全域旅游的大好机遇，奋力精准脱贫，继续深化农村改革，积极配合推进乡村振兴和德夯风景区转型升级，实现旅游产业快速发展。2016 年，一批创 AAAAA 级文化旅游景区建设项目落户德夯村。2017 年，先期开工建设德夯村部至玉泉溪和流纱瀑布电瓶车道等项目。2019 年年底，德夯村部至流纱瀑布、玉泉门方向的两条电瓶车道，以及玉泉门至天问台栈道建设项目相继竣工。德夯村依托自身老建筑和苗族文化特色的传统村落优势，优化人居环境和生态环境，提升旅游服务质量和水平，实现传统村落文化保护、旅游开发与经济社会的协调发展。

鼓韵德夯、秀丽苗寨，德夯村正以自己独具特色的自然与文化魅力描绘着新时代的诱人画卷。

领袖留名篇　魅力长城塬[①]

长城村，位于宁夏东南部六盘山东麓，是宁夏回族自治区固原市彭阳县城阳乡北部的一个红色文化、历史文化、传统文化和现代产业交相辉映、相映成趣的中国传统村落。

这是一个有红色记忆的村落。1935 年 10 月 7 日，毛泽东等率领中国工农红军陕甘支队（简称陕甘支队，由红一方面军第一军、第三军和军委纵队改编而成），翻越长征途中最后一道天堑六盘山，进入彭阳。据当事人回忆，8 日，红军沿茹河川东进，经白杨城（今彭阳县城），沿战国秦长城登上长城塬，夜宿今长城村乔家渠村民乔生魁家窑洞。毛泽东写下《长征谣》，后修改为著名词篇《清平乐·六盘山》。[②]

1961 年 9 月 8 日，毛泽东在第二次庐山会议期间，应宁夏同志之请手书《清平乐·六盘山》赠宁夏人民，表达了一代伟人对宁夏人民的深情厚谊。在红军过长城塬的艰难岁月里，毛泽东与红军指战员一同吃连皮带泥的洋芋、喝涝坝水的红色故事代代相传；红军在长城塬露宿废弃庄院、打麦场、战国秦长城墙根，不扰民、不拿群众一针一线，文明之师的良好形象深入人心；长城塬村民把红军当亲人，将家中仅有的洋芋分一半给红军充饥，把家中仅有的一床破棉被拿给红军御寒，在“宁给馍馍不给水”、水贵如油、干旱少雨的情况下，把井、泉、涝坝水让给红军饮用；红军为老百姓挑水、帮助扫院干农活……一个个军民鱼水情深的动人故事讲了一遍又一遍。红军当年饮水的井、泉、涝坝，被群众亲切地称为“红军井、红军泉、红军涝坝”。毛泽东“不到长城非好

① 选自宁夏回族自治区彭阳县城阳乡长城村志编纂委员会编:《中国名村志丛书·长城村志》，2022 年出版。

② 参见彭阳县委党史和地方志研究室编《中国共产党彭阳历史第一卷（1921—1947）》，中共党史出版社，2021，第 30 ~ 32 页。中共宁夏回族自治区党史资料征集委员会、中国人民解放军宁夏军区政治部编《红旗漫卷——红军长征西征在宁夏》，宁夏人民出版社，1989，第 59 页。

汉”极具中国特色的铿锵誓言，就诞生在长城村乔家渠的土窑洞里，是烙印在长城塬村民心中永不褪色的红色记忆。“不到长城非好汉”的革命精神代代传承，成为长城塬儿女不畏艰险、不怕牺牲、勇往直前、战天斗地，改变贫困落后面貌，创造美好生活的强大精神动力。

陕甘支队长征过后，革命星火在宁夏大地燎原，西征追击、援西红军驻足彭阳发展中共党员，建立党的组织，革命力量蓬勃发展。1936 年 6 月上旬，西征左路红一军团解放彭阳东北部广大地区。是月，中共固北县委、县苏维埃政府在董家庄（今属环县）成立。10 月，中共固原工作委员会在三岔（今属镇原县）成立。1937 年春，执行追击、援西任务的红二十八军帮助中共固原县委建立中共麻子沟圈区委及所属的麻子沟圈（杨坪）等地下党支部、抗日救国委员会（抗敌后援会）；建立中共草庙区委及所属的米塬等地下党支部、抗日救国委员会。1948 年，建立长城塬游击队。麻子沟圈地下党支部、抗日救国委员会，米塬地下党支部、抗日救国委员会，长城塬游击队分别在长城塬（主要包括今城阳乡长城村、涝池村）开展革命活动。米塬地下党支部派出中共党员杨作栋在长城塬开展地下工作，于 1948 年 2 月 2 日发展当地农民赵正富为中共党员。赵正富成为今长城村最早的中共党员。是年，杨作栋还介绍长城村村民赵得贵、甄占厚加入中国共产党。1949 年，长城村村民祁克孝、白占魁、瓮治安、赵得库加入中国共产党，党的队伍不断壮大。这批共产党员，革命信念坚定，舍生忘死，秘密为党工作，为民族独立人民解放，国家富强人民幸福做出了应有贡献。

这是一个有悠久历史的村落。旧石器时代晚期，在彭阳红河、茹河流域为主的广大地区就有人类繁衍生息。夏时乌氏戎国管控境内，商周中原王朝在彭阳姚河塬设置封国。战国秦至明代，隶属朝那县、黄石县、白池县、长城县、平凉县、百泉县、东山县、三川县、广安县、广安州，朝代更迭、隶属变迁。清隶属陕西布政司平凉府固原州清平里、甘肃省固原直隶州清平监乔家洼。民国初属甘肃省泾原道固原县东区城阳乡白马庙塬、长城塬，后属民国固原县第二指导区城阳乡公所（辖 9 保）三保、四保白马庙，再属城阳乡公所（辖 11 保）米塬保。1936 年属中共陕甘宁省委固北县、固原县。1949 年 8 月 1 日，彭阳解放，属固原县城阳区阳洼乡。1983 年 7 月 29 日，彭阳县成立，属彭阳县城阳乡至今。

漫漫历史长河，长城村村民一往无前、艰苦奋进，战天斗地、继往开来，留下千古传说令人心驰神往。“秦昭王时（前 272）……筑长城以拒胡”，战国秦长城自西向东穿塬而过，见证着长城塬的风云变迁。秦始皇筑长城、征民夫，鞭挞奴役，扶苏太子察民情、惜民力，保护百姓。传秦始皇杀太子以儆效尤，老百姓尊扶苏建庙修坟；孟姜女哭长城感动天地，龙须树守长城遥寄乡思。时间滚滚向前，红色记忆点燃长城塬革命热情。当时宁夏南部单体工程投资最大的长城塬引水灌溉兼人畜饮水工程（简称长引工程）梦圆旱塬。新时代筑梦新长征，长城村的历史还在继续，共圆梦想未来可期。

这是一个有厚重传统文化的村落。长城村所在的城阳乡素有“东山文化之乡”的美誉。该乡地处陕甘宁三省区边缘，行政区划长期属陕西省、甘肃省管辖，西面受六盘山、黄峁山阻隔，北东南依次与甘肃省庆阳市环县、镇原县，平凉市崆峒区接壤，天然地缘为民间交往交流提供了条件，创造了成亲接缘的契机。因此，以陇东文化、陕北文化、宁夏南部文化为基因，以社会主义核心价值观为基础的中原文化在长城村根深蒂固、枝繁叶茂，世代传承生生不息。随着时代发展，各民族长期和谐相处，交流互鉴，共同创造了丰富深厚的“东山文化”，形成优秀的传统文化和色彩斑斓、独具地方特色的民风民俗，浸润着千家万户好家风，滋养着尊师重教、孝老爱亲、爱国爱家、重情守义、热情好客、勤劳朴实的好民风，树立了长城人的良好形象，优化了发展的软环境。民间礼俗、节俗、婚俗、葬俗庄严神圣。与村民生产、生活、风俗礼仪相关领域的能工巧匠层出不穷、世代传承。民间木雕、刺绣、剪纸、编织、麦秆画憨茁古朴，成为国家非物质文化遗产大观园中的瑰宝。

这是一个有现代产业蓬勃发展的村落。长城村有红梅杏、菌草、万寿菊、苗木、中药材、旅游等支柱产业。有闽宁协作项目菌草产业园区；有国家地理标志产品红梅杏基地和地道中药材种植基地；有依托国家级重点文物保护单位战国秦长城遗址、自治区级重点文物保护单位毛泽东长征宿营地旧址、叶寨民风文化长廊、多彩梯田、田园风光与农家吃住体验融为一体的品牌旅游项目。初步形成党支部及协会、合作社带动，公司加基地加农户，产销一条龙的产业链，成为立足当地、辐射带动周边劳动力转移、就业、脱贫增收的重要渠道。一年四季，黄酒、槐花蜜、红梅杏、鲜蘑菇、羊肉、搅团等绿色生态无污染美食飘香塬上。春来桃杏甩粉袖，夏日万寿菊流金海，深秋原野铺彩霞，冬天树挂舞银戟。镜头所至快门狂闪，访者临境如痴如醉。秦腔自乐班你争我抢唱今说古，广场舞一曲刚谢一曲又起。公路两边 10 千米长廊，农家院落、粮仓、柴垛、围栏独具特色。瓮金鼎农民文化大院“书画作品展室”里中堂扇面组合、对联、四屏真草隶篆应有尽有；“工艺品展室”中精美根雕千姿百态，大小奇石染山晕水，多副茶台根攀枝接。景秀山庄等农家乐充满当地风味的特色美食，宽阔整洁的场所和优质服务尽遂人意。完善的基础文化生活设施、骄人的脱贫业绩，随着“中国传统村落”保护措施的实施和乡村振兴战略的落地，六盘山下的长城村将以“不到长城非好汉”的气概名扬四海。

深港边境客家村①

莲麻坑是香港一个客籍村庄，位于新界东北部深港边境线上，打鼓岭与沙头角之间。昔日鼎盛时期，莲麻坑地跨深圳河两岸，莲麻坑南部的塘肚山村，深圳河以北的长岭村、迳肚村，也曾为该村分支。

莲麻坑是一个历史文化内涵丰富的村庄。该村建于清康熙年间（1662—1722），当时属广州府新安县管辖，距今已有300多年历史。据康熙二十七年（1688）《新安县志》记载，“六都”（都，古代行政单位，相当于“乡”）管辖的村庄就包括莲麻坑。

莲麻坑四面环山，村民保留了客家人重视“风水”的传统习俗，制定并遵从保护山林的乡规民约。同时，由于香港政府的边境禁区政策，莲麻坑村及其毗邻地区的发展受到限制。种种因素使莲麻坑较完整地保留了原始的乡村风貌，在山岭树林之中保持着生物多样性，生存着许多珍稀的动植物。

莲麻坑是一个多姓氏村庄，村中居住的主要有叶姓、冼姓、刘姓、官姓、张姓、曾姓等家族，其中叶氏是大姓。各姓村民已陆续迁出，2017年村中居民大部分是叶氏族人。莲麻坑客家人多来自广东省，例如叶氏族人来自今汕尾市海丰县螺溪镇，冼氏族人来自归善（今惠州市惠阳区）淡水镇，刘氏族人来自今兴宁市，官氏族人来自今深圳市龙岗区，张氏族人来自今韶关市曲江区等。

和许多客家人一样，莲麻坑村民曾为推动中国社会进步的革命事业和反抗外来侵略做出过重要贡献。新界原居民叶定仕是辛亥革命元老，早年追随孙中山先生从事革命活动，曾担任中国同盟会暹罗（泰国）分会会长。他对同盟会暹罗分会的发展贡献巨大，并曾倾家鬻产支持革命党人的武装斗争。

① 选自香港特别行政区新界莲麻坑村志编纂委员会编：《中国名村志丛书·莲麻坑村志》，2022年出版。

香港被日军占领的三年零八个月期间，莲麻坑村历经浩劫。因怀疑村民支持抗日游击队，日本宪兵曾两次在莲麻坑实施大拘捕，对村民滥施酷刑，导致 3 人惨死，多人受伤。村民叶维里曾和其他村民策划炸毁日军控制的莲麻坑矿山，后参加广东人民抗日游击队东江纵队。叶维里三打莲麻坑矿山的事迹在村内外广泛流传。

莲麻坑在历史上长期属于传统的农业社会。叶氏族人拥有的耕地分布范围很广，遍布深圳河两岸。除村内土地外，在深圳河以北的，有内地沙头角的东和墟、下迳、上迳、水迳、元墩头、少井头 、吓井头、沙栏吓、官路下。向西有远在布吉一带的布吉墟、吉下、木棉湾、李朗、大坑肚、松元头。在深圳河以南的，有英界沙头角的山嘴、下凹头、禾坑、南涌。这些耕地或自己耕作，或租赁给他人。莲麻坑村民亦曾在嘉道理农场的帮助下发展较具规模的生猪、家禽饲养业，但随着香港整体经济环境的变化，莲麻坑和新界其他村庄一样，如今村民不再依靠农业、饲养业为生。

莲麻坑矿山盛产铅、锌矿石。第二次世界大战以前，莲麻坑矿场曾是全香港唯一使用先进技术和机械开采的矿场。“中国留学生之父”容闳的长子、矿业工程师容觐彤曾在莲麻坑经营矿山 8 年。他曾在莲麻坑矿场建造 6 条矿道，总长约 2100 米。

重视文化教育是客家人的优良传统。莲麻坑客家人踊跃捐款、捐地兴修村内敬修学校新校。在莲麻坑村民手中，至今保留着数种清朝和民国时期的手抄本帖式，涉及拜神、祭祖、节庆、婚嫁、丧葬、求雨、械斗、戒鸦片、禁溺婴、护林、防盗等内容。这些帖式文献形式多种多样，除了应用文，还有对联、诗歌等，是珍贵的民间文化遗产。

莲麻坑拥有众多文物古迹。香港法定古迹叶定仕故居仿照孙中山家居楼房中西合璧的模式修建而成，在辛亥革命史和香港建筑史上皆有一定的意义。叶氏宗祠、刘氏宗祠、官氏宗祠和关帝宫历史久远。叶祥霖客家大屋（34 号村屋）精美实用，体现出客家人的建筑美学。麦景陶碉堡、摩啰楼堡垒和长命桥（国际桥）是边境禁区风云和过境耕作的历史见证。红花寨遗址则充满神秘色彩，是一个待解的历史之谜。

中国的许多民间习俗在莲麻坑得以延续。叶氏族人数百年从未间断的春秋二祭，反映出村民慎终追远、饮水思源的民族精神。重视“风水”、爱护山林的观念和现代的环保观念多有相通之处。从传统贺年习俗演变而来的莲麻坑新春同乐日别开生面。

客家人吃苦耐劳，流动性强，他们敢于到陌生的地方闯荡，开辟新的天地。最迟在 19 世纪 70 年代，已有莲麻坑村民在海外打工。莲麻坑村民创业的足迹遍及巴拿马、牙买加、泰国、马来西亚、英国等国家。他们在国外胼手胝足，奋力拼搏，其中许多人取得了骄人的成就，叶定仕、叶剑桥等成为侨居国著名的侨领。

莲麻坑人杰地灵，人才辈出。这里先后涌现出同盟会暹罗分会会长叶定仕，投身抗日的马来亚共产党领导人刘一帆，东江纵队、粤赣湘边纵队香港老战士联谊会会长叶维里，沙头角乡事委员会主席叶胜，香港律师会会长叶天养，全英华人社团联合总会会长叶剑桥，香港优秀足球运动员叶鸿辉，以及其他许多活跃在商界、学界的社会精英。他们在不同的岗位上，为社会、为国家做出了贡献。

生态电站　温馨康庄路①

太仓市城厢镇电站村位于太仓市区北端、金仓湖西延区，距市中心 9 千米，东近金仓湖，南贯新港一级公路，西毗 204 国道，北依黄金水道杨林塘。沪宜高速（苏昆太高速）从旁而过。全村路网密布，交通便利；河道纵横，水乡富庶。2019 年，辖区面积 3.2 平方千米，耕地面积 3183 亩，下设 30 个村民小组，总户数 619 户，户籍人口 2772 人，外来人口 2850 人，村集体总资产 1.8 亿元，村集体可支配收入 2145 万元，村民人均纯收入 40200 元。

全村基本形成三大板块，即果蔬休闲区、工业集聚区和集中居住区。电站村先后获得“全国科普惠农兴村先进单位”“全国农业旅游示范点”“国家级生态村”“中国特色农庄”“中国美丽休闲乡村”“全国一村一品示范村”“江苏省文明村”“江苏省勤廉文化示范点”“江苏省休闲观光农业示范村”“江苏省健康村”“江苏省最具魅力休闲乡村”“江苏省四星级乡村旅游区”“江苏省观光农业示范村”“苏州市十大美丽乡村”等荣誉称号。从二十世纪五六十年代的一个传统电灌站到成为全国农业旅游和现代农业的标杆，电站村的发展路径和智慧经验具有鲜明的中国特色。

农旅融合——一块生态休闲的宝地

21 世纪初，电站村开始逐步有效整合全村土地资源，积极推进土地流转，实行统一经营，全村 3000 多亩耕地全部流转到村集体，利用集中的土地资源，建设生态园，将果蔬产业作为村里主要的农业产业，并在此基础上开发生态旅游。

① 选自江苏省太仓市城厢镇电站村志编纂委员会编:《中国名村志丛书·电站村志》，2022 年出版。

2006 年，电站村建起太仓市第一个“生态园”。电站村生态园拥有大片平整的高产粮田，进行现代科学种植，既解决了村民的吃饭问题，优质大米、玉米等粮食作物更成为城里人青睐的主食，也为电站村赢得良好的声誉与相当不错的经济收入。

电站村生态园拥有品种众多的林果休闲种植区，主要种植各种特色林果及各类绿色有机蔬菜。2011 年，电站村组建太仓市丰沃合作联社，下设多家专业合作社与公司，既专业分工又联合发展。果蔬种植与休闲旅游，成为电站村生态园的主打产品与主要经济来源。

电站村依托科技支撑，通过与科研院校和农业技术部门的对接，引进果蔬新品，改良种植技术，进一步丰富林果蔬菜种植品种、保障增产增收、提高产品品质。

电站村依托品牌支撑，严格执行绿色食品规程，实行标准化生产、品牌化经营模式，打造电站产品“绿色、生态、健康”的良好形象，实现与普通农产品的差异化竞争优势。

电站村依托现代营销支撑，果蔬销售模式从传统单一销售模式走向网络销售、订购配送、合作营销等相结合的现代营销模式。

电站村依托农旅结合支撑，通过做大果蔬产业带动休闲旅游发展，以休闲旅游业的繁荣反哺果蔬产业、服务业的发展，最终形成一条完整的产业链。

花苑康庄—— 一方造福百姓的乐土

太仓市城厢镇利用政策优势，大规模改造村民居住环境，建设了阳光美地、电站花苑等安置小区，集中安置拆迁村民。其中电站花苑占地面积近 9 万平方米，总建筑面积 21 万平方米，建有高层公寓房 23 栋 1620 套，成为村民的幸福家园。

电站安置小区通过“1+2=5”的社区管理模式，将安置小区建成一个新型农村社区。“1”是指 1 个核心，就是以党建带社建为核心；“2”是 2 个体系，即社区公共服务和社区居民自治 2 个体系。社区公共服务体系以物业公司规范管理为基础，以社区工作站贴心服务为保障。社区居民自治体系通过组建业主代表、业主委员会、楼道长、调解员、监督员、志愿者等自治组织形成阶梯式、网格式自治体系，实现良好的社会管理。“5”是 5 个目标，即通过“1+2”的努力，最终建成“居民自治、管理有序、服务完善、环境优美、文明祥和”的新型农村社区。

在高标准的起点上，过上小康生活的电站村民，专业社工服务水平得到极大提升，社区文化建设如火如荼。电站花苑，幼有所育，青有所立，壮有所成，老有所养；电站村民，居有所安，衣有所美，食有所鲜，行有所驶。

工业小区—— 一泓富民强村的蓄池

电站村立足生态农业，大力发展旅游业，但并不放弃工业。只是工业的形式，不是以村办工业为主，而是以筑巢引凤的方式进行。工业所积累的资金，主要用于促进农旅业的发展。

1998—2002 年，村办企业转制。通过优化资产组合，将村里获得的改制收益用于补偿失地村民，偿还历史欠债。

2003—2006 年，创办工业小区。电站工业小区总占地面积 800 亩，2003 年初开始进行基础设施建设，建成三纵二横主干道，形成一条东西走向的电站“工业走廊”。小区内建有工业用房 30 万平方米，其中由村直接投资建造标准厂房 3 万多平方米。通过招租引资，筑巢引凤，工业小区落户企业 85 家，主要涉及制药、电子、石英玻璃、服装纺织、机械等行业。

电站工业小区建成和发展，为村民提供了 2600 多个就业岗位，带动农村劳动力转移。2019 年，就业职工（村民）人均年收入超过 4 万元。同时，电站村通过标准厂房出租和土地租赁，成为村集体经济的稳定收入来源与重要支撑。

随着企业转型升级，电站工业小区大力提升制造品质，注重节能降耗、生态环保、绿色减排，培养自主知识产权品牌，工业小区进入良性循环发展阶段，而电站村的“资金池”也越发坚实稳固。

塞外满族栖聚地　北疆知青第一村①

一

外三道沟村是中国历史文化名镇瑷珲镇的下辖村。位于黑河市区东南 22 千米、瑷珲镇东北 9 千米处，南与外二道沟村接壤，北与外四道沟村相邻。村庄处于黑河盆地腹地，外连大江，内襟青山，地势平坦，土质肥沃，适合农作物生长；山林茂密，雨量充沛，气候湿润，草地丰茂，适宜发展畜牧业；村东紧依中俄界河黑龙江，村西有 331 国道通过，交通便利。

外三道沟村是一个有着 300 多年历史的古村落。清康熙二十二年（1683）清政府为抗御沙俄入侵，从宁古塔（宁安）、吉林乌拉（吉林）、盛京（沈阳）等地征调满洲八旗兵修筑黑龙江城（瑷珲城）。康熙二十四年、二十五年，清军两次打败入侵雅克萨的沙俄军队，迫使俄国谈判，维护了国家的统一。中俄双方于康熙二十八年签订《尼布楚条约》。雅克萨战争胜利后，抗俄士兵及家眷留守在黑龙江两岸屯垦戍边，其中一部分人来到现为外三道沟村的这片土地，开荒种地、繁衍生息，成为外三道沟村人的先祖。外三道沟村现留存的数本家谱，记载了其先祖英勇抗击沙俄，屯垦戍边，保家卫国的历史。瑷珲历史陈列馆的史料证实在抗击沙俄战争中，外三道沟村有 4 位战士血洒疆场。

外三道沟一带属黑河盆地，西部境内群山连绵起伏，林海莽莽，中东部沟谷纵横，沃野广袤。该村依江而建，因沟得名。创业者为满族，后有汉族人陆续迁入，至今满族人仍占多数。2003 年，黑龙江省民委批准外三道沟村为满族村。

外三道沟村解放较早。1945 年 8 月 10 日，苏联红军解放黑河及瑷珲地区。1947

① 选自黑龙江省黑河市爱辉区瑷珲外三道沟村志编纂委员会编：《中国名村志丛书·外三道沟村志》，2022 年出版。

年 8 月，在瑷珲县瑷珲区民主政权的领导下，外三道沟屯成立农会和妇女建国会，在 1948 年土地改革中，有 7 位村民第一批加入中国共产党，外三道沟屯与外二道沟屯、外四道沟屯党员组成中共外三道沟村党支部。同年，组成外三道沟村，设立外三道沟村公所。在村政权的领导下，村民支持民主政权，做军鞋、交公粮，积极支援前线；成立自卫武装，盘查可疑人员，震慑土匪，保卫胜利成果，为建立巩固东北根据地和解放黑河做出贡献。中华人民共和国成立后，率先成立互助组、初级社、高级社，在 1958 年的人民公社化运动中，成立既是行政单位又是生产和经营单位的外三道沟生产大队，隶属爱辉人民公社，实行乡社合一体制。

二

1969—1980 年，外三道沟生产大队先后接收安置来自上海、黑龙江、辽宁等省（市）的 1967—1975 届初高中毕业的下乡插队知青 107 名。其中，上海知青 63 名，其他省知青 44 名。并有上海插队干部 2 名，齐齐哈尔下放干部多名。

知青们初到外三道沟村时，没有宿舍，分派到村民家居住，村民们把知青当作亲人对待。在朝夕相处中，知青们学到村民勤劳、善良、朴实的品德和各项劳动、生产技能。知青们在村里参加大田生产、外派民工等各种劳动项目，得到实践锻炼，成长为不怕艰难困苦的有志青年，给村里带来了城市文明和科学文化。知青们与村民同生活，同劳动，一起排戏演戏，开展文体活动；村里为知青修建集体宿舍和食堂，在各方面给予关怀和照顾。知青们为孕妇献血，扑火救人，下江抢救集体财产等事迹，也永远牢记在村民心头。1973 年 8 月 10 日，《黑河日报》头版头条以《积极创造条件热情培育新一代——爱辉县外三道沟生产大队关怀下乡知识青年纪事》为标题，报道了外三道沟生产大队热情接纳知青、精心培养知青、耐心指导知青的感人事迹。1974 年 6 月和 8 月，外三道沟村知青点先后被评为爱辉县先进集体和黑龙江省先进集体。

知青下乡插队的十余年中，与当地村民结下深厚情谊，返城后，感恩回馈第二故乡，纷纷捐款修建村路，改善村貌，建设村史馆、图书馆；邀请村民观看世博会、游览上海滩，数次大型回访看望乡亲。外三道沟村因此被上海知青协会等誉为“中国北疆知青第一村”。

三

二十世纪六七十年代，知青这股生力军来到外三道沟村，与村民们一起艰苦奋斗，自力更生，大力发展生产，农、林、牧、副、渔全面发展，收入大幅提高，劳动日值从0.8元提高到1元，后逐步提高到2元、3元、5元，最高一年达5.6元，是普通村屯的5倍。

改革开放以来，外三道沟村实行家庭联产承包责任制，人均承包耕地32亩。村民经过辛勤劳动，全村整体收入再创新高，人均收入连年在万元以上。1982—1984年，外三道沟生产大队实行社员60周岁退休制，每人每年退休金300元。外三道沟村各项事业蓬勃发展，取得可喜成绩。1984年，撤销政社合一建制，建立乡（镇）政府。外三道沟生产大队改称为外三道沟村，设立村民委员会，隶属爱辉镇（2015年3月，经省政府批准，爱辉镇政区名称用字恢复为瑷珲）。外三道沟村1984年被评选为区级文明村，1986年被评选为区级文明村标兵，1993年被评选为黑河市文明村。

随着社会主义美丽乡村建设的不断推进，外三道沟村村民的物质生活水平得到快速提升，物质文明的发展进步带来了广大村民精神面貌的新变化。在争创文明村建设活动中，外三道沟村突出本地特色，将“知青”元素融入文明村建设之中，实现村域经济、满族文化、知青文化、乡土文化和生态文明同步协调发展，各项工作齐头并进，亮点纷呈，取得显著成效。评选“五好家庭”“十星级文明户”等成为外三道沟村文明村建设活动的重要内容，外三道沟村多次获得省、市、区级各类荣誉称号。